ジャーナリズム・
スタディーズの
フィールド

The Field of Journalism Studies

大井 眞二 著

学文社

はしがき

　ジャーナリズムの研究の意義は，いくつかの側面から語ることが出来る。ジャーナリズムの核心たるニュースは，われわれ自身と他者を，世界を，互いを認識する方法を形づくる。ニュースのテクストは共有された現実を構築し，維持する。ニュースは社会にあって人びとを結びつける紐帯の役割を果たす。日常的に消費するニューステクストは，「想像の共同体」においてオーディエンスを結びつける。テクストの消費と議論という共同体の儀式を通じて，われわれはローカル，ナショナル，グローバルなコンテクストの中で，主体としての自分自身を理解し，構築する。他方で，ジャーナリズムは，市民としてのわれわれのアイデンティティを形成し，そして市民間の，市民とその代表の間での，会話と熟慮を可能にする際に重要な，民主的な役割を果たす。

　ジャーナリズムのこうした重要性を踏まえ，21 世紀への転換期に，国際的な学術誌が相次いで誕生した。*Journalism: Theory, Practice and Criticism*, *Journalism Studies* 及び *Journalism Practice* は，ジャーナリズム・スタディーズの進展に大いに資することになった。また同時に国際学会である International Communication Association（ICA）や International Association for Media and Communication Research（IAMCR）においてジャーナリズム・スタディーズの部門の創設を見た。またこうした傾向と軌を一にするように，ジャーナリズム研究を対象化した研究書も数多く生まれる

ことになった。とりわけ注目に値するのは，現代のジャーナリズムを大きく俯瞰した視座から，ジャーナリズム・スタディーズの多様なフィールドを射程に入れた研究書の相次ぐ出版である。筆者が編者をつとめた『現代ジャーナリズムを学ぶ人のために』(第2版，世界思想社，2018年) は，小書ではあるがそうしたグローバルな展開を視野にいれた試みであり，Stuart Allan 編の *The Routledge Companion to News and Journalism* (2010)，Bob Franklin 編の *The Future of Journalism: In an Age of Digital Media and Economic Uncertainty* (2010)，とりわけ Christopher Sterling を総編集者とする，全6巻の *Encyclopedia of Journalism* (2009) は，その圧倒的な質量に驚嘆させられるが，グローバル化するジャーナリズム・スタディーズの多様なフィールドを統合する重要な役割も見逃すべきではない。

しかし，プロフェッショナルで，制度化された形態における，ジャーナリズムの持続と展望に関するこうした楽観的な見解が共有されているわけではない。デジタル技術，インターネットを原動力とするデジタルメディア・ジャーナリズムの到来とともに，既存のジャーナリズムは，ベック (Beck, U.) をパラフレーズすれば，「ゾンビの制度」となり，バウマン (Bauman, Z) をもじって言えば「液状化」し，今や多くの研究者は「ジャーナリズムの終焉」を熟考していると言われる。とりわけ政治ジャーナリズムの衰退は著しく，ハーバーマス (Habermas, J.) は，伝統的な政治ジャーナリズムがモデルとしての価値を失い始めているとすれば，「それ（政治ジャーナリズム）の喪失は熟慮政治の中心的存在をわれわれから奪うことになる」ことを懸念する。

はしがき

　プロフェッショナルな実践や価値が揺らぎ，かつてパワフルであったジャーナリズムは，ゾンビの制度となり，われわれはいまやジャーナリズムの死を目撃しているのではないか，といった「危機」が語られる一方で，ジャーナリズムやメディア・スタディーズでは，「メディア化」の概念をめぐって，活発な論争がたたかわされている。メディアは，コミュニケーションの単なる媒介を越えて，メディアはそれ自体一つの自律的な制度となり，他の制度に大きな影響を及ぼすだけでなく，他の制度はメディア・ロジックに従わざるを得ない状況が生まれているのではないか。つまりメディアの増大する影響力を論点にする議論がなされている。デジタルメディアやジャーナリズムの台頭に従い，伝統的なジャーナリズムそれ自体がメディア化され，われわれはメディア権力が台頭すると同時に断片化されている，というパラドクスに直面しているのである。

　ジャーナリズムは現代の重要なナラティブを提示し，われわれの集団的記憶の貯蔵庫を提供するのであり，そのテクストは「歴史の第一稿」を構成する。ジャーナリズムが，現代の解釈共同体として，現代の意味理解の実践として重要な意味をもっているとするなら，われわれがかつてジャーナリズムを必要としたように，今何故社会はジャーナリズムを必要とするのかを，改めて問う必要がある。

　ジャーナリズム・スタディーズは常に，学際的であり，社会学，歴史学，言語学，政治学そして文化研究を含め，社会科学と人文学の研究にまたがり，多くのものを負って（借用して）きた。しかし，ジャーナリズムの研究，とりわけジャーナリズム論と称される研究は，規範的研究や議論に終始し，他の理論的な研究や経験（実証）的研究を等閑視してきた。これに対してジャーナリズム・スタ

iii

ディーズはジャーナリズム論（研究）のそうした狭い焦点化を脱し，乗り越える研究を志向する営為である。歴史的に見れば，ジャーナリズムの研究は常に学際的であり，社会科学や人文学の視点や方法論を取り込み（むしろ借用して）発展してきた，という背景をもつ。ジャーナリズム・スタディーズは，こうした背景によってジャーナリズムに関する数多くの知識を得ることができた。またジャーナリズム・スタディーズの諸フィールドは，こうした背景から結果的に生まれたのである。

　いま改めて現代的視座からジャーナリズム・スタディーズを対象化しようとするとき，ジャーナリズム・スタディーズは，①固有のフィールドたるジャーナリズム史・ジャーナリズム教育の研究をさらに押し進め，②取り込みを絶えずはかってきた歴史学，社会学，政治学，言語学などの諸学との関係を改めて問い直し，時にはそれらのディシプリンに問題や議論を提起する，といった研究が求められる。さらにグローバル化と政治，経済，社会及び技術的変化の結果として生じる，ジャーナリズム組織，生産の実践，内容，そしてオーディエンス，における重大な変化をトレースすることもますます重要になっている。ついで，③ニュース生産と組織，④ニュース内容，⑤ジャーナリズムと社会，⑥グローバルなコンテクストにおけるジャーナリズム，などのフィールドに関する研究を射程に入れねばならない。本書でも自戒を込めて認めざるを得ないのは，ジャーナリズム・スタディーズが「オーディエンス」の焦点化をなおざりにしてきたことである。ジャーナリズム・スタディーズは，異なるコミュニケーション・モデル，すなわち「市民・消費者」よりも「ジャーナリズム・ジャーナリスト」を極度に重視してきた弊

iv

を改めねばならない。オルタナティブなジャーナリズム及び市民ジャーナリズムについても同じ問題の構造を見いだすことができるのである。

　メディアは，いまなお大抵の国において，ナショナルに組織され，それ故また焦点もナショナルにならざるを得ない。それゆえ，メディアは内在的に多かれ少なかれエスノセントリズムへのバイアスをもっている。クロスナショナルな，クロスカルチュラルな研究は，このバイアスを克服するのに有益であり，そうした研究によってグローバル化の趨勢にも拘わらず，ジャーナリズム・スタディーズが非常に多様な試みであり，異なるナショナルな伝統によって形成されてきたことに気づかされる。こうした比較研究の日本における相対的欠如に対して，われわれは 2007 年には，ジャーナリズム，ジャーナリストに関して，米国とのクロスナショナルな研究を行い（*The Global Journalist in the 21st Century*），2013 年にはハニッシュ（Hanitzsch, T.）をチェアとする Worlds of Journalism Study（WJS）のプロジェクト（日本を含め約 70 か国が参加）に関わることで，ジャーナリズムの国際比較研究を試みてきた。後者については，現在も分析を進めており，本書で報告することができなかった。また紙幅との関係で，グローバル化するジャーナリズム教育についても取り上げることができず，それぞれ別の機会に譲ることにしたい。

　ジャーナリズムの「最盛期（high modernism）」には想像もつかない，自由で民主的な社会やジャーナリズムの基盤である，事実，真実，情報そして知識といったものの価値それ自体が攻撃される，という事態が起こっている。反真実のレトリック，たとえば 2016年米大統領選挙の候補者の論争や BREXIT 論争はこの危険な傾向

を強め，それを説明する「Post-Truth」のタームを流行させた。ジャーナリズムは社会のコンセンサスだけでなく，対立を明確に表現し，ニューステクストは支配的イデオロギーとそれに挑戦する人びととの間の闘争，といった進行中のドラマも表現する。ジャーナリズムが社会的・文化的不平等の再生産にいかに関わるか，といった問題だけでなく，世界の多くの地域ではメディアが道具化され，ジャーナリズムがジェノサイドを促進し，憎悪や不寛容を煽る，それ故対立を促進する，という事実を無視してはならない。

　ジャーナリズムのグローバル化，ネットワーク化，メディア化といったメタ過程，相互作用的（インタラクティブ）で，過程や結果に責任を持つ（アカウンタブル），透明（トランスパレント）なジャーナリズムメディアに向かう動きは，たとえば反グローバリズムの動きがあろうとも，世界史的には不可逆的である。ジャーナリズム・スタディーズは，こうしたさまざまな変化，変動などの解決を求められている新たな課題の究明にとって，知の理想的な場として機能しなければならない。

　2018年盛夏

大井　眞二

目　次

はしがき ……………………………………………………………………… *i*

第1章　ジャーナリズム・スタディーズの新たな射程
　　　　　─パラダイム転換 ……………………………………… *1*

　1　コミュニケーション研究のパラダイム　1

　2　ジャーナリズム研究のパラダイム　4

　3　ジャーナリズムの再定義　10

　4　メディア化とジャーナリズム　15

　5　ニュースメディアのロジック　19

　6　デジタルジャーナリズム　24

第2章　メディアの自由論の歴史─新たな公共性原理 ……… *33*

　1　古典的自由論の起源　33

　2　古典的自由論の変容　38

　3　現代的自由論の展開　43

　4　パラダイム転換─市場メディアから公共圏メディアへ　49

　5　メディア理論の欠陥　51

　6　産業論のアプローチと制度論　56

　7　社会理論におけるメディア制度の位相　65

第3章　ジャーナリズムの思想史─アングロ・アメリカンの
　　　　　系譜 ……………………………………………………………… *75*

　1　問題の所在　75

　2　『プレスの四理論』　76

　3　『プレスの四理論』をこえて　78

　4　ピューリタニズムのジャーナリズム思想　81

　5　ホウィッグ・ジャーナリズムの神話　88

vii

6　革新主義ジャーナリズム　　94

　　7　革新主義の呪縛　103

第4章　比較ジャーナリズム・スタディーズ ……………*109*

　　1　『比較新聞学』の問題提起と限界　110

　　2　『プレスの四理論』の意義と問題　114

　　3　比較政治コミュニケーション研究─参照点　117

　　4　比較政治コミュニケーション研究の枠組み　119

　　5　比較政治コミュニケーション研究の現状　125

　　6　メディアシステムの比較研究　132

第5章　客観性原理の研究─米国ジャーナリズム史から … *147*

　　1　問題の所在　147

　　2　革新主義解釈と客観性　152

　　3　客観性の起源をめぐる論争　158

　　4　客観性の神話　168

第6章　ジャーナリズムの倫理規範─センセーショナリズム
##　　　　を考える ………………………………………… *181*

　　1　問題の所在　181

　　2　起源をめぐって　183

　　3　ペニー新聞のセンセーショナリズム　187

　　4　1880〜90年代のセンセーショナリズム　192

　　5　タブロイド新聞のセンセーショナリズム　197

　　6　センセーショナリズムを考える　201

第7章　グローバルリスク時代のジャーナリズム ………… *209*

　　1　グローバルな危機とメディア　209

　　2　グローバルな危機としての東日本大震災　217

　　3　社会的危機とメディア　223

　　4　大震災とジャーナリズム・スタディーズの課題　229

目　次

　　5　ジャーナリズムのすべきこと—実践としての課題　240

第8章　ジャーナリズムの信頼性を問う ……………………… *255*

　　1　信頼性を問う「再訪」の意義　255
　　2　メディア環境の変化　257
　　3　ニュースメディアの信頼性—負のスパイラル　264
　　4　信頼性の多様な尺度・次元　268
　　5　信頼性回復のために　273

あとがき ……………………………………………………………… *279*

索引 …………………………………………………………………… *282*

**第1章　ジャーナリズム・スタディーズの新たな射程
　　　　—パラダイム転換**

1　コミュニケーション研究のパラダイム

▍初期の問題設定

　米国を原産国として諸科学の様々な方法やアプローチを取り込んで発展した「コミュニケーション研究」は，いうまでもなく日本におけるコミュニケーション研究に多大な影響を及ぼしてきた。20世紀末にコミュニケーションの研究史を回顧したロジャース（Rogers, E.）は，ヨーロッパにおけるコミュニケーション研究から説きおこし，それを継承する米国の研究を，シカゴ学派からラスウェル（Lasswell, H. D.）とプロパガンダ分析，ラザースフェルド（Lasarfeld, P.）とコミュニケーション効果，レヴィン（Lewin, K.）とグループダイナミクス，ホヴランド（Hovland, C.）と説得研究，ウィナー（Wiener, N.）とサイバネティクス，シャノン（Shannon, C.）の情報理論，そしてシュラム（Schramm, W.）によるコミュニケーション研究の確立，といった道筋を描いた（1997）。

　ロジャースによれば，こうしてさまざまな研究の流れがコミュニケーション研究へと収斂していった。この中でラスウェルのコミュニケーション研究のパラダイムは，良くも悪くも研究の大きな枠組みを形成したと言っても過言ではないだろう。「誰が，何について，いかなる通路によって，誰に対して，いかなる効果を狙って（Who Says What to Whom through which Channel with What Effect?）」（Lasswell, 1948）という図式である。「誰は」送り手研究，「何につ

1

いて」はメッセージや内容分析研究,「いかなる通路によって」は
チャンネルの研究,「誰に対しては」オーディエンス研究,「いかな
る効果を狙って」は効果研究を含意する。もちろんそれぞれの研究
分野は均等な発展を遂げたわけではなく,研究成果を総括すれば,
ずいぶんと濃淡が存在する。

▍研究の再考と新しいパラダイム

　衆目の見るところ,「過程と効果の研究」は米国特有の実利主義
やメディア企業からの要請もあり長足の進歩を遂げた。これは決し
て皮肉を言っているわけではない。われわれは,過程と効果研究の
成果から実に多くの事柄を学んできたのである。これに対して,メ
ディア研究やオーディエンス研究はどうであろうか。ラスウェルは
「通路」をチャンネルの用語で表現している。しかし,ここで重要
なことは「チャンネル」は「メディア」と解すべきであって,単な
る通路ではない。メディアは単なるチャンネルではなく,むしろそ
れ以上のものなのである。単なるチャンネルと見ることよって,メ
ディアそれ自体の重要性だけでなく,メッセージがメディアにおい
てさまざまな要因の影響を受けて形成される側面が見えなくなって
しまうのである。オーディエンス研究も似た側面があり,日本では
「受け手」研究と称されてきた。受け手は不特定多数の存在として
措定され,個人の多様な特性は捨象されて,ひとまとめに「受け手」
として括られ,メディアが送り出すメッセージを無批判に受け入れ
る受動的な存在として仮定された。もちろん,利用と満足の研究や
アクティブ・オーディエンス論が指摘するように,オーディエンス
は単なる受け手ではない。メディアのテクストを自在に操る,送り

2

手の意図をもてあそぶ存在「でも」ある。彼らは，必ずしもパワフルではないとしても，アクティブで高い能力をもち，自らのニーズを満足させるため自身の日常的実践においてメディアを利用することができる。アクティブで有能なメディア利用者として，メディアテクストのヘゲモニックなディスコースに従属するのではなく，自身の文化的・社会的背景と調和するように，ディスコースを批判的に解釈する（Liebes, T. and Katz, E., 1990）。あるいは「テクストの密猟者」として，社会の支配的イデオロギーに挑戦さえするかもしれない（Jenkins, H., 1992）。

そう考えてみると，「送り手」研究にも考えてみるべき問題があろう。たとえば，ゲートキーパーの研究である。ホワイト（White, D. M., 1950）の古典的な研究では，ゲートキーパーの個人的な特性やニュース選択の基準が問題とされる。しかしニュース選択に限定しても，実はゲートキーパーという個人に還元される選択の要因は，今日の巨大なメディア組織を射程に入れてみれば，微少でしかない。ゲートキーパーを焦点化するのではなく，メディア組織内の行為に着目したゲートキーピングへと問題を捉え直す必要がある（Shoemaker, P. J. & Vos, T. P., 2009）。ゲートキーピングの過程は，ニュースだけでなく，娯楽的な内容を含めて巨大メディア組織の生産過程を貫いていると言っていいだろう（Shoemaker, P. J. & Reese, S., 2014）。

こうしたコミュニケーション研究の捉え直しがなぜ可能になったのか。回答は端的に言えば，第1に，コミュニケーション研究という「学問の十字路」から生まれた，数多くの，時には競合し，対立するメディアコミュニケーション研究のパラダイムの並列的状況に

求めることができるだろう。いまやわれわれは，コミュニケーション研究のパラダイムだけでなく，カルチュラル・スタディーズ，ネオ・マルクス主義，批判的研究などのパラダイムの恩恵をうけており，問題意識／構制や分析レベルや分析単位に従い，いずれかを選び取ることができる。第2に，これまでの多くの研究がシステムレベルの分析を避け，全体としての社会から分離してメディアを分析する傾向があったが，後述するメディア化の研究やブルデュー（Bourdien, P.）のフィールド理論のように，より大きな社会構成の中でメディアを研究する焦点化や概念化がそうした捉えなおしに寄与している（Hallin, D., 2005）。

2　ジャーナリズム研究のパラダイム

▎ジャーナリズム研究─日本の場合

　かつて早川善治郎は「イデオロギー論的」と「環境論的」ジャーナリズムの位相で日本のジャーナリズムを類型化した（1969）。日本のジャーナリズム論では，「イズム」の部分に大きな力点が置かれ，個人によって異なる，時には対立する規範理論が声高に主張されることも決して少なくない。前者への傾斜により大きな力点が置かれてきた。そして後者，すなわちジャーナリズムの環境形成能力に着目した社会科学的研究領域の発展は，コミュニケーション研究の進展の結果，停滞ないし足踏み状態に放置されてきた。

　たとえば「客観性の原理」は，数少ない普遍的な規範理論のように思われるが，内実はそれほど単純ではない。なるほど政治家をはじめとしていわゆる「一般庶民」に至るまで，メディアは客観的で

なければならないというテーゼを是認しているように思われる。大半のジャーナリズム批判はこぞって客観性からの逸脱として指弾されるからである。しかし，それがニュースの客観性を意図したものか，取材報道にあたるジャーナリストの客観的な方法や態度を対象化しているのか，あるいは論評にまで及ぶものかと問うてみれば，とたんにも四分五裂の論争になる（中，2006）。また客観性に関連して，とりわけ日本的概念と思われるものに，「不偏不党」論がある。なぜ日本的というかは，端的に極めて外国語に翻訳しにくい概念であるからである。詳細は省くが「不偏不党」論は明治の初年から実は数奇な運命をたどった概念であって，これについては山本武利の『新聞記者の誕生』(1990) を参照していただくのが一番手っ取り早い。

　こうして誤解を恐れずに言えば，日本のジャーナリズム研究は，「ジャーナリズム批判」の学，あるいは一種の運動論のようにも思えるのである。もちろん，われわれは戸坂潤であれ，長谷川如是閑であれ，先達のジャーナリズム論から，言論の自由を中心にした法学的アプローチから，多くのものを学んできたことは確かである。しかし振り返ってジャーナリズム研究を俯瞰してみたとき，結局ジャーナリズムとは何かを巡るある程度の合意すらないままに，われわれはジャーナリズムを語り，現実には議論は交差して豊かな実りを生み出すことなく，結局，部分的断片的な議論に終始し，大局を見失ってしまったのではないだろうか。

　管見によれば，こうした問題はいくつかの要素に起因するが，第1に，戦後のジャーナリズム研究は，米国を中心に発展してきたコミュニケーション研究に圧倒され，固有の問題領域と研究の方法を

見失ったことにあるように思われる。戦後に輸入されたコミュニケーション理論は，新たな社会理論の息吹を感じさせ，ジャーナリズム論を色あせたものとしたのは確かであった。第2に，ジャーナリズム研究は，ジャーナリズムは何をなすべきかなどを中心とした規範理論を巡る議論に精力を傾けるだけで，理論構築やモデル設定の努力を怠り，また現実の分析をなおざりにしてきたのではないだろうか。第3に，国際的なジャーナリズム文化のパースペクティブの中で，日本のジャーナリズムを相対化する視点を欠いてきたことが挙げられるだろう。グローバル化の時代にあって，今なお日本のジャーナリズムは「国内限定の商品」であって，国際的な流通性に欠けるのは言うまでもないが，研究者もエスノセントリズムの視野狭窄に陥り，海外のジャーナリズム研究に学ぶ姿勢にも欠けていたのではないだろうか。もしこれらの指摘が妥当性をもつなら，すでに指摘した問題点を今改めて問い直す作業は重要な意味をもつ。

▎ 欧米の研究の系譜

　ジャーナリズムの学問的研究は，プロフェッションとしての，社会勢力としてのジャーナリズムの出現と共に，20世紀初頭に始まった。このころプロフェッショナルジャーナリストの育成を主たる目的として誕生した米国におけるジャーナリズムスクールは，ジャーナリストの実践的なスキルの教育だけでなく，ジャーナリズムが社会において果たすべき役割の考察を含めた大きな構想のもとに創始され，ジャーナリズムの規範的社会理論の基礎を築いた。しかし近年の研究は，ジャーナリズム研究の背後にある始発的な衝動の多くは，19世紀半ばの独国に由来することを示唆する。ハーツ（Hardt,

H., 1979）は，ジャーナリズム研究の前史としての，独国の批判的社会理論家の研究の重要性を指摘し，米国と独国の理論家の間の思想的な異同や並行現象に注目して興味深い分析を加えた。近年では，レッフェルホルツ（Löffelholz, M.）は，独国の作家で文学史家プルッツ（Prutz, R. E.）の研究に現代のジャーナリズム理論の始発を見出している。プルッツは1845年，「新聞学（Zeitungskunde）」の成立はるか以前に"*The History of Journalism*"を出版した。新聞の歴史ではなく，ジャーナリズムの歴史を書いたのであり，歴史的かつ規範的な視点からジャーナリズムを考察したのである（Löffelholz, M., 2008）。こうした規範的衝動は独国の学問的パースペクティブにおいて持続し，そして20世紀に至って，ヴェーバー（Weber, M.）は，1910年独社会学者の最初の年次大会演説においてジャーナリストの包括的な調査を求めたのである。

19世紀の独国で芽生えたジャーナリズムの規範的研究は，その後米国の20世紀初頭に始まるジャーナリズムの経験主義的研究に引き継がれ，1950年代に初期のコミュニケーション研究が出現した時，新たな弾みを与えられた。この研究は，社会学，政治学及び心理学に由来し，ラザースフェルド，ホヴランド，レヴィン及びラスウェルのような非凡な人物によって主導された。社会諸科学の中の出自はジャーナリズムに関する知識の生産に重大なインパクトをもった。

その後この系譜に属する研究として，さらにゲートキーパーモデル，ニュース価値，議題設定のような理論が生まれ，ジャーナリズム研究のフィールドはさらに1970年代，80年代に新たな飛躍を遂げた。この時期の研究は社会学を中心に，ジャーナリズムのルー

ティンや慣習，プロフェッショナルなイデオロギーと文化，ニュー
ステクストのフレーミングやストーリーテリングやナラティブの研
究を生み出し，文化的側面の関心の高まりに関しては，エスノグラ
フィックな分析やディスコース分析などの質的研究が進展した。し
かし，21世紀への世紀転換期を境に，デジタル化された，相互作
用的なコミュニケーション技術の到来とともに，ジャーナリズムは
死んだ，ゾンビの制度であるといった言説，すなわちプロフェッ
ショナルで，制度化された形態における，ジャーナリズムの持続と
展望に関する悲観的言説がしきりに語られるようになった。しかし
テクストの形態として，ジャーナリズムはモダニティを理解するた
めの不可欠の実践であり，集合的記憶の装置であり，そのテクスト
は依然として歴史の初稿を構成するのである（大井，2018）。

　20世紀末はまた，ジャーナリズムそれ自体のグローバル化，ネッ
トワーク化あるいはメディア化（mediatization）などのメタ過程の
進行を受けて，比較ジャーナリズム研究の発展を目撃することに
なった。メタ過程の中でもメディア化は，メディアの影響が政治を
はじめとして他の広範な社会制度や領域に広がるだけでなく，密接
に絡み合うようになっている現実を踏まえ，メディアがそれらの領
域や制度それ自体にどのような影響を与えているかを把握，理解し
ようとする研究の営為から生まれた概念化であり，経験的にも理論
的にも有益な概念であることを示してきた。言い換えれば，メディ
アの存在は，特定の文化的領域内だけでなく社会一般において，社
会的・文化的実践の構造的条件となったのである。

　このことを別の側面から明らかにするのがシュルツ（Schulz, W.）
である。彼は個々の社会的制度や領域を超えたメディア化の過程の

類型を作りだそうと試みてきた。彼はメディアが人間のコミュニケーションや相互作用を変化させる四つのタイプの過程を確認する (2004: 87-101)。第1にメディアは時間と空間の双方において，人間のコミュニケーション能力を「拡張」し，第2にメディアは以前対面的に起こった社会的活動の「代替」となる（たとえば，多くの人びとにとってインターネットバンキングは銀行と顧客の物理的対面に取って代わった）。第3に対面的コミュニケーションはメディアに媒介されるコミュニケーションと結合し，メディアは日常生活の一部となるので，メディアは諸活動の「融合」をもたらす。第4に多くの異なるセクターのプレイヤーは自分の行動を変えてメディアの評価，フォーマットおよびルーティンに「適応」させなければならない（たとえば政治家は，記者との即興の交換において「サウンドバイト」で自己を表現することを学習する）。これらの過程すべてが社会のすべてのセクターにおいて等しく重要であるわけではないが，このタイポロジーはメディア化研究の有益な分析的ツールである。

　国際的・比較論的研究のグローバルな台頭は，90年代以降の東欧諸国の崩壊をはじめとした大規模な政治的変動と，新しいコミュニケーション技術によって加速された。研究者の国際的交流やネットワークは，冷戦の終焉及び増大するグローバル化によって加速されるだけでなく，ジャーナリズム研究のパラダイムを支配したモデルの脱西欧化のベクトルをもたらすことになった。ジャーナリストに関するアグリゲート・データをもとに，両者の動きを具体化した例として，筆者が参加したウィーヴァーらの『*The Global Journalist in the 21st Century*』(Weaver, D. & Willnat, L. eds., 2012) 及びハニッシュ (Hanitzsch, T.) の主導する「Worlds of Journalism

Study」[1] プロジェクトを指摘することができるだろう。とりわけ後者（WJS と略称）は，世界の多様なジャーナリズム文化を浮き彫りにするため，参加 66 か国が共通の質問票を使って調査を実施し，その調査データは比較分析のために研究者の間で共有される，といった類例を見ない革新的な研究であった。付言すると，WJS は，デジタルメディア時代の新たなジャーナリズムのありようを調査・研究すべく，2020～22 年に向けて調査プロジェクトを計画しており，新たな参加国を得て，世界の多様なジャーナリズム文化の実像が明らかになることが期待される。

3　ジャーナリズムの再定義

▌ 特権的文化的形態

　英国のメディア学者マクネア（McNair, B.）は，ジャーナリズムの再定義の必要性に関して，極めて興味深い問題提起をしている（1998）。現代社会のジャーナリズムそれ自体だけでなく，取り巻く大きな環境変化という現実をふまえて，改めて「ジャーナリズムとは何か」だけでなく，「ジャーナリズムは何ではないか」を問うべきことを主張している。ジャーナリズムと非ジャーナリズムをはっきりさせろ，というわけである。非ジャーナリズムとは何かは，非常におもしろい問題提起であって，考えるべきさまざまな視点を含んでいる。「あれはジャーナリズムではない！」。日本では日常的によく聞かれる物言いである。件の発言者にとって，それはジャーナリズムではないかもしれないが，ジャーナリズム的機能を果たしていることは十分あり得る。

10

欧米における近代社会の誕生以来，ジャーナリズムは，他のテクストと比べて明白に異なるスタイルとナラティブを発展させ，その過程で他の文化形態にはない特権的地位を獲得してきた。言い換えればジャーナリズムは特権的な文化形態であり，オーディエンスもまた，ジャーナリズムのそうした特権的な地位を認識し，合意し，そして期待してきたのである。しかし，欧米では19世紀後半から20世紀のはじめに，特権的なエリートジャーナリズムの対抗軸として，異なるスタイルとナラティブをもつポピュラー・ジャーナリズムが誕生し，ジャーナリズムに二極分化が生じたのである。

20世紀の前半にラジオ，ついでテレビが誕生するに及んで，ジャーナリズムは多様な形態と内容をもつようになり，さらに社会のさまざまな領域における急速な変化が見られる今日の世界にあって，ジャーナリズムの特権的な文化的形態は多様化し，ジャーナリズムのテクストと他のテクスト（たとえば娯楽）の間の境界が極めて曖昧なものとなり，さまざまな形態と内容をもつジャーナリズムが生まれてくることになったのである。デジタルメディアのさまざまな領域に及ぼすインパクトを眼前にして，もはやジャーナリズムは，単数定冠詞つきではなく，複数として多元的な存在となったのである。ジャーナリズムはこうした混沌たる状況を前にしたとき，われわれは，改めてジャーナリズムとは何かを問い直し，たとえそれが不完全なものであろうと，ジャーナリズムを再定義しなければならない（大井，2004）。

┃ ジャーナリズムの再定義

ジャーナリズムをカテゴライズする方法はかなり多くあるし，さ

まざま視点からアプローチすることができる。一つの現象として
ジャーナリズムについて考える時，ジャーナリズムを定義するとい
う行為は，人びとが共有する暗黙の知識や解釈の戦略から生まれ
る。そして暗黙の知識と解釈の戦略がパタン化された方法で人びと
に共有される時，それによって彼らは解釈共同体として行動し，そ
して解釈共同体は，ジャーナリズムについて考える多くの方法を提
供し，さらに結果として生まれる学問にインパクトを与える。

　例えばゼライザー（Zelizer, B., 2004）は，広範な文献渉猟に基づき，
こうした「解釈共同体」の概念を援用して，ジャーナリストによる
定義，ジャーナリズム研究者の定義などを分類・整理して考察を加
えている。それによると，ジャーナリストには，「第六感」「容器」
「鏡」「子ども」そして「サービス」としてのジャーナリズムの定義
があり，研究者には，「プロフェッション」「制度」「テクスト」「労働
者」「一連の実践」としてのジャーナリズムの定義があり，「何が
ジャーナリズムか」をめぐる，ジャーナリストと研究者の間の，異
なる解釈共同体の間の，さまざまな対立や不和に考察を加えている
（Zelizer, 2004: 2章参照）。この両者の関係はそれ自体非常に興味深
い問題だが，別稿に譲ることにしたい。

　さて，本論では，ここでは第1に，コミュニケーション研究との
レリバンスを考慮し，そして第2に，カオスにあるジャーナリズム
状況を整序しようとする意図から，十分な定義ではない，ある種の
操作的定義であることを認めつつも，別の視点からジャーナリズム
を定義してみたい。ジャーナリズムは，「ニューステクストの収集
から，編集，制作，流通へと連なる生産過程」としておく。ここで
重要なことは，第1に，ジャーナリズムはニューステクストの生産

に関わるのであり，第2に，ジャーナリズムは，コミュニケーションと同様に過程である，という視点である。ニューステクストは生産されると見るのは，構築主義の視点であり，ニューステクストは現実を鏡のように反映するのではなく，ジャーナリストによって作られることを意味し，過程と捉えるのは，ジャーナリズムをコミュニケーションの一部として把握しようする意味であり，ジャーナリズムを捉え直す際にコミュニケーション研究とのレリバンスを見出そうとする意図に他ならない。

次にニューステクストである。いうまでもなく，ニュースではなく，ニューステクストという概念化は，メディアを超える，横断する，ニュースの「間テクスト性」を視野に入れた概念化である。先のジャーナリズムと同様な定義のレベルで，ジャーナリズムのニューステクストは，ジャーナリズムの主要生産物であって，文字，音声，映像などの形態をとる事実に基づく公共的な知識として，定義しておく。ここでは，ニューステクストは明らかに，しばしば互換的なものとされる情報とは異なるものであって，情報は意味とコンテクストを与えられたときに知識になるのである。またニューステクストは個人の私的な知識ではなく，公共的生活を送る個人が必要とし，またメディアによって公にされたという意味での，公共的知識である。ジャーナリズムのテクストは，またニュースを中心として，さまざまなテクスト群から構成される。

ジャーナリズム生産物は，主としてニュースメディアあるいはジャーナリズムのメディアによって生産される。新聞は，ニューステクストの生産部門がメディア組織として重要な位置を占め，組織の資源はかなり集中的にニューステクスト生産に注がれ，一般的に

ニュースメディアと見なされてきた。他方で，ＴＶは主として，娯楽産業，ショービジネスのメディアとでも言うべきものであって，ＴＶにあってはメディア生産の中心はニューステクストの生産にはなく，むしろ娯楽的テクストの生産に置かれていると考えられてきた。かつてニュース番組が十分な視聴率を稼ぐことができなかったときには，パブリック・サービスとして，公共的メディアの責任としてニューステクストの生産が行われたこともあった（大井，2004）。

　しかし，すでに述べたように，ニューステクストは，文字，音声，映像などの形態をとる事実に基づく公共的な知識であり，ジャーナリズムはニューステクストの収集，編集，制作，流通といった生産過程であった。こうした定義に立ったとき，ＴＶはどうだろうか。相対的な地位の低下が囁かれるＴＶだが，公共的知識の伝達に，ジャーナリズム・テクストの生産に，依然として大きな役割を果たしている。巷間言われるように，ジャーナリズムは決して衰退などしておらず，多様な広がりを示していると言えないだろうか。メディア生産物として，概念的にニュースと娯楽が区別されるのが一般的である。しかしオーディエンスの立場から見ればそうした区別は意味をなさないのであって，ニューステクストから，娯楽テクストからであれ，事実に基づく公共的知識を得ているのである。また今日現象的にも，ニュースと娯楽の境界はますます曖昧化し，ある種の相互浸透が起こっている。われわれは，新聞記事やテレビのニュース番組からだけでなく，現実の犯罪事件を再現したドラマから，ワイドショーの芸能人のゴシップから，公共的知識を得ているのである。さらに後述するようにデジタルメディアの台頭によっ

て，公共的知識の量が増加するだけでなく，質的な多様化が急速に進行している。もしこれらすべてを非ジャーナリズムだとすれば，ジャーナリズムは危機にあり，衰退しているのかもしれない。しかし非ジャーナリズムたる複数形のジャーナリズムは着実に，メディア生産の現場を浸食しているのであり，それらを従来のジャーナリズム論の立場から無視することにどれほどの意味があろうか。

4 メディア化とジャーナリズム

▎ デジタルメディアの台頭

　ＴＶや新聞といった伝統的ニュースメディア組織をとりまく環境の変化は，多層的，多次元的であり，端的には多種多様なニュースアウトレットの増殖に見ることができる。これらのアウトレットを生み出しているメディアを「デジタルメディア」と総称して議論を進めることにしたい。デジタルメディアの原動力となったインターネットは，今や「それ自体，様々なコミュニケーション特性と多数の利用条件をもつ『異なるメディアと様式のバンドル』であり，しばしば，新しいネットメディアのための用語として使われるようになった」(Lievrouw, L. A. & Livingstone, S., 2002: 6)。生産，流通，受信および利用の多種多様なモードをもつデジタルメディアのような新しいメディアは，「未決定性（underdetermination）」と「社会的形成（social shaping）」によって特徴づけられてきた。後者については，後述するとして，また新しいネットメディアは，利用者に新しい機会を与えるだけでなく，利用のための新しい制約を生み出す。

かつてのメディアコミュニケーション革命は，メッセージの発信，蓄積，伝送，受信あるいはメッセージ生産のための組織，流通，資金調達などの一つあるいは複数のエレメントに影響を与えてきたが，最近のメディアコミュニケーション革命は，これらの特性すべてに影響を与えた。すべての記号やメッセージが─話される言語，テクスト，音声・音楽，画像・動画を含む─同じユニヴァーサルな言語で表現されることができ，とりわけデジタルメッセージは，誰でもが処理，編集，増幅，蓄積，流通に参加できる操作性の高いソフトウェアを使って，容易に取り扱うことができるのである（Schulz, W., 2014: 58）。

　こうした革命によって，新聞・ＴＶといったニュースメディアはいくつかの大きな変化の波に洗われることになった。その第1は，インターネットの膨大な処理・蓄積の性能によって，多重送信の相互接続性に加えて，グローバルなネットワーキング，コラボレーション，共創が可能になった。いまやニュースメディアは，双方向性をもち，市民のアクティブな関与を伴うことになった。第2に，市民のメディア利用は「プル」の活動になり，タイムシフトを可能にし，そのため利用者は従来型のマスメディアの「プッシュ」のメッセージにあまり依存しなくなった。第3に，さらにデジタル技術は，メッセージの複製，再送信および，他者との共有を可能にした。第4に，デジタルメディアのユニヴァーサルな言語と適応力は，新旧のメディアの融合に拍車をかけ，異なるメディアのプラットフォーム上で，内容の改作，流通を可能にし，いまやすべての主要なオフラインのニュースアウトレットはデジタルメディアのフォーマットで豊富なオンライン・エディションを提供しているのであ

る。第5に，最近のモバイルのデバイスは，メッセージを受信，送信し，また生産するためのユニヴァーサルなユーザ・インターフェースとなり，それを操作性の高いソフトウェアによって，利用者は，インターネット特にソーシャルメディアのプラットフォームで，プロフェッショナルなジャーナリズムおよび娯楽メディアと競争する複雑なメッセージを創作し公表することができる。同様に，ジャーナリストはレギュラーに情報資源としてインターネットに頼り，ウェブページやソーシャルネットワーキングサイトから題材を取り上げ，再配信すらしているのである（Schulz,W., 2014: 59）。

グローバル化・ネットワーク化・メディア化のメタプロセス

　近年，とりわけデジタルメディアのさまざまな形態の拡大を前にして，われわれは，二つの学問分野の収斂・融合へと向かうある種の新しい段階を目撃することになった。カステル（Castells, M.）のインターネットとネットワーク社会に関する議論は，メディアのパースペクティブと社会学理論を統合する一つの試みである（2013）。同様に，メディアスタディーズの観点から，グローバル化の研究は社会学的・カルチュラルな分析への関心を惹起した（Silverstone, R., 2007）。

　メディア化の理論はこの交流をさらに先に進めることになる試みである。マクウェール（McQuail, D.）は，メディア化は「マスメディアが，社会の他の多くの領域，特に政治，司法，保健，教育，宗教のような公共的役割をもつ制度に影響を及ぼすようになる過程であって，いまや多くの公的活動は，それらの制度がいかにして好意的にかつ最大限のインパクトをもって，パブリシティにアクセスを

得ることができるかを重視して，引き受けられるのであり，メディア化の用語は，メディアおよび**メディアロジック（原文イタ）**の要求に順応／適合するよう，しばしば活動のタイミング，優先順位が変えられ，そして意味がゆがめられること意味する」(2010: 563) とする。他方タックマン（Tuchman, G.）は「今日益々多くの活動がメディア，つまりマスメディアだけでなくインタラクティブなメディアを通じて行われるようになるに従い，他の制度や組織はメディアロジックに自らを適合させ，かつ従うようになった。メディア化と呼ばれる過程である。今やメディアそれ自体と同様に，この過程（メディア化）は遍在的である」(2014: x) と評する。

　こうして，メディア化はメディア学者，社会学者および他の学問分野の学者による相互の研究活動を求める経験的な過程であるだけでなく，リヴィングストン（Livingstone, S.）が指摘するように，学際的な対話によって展開される必要のある理論的な概念でもある (2009) と認識されるようになった。メディア化はグローバル化，都市化および個人化と同等のメタ過程と見なされるべきであり，それによってメディアは同じような方法で，既存のコンテクストからの社会関係の脱埋め込みに，そしてそれら社会関係の新しい社会的コンテクストへの再埋め込みに寄与する（たとえば，Giddens, A., 1990）。

　こうして，メディアがますます他の制度から分化し，半ば構造的に独立したメディア制度となり，そして文化と社会に再埋め込み，つまりさまざまな社会制度においてメディアが統合されるようになったのは，近代の後期に過ぎない。メディア化は，他と異なる後期近代の過程であり，そして後期近代の過程において「部分的に近

代社会の構成要素となり，そして…部分的に今日われわれが暮らしている社会に関して何が『モダン』かの構成要素となるのである」(Thompson, J. B., 1990)。古典的社会学が形成期にあった時，マルクス（Marx, K.），デュルケーム（Durkheim, É.）あるいはジンメル（Simmel, G.）などの開拓者は，メディアの役割などに特別な関心をもたず，その代わりに，産業化，都市化，世俗化，個人化のような現象に焦点をあわせた。なぜならば，メディアは他の制度と十分に異なっておらず（分化しておらず），またメディアは今日のように，決して浸透的でもなければ影響力もなかった。しかし後期近代社会の社会学的研究にとって，文化と社会に対するメディアの重要性に関する理論は，もはや興味深い可能性にとどまらぬ重要な研究課題である。

5 ニュースメディアのロジック

▌ 社会制度としてのニュースメディア

　メディア化の多くの説明に伴う重要な問題の一つは，メディアの概念の曖昧さである。文字通り言えば，いかなるコミュニケーションであっても—声やスマートフォンのような個人のメディアから新聞やＴＶのような制度化されたメディアや，さらにインターネットやソーシャルメディアに至るまで—メディアとして扱われる。インターネットやソーシャルメディアでは，個人的に生産された内容が伝統的なニュースメディア組織によってプロフェッショナルに生産される内容と混じり合っている。しかしこうした言説は巷間流布しているが，分析的に有益とは言えない。何かを語っているようで，

何も語っていないのである。またすべてのメディアは平等につくられていないし，あるメディアは他のメディアよりも重要で大きな意義をもつ（Esser, F. & Strömbäck, J., 2014: 11）。

　すべての制度と同様，ニュースメディアもまたむしろ安定的で，時間を超えて予測可能であり，かつそれ自身の特殊なルール，ルーティン，規範および価値によって形作られる。これらのルール，ルーティン，規範および価値はフォーマルでもインフォーマルでもありうるが，いずれの場合でもメディアの中の人びとがそれを通じて行動し，相互に作用する枠組みを提供する。他方で同時にこれらのルール，ルーティン，規範および価値は，さまざまな方法でメディアと相互に作用する他の人びとの行動に影響を与える。

　単一のニュースメディア組織が制度化されたアクターを構成するだけではない。ニュースメディアがどのように活動するか，そのルール，ルーティン，規範及び価値の観点から見ると，異なるニュースメディアを横断する大きな類似点が存在し，それは特に異なるナショナルなコンテクスト及びナショナルなメディアシステムの領域内に存在するのである。こうして，異なるニュースメディアは類似した生産の実践に従い，かつニュース価値の類似した基準を支持する傾向があり，異なるニュース組織で働くジャーナリストは，類似した役割概念を保持する傾向がある（Strömbäck, J., 2008: 228-46.）。

▎ ニュースメディア・ロジック

　ニュースメディアの核心的な制度的特徴は，「メディアロジック」と称される，組織を横断する活動のモードであり，メディアロジッ

クはニュースメッセージを選び，解釈し，構築するメディア固有の
ルールに関わる。今日のメディア化社会にあって，社会の他の誰も
が世界を認識し解釈する，そしてそれに基づいて行動する強制的な
方法として，メディアロジックに順応し合わせることを学習しなけ
ればならない。こうした事実は，さらにメディアの重要性を高める
ことになり，制度的ルールとしてのメディアロジックは，他の社会
制度や領域にますます侵入するようになり，そこではメディアロ
ジックが今や適切な行動を定義する既存のルールを補うことにな
る。

　マゾレニとシュルツ（Mazzoleni, G. & Schulz, W.）は，メディア化
を，他の社会制度・領域が，その自律性を失い，その中心的な機能
においてコミュニケーションメディアに依存するようになる，そし
て継続的にコミュニケーションメディアとの相互作用によって形成
されるようになること，と説明するが（2010: 247-61），現代のコミュ
ニケーションメディアを他の社会制度・領域にとって重要な意味を
もつアクターに変えてしまったのは，メディアロジックである。こ
うしてメディア化は，以前はコミュニケーションメディアとは別と
考えられていた他の社会制度や領域におけるメディアロジックの制
度化によって特徴づけられる，メディアに誘導された変化のダイナ
ミックな過程として定義されるのである（Shrott, A., 2009: 41-62）。
エサー（Esser, F.）は，こうした文脈を受けて，他の社会制度，と
りわけ政治制度のロジックに対応させる試みとして，ニュースメ
ディア・ロジックを構成する三つの下位概念を示唆した（2013: 166-
74）。これらの三つの下位概念は全て，個々のニュースメディア組
織だけでなく全体としてのニュースメディア制度におけるニュース

生産の文化に影響を与える。エサーによれば，総体としてニュース
メディアのロジックを形作る三つの次元は，プロフェッショナル
化，商業化およびメディア技術の変化である。

（1）プロフェッショナル化

プロフェッショナリズムは，ジャーナリズムが他の社会制度から
一つの職業や制度として分化される程度に関わる。ハリンとマン
シーニ（Hallin, D. & Mancini, P., 2004）に従うと，ジャーナリズムの
プロフェッショナリズムは，第1に，その活動に対する外部の統制
からの増大する自律性を前提にする。第2に，ジャーナリストの間
に他と異なる一連のプロフェッショナルな規範と価値が存在するこ
とを意味する。一連の規範と価値の中で最も重要なのは，ジャーナ
リストのニュース価値（values）とニュース選択の基準，つまり何
がニュースとなるか，ニュースを選択する時に何が重要とされるべ
きか，についての広く共有された理解，に関係する。第3に，プロ
フェッショナリズムの鍵となる側面は，ジャーナリズムは，人びと
が自由であり，自己統治をするために必要とする種類の情報を人び
とに提供することで，第4権力および番犬として活動し，結果的に
公共の利益に奉仕をするという主張である（Kovach, B. & Rosenstiel,
T., 2007）。プロフェッショナリズムはこうして，ジャーナリストの
独立性，職業規範としてのニュース価値の基準の保持，公共の利益
に奉仕するジャーナリスト，というジャーナリストの間で広く共有
されている理解に本質的に関わるのである。

（2）商業化

商業主義は，大半のニュースメディアは商業的組織であるという
事実に関わり，それはニュース生産，ニュース選択およびニュース

提示のすべての過程に重要なインプリケーションをもつ。多くの伝統的なニュースメディアのジャーナリストは，一方ではニュース編集室と，他方では所有者，広告やマーケティングなどのビジネス部門とを隔てる壁を，つまり「教会と国家の壁」を，両者の分離を主張し，また商業的諸力に対して自律性を守る活動においてもそうした主張をしてきた。しかし，大半の西欧メディアシステムで成長するネオリベラリズムと規制緩和の影響のもとで，ニュースメディアは他の社会制度や領域から超然とするようになると同時に，市場との関係において自律性を失ってきた。結果としてハリンとマンシーニ（2004: 277）は，「ジャーナリストの主たる目標はもはや思想を広め，思想を中心とした社会的コンセンサスを作りだすのではなく，個々の消費者に売られる娯楽と情報を生産することである」と主張する。

（3）メディア技術の変化

　応用メディア技術は，コンテンツ生産および再生産の過程においてどのように内容を形作るかに関わる。ラジオ，ＴＶ，活字メディアおよびデジタルメディアが社会的現実を個々のメディアに適合的な「フォーマット」に変える方法は，それぞれの情報技術の物理的性質に影響される。核心的な疑問は，新しいデジタルメディアの到来はメディア化の目下の理解に何を貢献するだろうか，である。インターネットはその開放性，インタラクティブな構造および柔軟性によって，ボトムアップのコミュニケーション，公衆の選好の表現，市民参加の促進，そしてアカウンタビリティの要求，といったことのための新しい機会を作りだした。インターネットの，インタラクティブで参加的なロジックはまた，既存の活字および放送メディア

の伝統的なトップダウンのコミュニケーションと対抗する新しい機会を作りだしてきた。実際新しいウェブサイト—ニュースのアグリゲーターまたはオルタナティブなサプライヤーによる—はますます，古いメディアのビジネスモデル，ジャーナリズムのプロフェッショナルモデル，政治ニュースの伝統的な理解を脅かしている (Brants, K. & Voltmer, K. eds., 2011: 1-19)。

　このように，プロフェッショナル化，商業化およびメディア技術の変化の諸力は，時期やメディアを問わず，ニュースメディアのロジックを形作るのである。このパースペクティブでは，固定された，時間やメディアを超えて一貫する，単一のニュースメディアのロジックは全く存在せず，ニュースメディアのロジックはプロフェッショナルな，商業的なまたはメディア技術的な命令に帰され得ないのである。ニュースメディアのロジックの三つの次元はすべて，ニュースメディアにとってダイナミックな構成要素をもち，そして異なる国で時間を超えて異なる発展をしてきた。また三つの次元の間には緊張が，特にプロフェッショナリズムと商業主義の間には極めて緊張した関係性が存在する。こうしてプロフェッショナリズムは，ある種のニュースメディアのロジックに一層大きなインパクトをもち，商業主義は他のニュースメディアのロジックに一層大きなインパクトをもつのである (Esser, F., 2013: 155-76)。

6　デジタルジャーナリズム

▎デジタルメディアのアフォーダンス
　デジタルメディアは，インターネット以前の時代に全く知られて

いなかった，さまざまなプレゼンテーションのフォーマットとコンテンツのジャンルをもたらすだけではなく，伝統的なニュースメディアと異なる組織原理，コンテンツ生産および流通の手続きに基づき活動する。デジタルメディアが生み出すメッセージのとてつもない増殖と多様化は，利用者がニュースメディアのコンテンツに依存するのではなく，むしろニュースメディアを利用して積極的なコンテンツを生産したり，前もって作られたメディアのメッセージを修正したりすることを可能にした。言い換えれば利用者がニュースメディアのフィルタリングとゲートキーピングをバイパスすることを可能にしたのである。メディア化の概念は，コミュニケーションメディアが広く普及し，社会のあらゆる領域に浸透し，他の社会制度はメディア依存をますます深めることになったことを一般的には意味する。

　しかしランビー（Lundby, K.）は，そうしたメディア化の概念は「過去の思考であり，ゲートキーパーやエディターが実際，ほとんどすべてのメディアコミュニケーションを統制し，フレーミングし，フォーマットしたマス・コミュニケーション時代の思考である」（Lundby, K., 2009: 117）と断言する。ランビーの主張は，すでに述べたような新しいデジタルメディアの「未決定性」や「社会的形成」を重視する。たとえば，新しいデジタルメディアと伝統的なマスメディアを区別するのは，社会的形成であり，社会的形成の一つの側面は，既存の技術と技術革新の「再統合」と「継続的ハイブリッド化」であり，メディアのアフォーダンス（affordances）と相互に作用する過程で起こる（Lievrouw, L. & Livingstone, S., 2001: 6）。デジタルメディアのアフォーダンスには，たとえばネットワーキン

グ，タイムシフティング，コンテンツの共有，メディア生産物の共創，メッセージのマッシュアップなどが想定されよう。またこうした推論に立てば，「メディア化の過程はメディアによって強制されない」(Marcinkowski, F. & Steiner, A., 2014: 88) という指摘は首肯されるだろうし，デジタルメディアのアフォーダンスへの対応に焦点をしぼり，さまざまな社会制度にもたらされる結果を検証することは，有益な研究の営為となるだろう。

▎ デジタルメディアと市民

　変化するメディア環境の結果は，人びとのメディア利用の習慣が変化していることに明白に表れている。新しいデジタルメディアは情報および社会的影響の源として既存のニュースメディアの地位をますます改変している。たとえば米国ではオンラインメディアはすでに市民の日々のニュース源として1位にランクされるようになった[2]。他の西欧諸国でも，程度の差はあれ，類似の現象が生じているのである。デジタルメディアに関わる利用者の活動は，主として非政治的目的で行われるが，ソーシャルネットワーキングの世界的な普及によって[3]，その利用は，意見の表明，抗議の動員，集団的行動の組織といった政治的目的に動員可能である（たとえば，Loader, B. D. & Mercea, D. eds., 2012: 1-10 を参照）。「アラブの春」におけるデジタルメディアの利用は劇的であった。

　伝統的なニュースマス・メディアはニュース価値の基準に従い，ジャーナリストは現実的意義があると判断するメッセージを流通させ，他方でデジタルメディアは，利用者にメッセージの選択の統制権を与える。市民はもはや伝統的なニュースメディアのメッセージ

の単なる受動的な消費者ではなく，ニュースメディアにフィード
バックしたり，さまざまなデジタルメディアの空間でオルタナティ
ブな立場を発言したりすることができるのである。こうして市民
は，事実と意見の共有，ブログやヴィデオのコメント，wiki，画像
や動画のプラットフォームへの投稿，集団的行動の組織といったコ
ラボレーション，共創に参加することができるのである（Harrison,
T. M. & Barthel, B., 2009: 155-78）。また資源の乏しいNGOや社会運
動にとって，インターネットとソーシャルメディアは乏しい資源の
埋め合わせになるのである。

▌ デジタル時代のジャーナリズム

　伝統的なニュースメディアが社会に対して果たすべき活動は，グ
レヴィッチ（Gurevitch, M.）とブラムラー（Blumler, J. G.）によれば，
四つに集約される。第1に媒介のエイジェントとして，ニュースメ
ディアは現代的に重要な意味をもつ出来事や問題を報道する，政治
的現実の真のイメージを提示する，といったことを期待される。第
2に公共的フォーラムを提供する能力において，ニュースメディア
は市民にアクセスを与え，公共的意見やディスコースの主潮流を表
象する。第3に，ニュースメディアは権力保持者を精査し，そして
調査報道によって，権力の腐敗濫用やスキャンダルを暴露する。そ
して第4に，ニュースメディアは市民の政治的利害を代表して発言
し，政治参加の制度化された形態をサポートする，といったことが
期待されるのである（Gurevitch, M. & Blumler, J. G., 1990: 269-89）。

　他方で，デジタルメディアは，これらの規範的期待に対して，第
1に，プロフェッショナルジャーナリズムのフィルターをバイパス

するブロガー，市民ジャーナリスト，さまざまな組織のウェブページによる報告やコメントによって，市民の参加の機会を拡大した。第2に，デジタルメディアは公共的空間を構築し，拡大してきたが，これらの公共空間は伝統的なニュースメディアによって構築される公共空間と比べて包摂的であり，組織が弱体な集団や個々の市民が容易にアクセスすることができる。第3に，伝統的なニュースメディアのニュース価値の基準に対して，デジタルメディアは，市民自身—だけでなく多種多様な利益集団—がオンラインで発言することによって，ニュース価値基準を補足することができる。第4に，デジタルメディアの権力監視機能は，インターネットによって，エリートのスキャンダルを暴き，拡散し，権力保持者がむしろ秘密にしようとする情報をリークする活動を一層効果的にした（Schulz, W., 2014: 67）。

　しかしながら，デジタルメディアの利用者が生み出す，ますます増加するコンテンツは，たとえオンラインニュースの大きなシェアがプロフェッショナルジャーナリストによって生産されているにしても，インターネットでの情報の信頼性に疑問を抱かせる事態を生み出している。インターネットのオープンな空間はしばしば，さまざまな攻撃，ヘイトスピーチ，ハッカーの攻撃や犯罪，急進主義，テロ活動にも利用されるのである。デジタルメディアに関して増大する研究は，ポジティブまたはネガティブな結果のいずれが優勢かを評価しようと試みているが，有為な結果をもつにいたっていない。デジタルメディアのリスクや破壊的能力を見失わないことが賢明である，というのが共通する知見であり，有効な示唆なのである（たとえば，Groshek, J., 2010: 142-74 を参照）。

28

註

1) Worlds of Journalism Study（http://www.worldsofjournalism.org（2018
年 10 月 5 日アクセス））
2) Research Center（http://www.journalism.org/2017/09/07/news-use-
across-social-media-platforms-2017/2017（2017 年 10 月 10 日アクセス））
3) たとえば，Pew Research Center（http://www.pewglobal.org/2012/12/12
/social-networking-popular-across-globe/（2010 年 12 月 20 日アクセス））

引用／参考文献

Brants, K. and Voltmer, K. eds.（2011）*Political Communication in Postmodern Democracy*. Palgrave Macmillan.

Castells, M.（2013）*Communication Power*. Oxford University Press.

Esser, F.（2013）Mediatization as a Challenge: Media Logic Versus Political Logic, in Kriesi, H., Bochsler, D., Matthes, J., Lavenex, S. and Esser, F., *Democracy in the Age of Globalization and Mediatization*. Palgrave Macmillan.

Esser, F. and Strömbäck, J. eds.（2014）*Mediatization of Politics*. Palgrave Macmillan.

Giddens, A.（1990）*The Consequences of Modernity*. Stanford University Press（松尾精文・小幡正敏訳『近代とはいかなる時代か？―モダニティの帰結』而立書房，1993 年）

Giddens, A. and Sutton, P. W. eds.（2013）*Sociology*, 7 th ed., Polity Press.

Groshek, J.（2010）A Time-Series, Multinational Analysis of Democratic Forecasts and Internet Diffusion, *International Journal of Communication*, 4 : 142-174.

Gurevitch, M. and Blumler, J. G.（1990）Political Communication Systems and Democratic Values, in *Democracy and the Mass Media*. Cambridge University Press.

Hallin, D.（2005）Field Theory, Differentiation, and Comparative Media Research, in Benson, R. and Neveu, E. eds., *Bourdieu and the Journalistic Field*. Polity Press.

Hallin, D. and Mancini, P.（2004）*Comparing Media Systems*. Cambridge University Press.

Hardt, H.（1979）*Social Theories of the Press*. Sage Publications.

林香里（2002）『マスメディアの周縁，ジャーナリズムの核心』新曜社。

長谷川如是閑（1969～70）『長谷川如是閑選集』(全 7 巻・補巻 栗田出版会)。

早川善治郎（1969）「マス・コミュニケーション論とジャーナリズム論」『新聞学評論』18号。

Harrison, T. M. and Barthel, B. (2009) Wielding New Media in Web 2.0: Exploring the History of Engagement with the Collaborative Construction of Media Products, *New Media & Society*, 11（1-2）: 155-178.

Jenkins, H. (1992) *Textual Poachers: Television Fans and Participatory Culture*. Routledge.

Kovach, B. and Rosenstiel, T. eds. (2007) *The Elements of Journalism*. Crown Publisher（加藤岳文・斎藤邦泰訳『ジャーナリズムの原則』日本経済評論社, 2011年）。

Lasswell, H. D. (1948) The Structure and Function of Communication in Society, in Wilbur Schramm, ed. *Mass Communications* 2 nd ed., University of Illinois Press.（学習院大学社会学研究室訳「社会におけるコミュニケーションの構造と機能」『新版マス・コミュニケーション—マス・メディアの総合的研究』1968年）

Liebes, T. and Katz, E. (1990) *The Export of Meaning, Cross-Cultural Readings of Dallas*. Oxford University Press.

Lievrouw, L. A. and Livingstone, S. (2002) *Handbook of New Media: Social Shaping and Consequences of ICTs*, Sage Publications.

Löffelholz, M. (2008) *Global Journalism Research*, Blackwell Wiley.

Lippmann, W. (1920) *Public Opinion*.（掛川トミ子訳『世論』(上・下) 岩波文庫, 1987年）。

Livingston, S. (2009) On the Mediation of Everything: ICA Presidential Address 2008, *Journal of Communication* 59（1）: 1-18.

Loader, B. D. and Mercea, D. eds. (2012) *Social Media and Democracy*. Routledge.

Lundby, K. ed. (2009) *Mediatization: Concept, Change, Consequences, Logic: Looking for Social Interaction*. Peter Lang Pub.

Marcinkowski, F. and Steiner, A. (2014) Mediatization and Political Autonomy; A System Approach, in Esser, F. and Strömbäck, J. eds., *Mediatization of Politics*. Palgrave macmillan.

Mazzoleni, G. and Schulz, W. (2010) Mediatization of Politics: Challenge for Democracy? *Political Communication*, 16（3）: 247-261.

McNair, B. (1998) *The Sociology of Journalism*. Arnold.（小川浩一・赤尾光史監訳『ジャーナリズムの社会学』リベルタ出版, 2006年）

McQuail, D. (2010) *McQuail's Mass Communication Theory*, 6 th ed. Sage Publications.

中正樹（2006）『「客観報道」とは何か―戦後ジャーナリズム研究と客観報道論争』新泉社。

大井眞二（1999）「客観報道の起源を巡って―アメリカ・ジャーナリズム史のコンテクスト」（鶴木眞編『客観報道―もう一つのジャーナリズム論』成文堂）。

大井眞二（2004）「マス・コミュニケーションとジャーナリズム―研究のレリバンス」（田村紀雄・林利隆・大井眞二編『現代ジャーナリズムを学ぶ人のために』世界思想社）。

大井眞二（2008）「日本のジャーナリスト1000人調査から」（『調査研究レポート』朝日新聞社）。

大井眞二（2018）「メディア化時代のジャーナリズム」（大井眞二・田村紀雄・鈴木雄雅編『現代ジャーナリズムを学ぶ人のために』第2版，世界思想社）。

Rogers, E. (1994) *A History of Communication: A Biographical Approach.* Free press.

Schramm, W. ed. (1960) *Mass Communications.* University of Illinois Press.

Shrott, A. (2009) Dimensions: Catch-All Label or Technical Term, in Lundby, K. ed. *Mediatization, Concept, Changes, Consequences,* Peter Lang Inc.

Schulz, W. (2004) Reconstructing Mediatization as an Analytical Concept, *European Journal of Communication,* 19（1）: 87-101.

Schulz, W. (2014) Mediatization and New Media, in Strämbäck, J. and Esser, F. eds., *Mediatization of Politics.* Palgrave Macmilan.

Shoemaker, P. J. and Vos, T. P. (2009) *Gatekeeping Theory.* Routledge.

Shoemaker, P. J. and Reese, S. (1996) *Mediating the Message,* 2'nd ed. Longman.

Shoemaker, P. J. and Reese, S. (2014) *Mediating the Message in the 21st Century,* 3 rd ed. Routledge.

Silverstone, R. (2007) *Media and Morality.* Polity Press.

Strömbäck, J. (2008) Four Phases of Mediatization, *International Journal of Press/Politics,* 13（3）: 228-46.

Thompson, J. B. (1990), *Ideology and Modem Culture.* Polity.

戸坂潤（1966～7，1979）『戸坂潤全集』（全5巻・別巻 勁草書房）。

Tuchman, G. (1978) *Making News.* Free Press.（鶴木眞・桜内篤子訳『ニュースの社会学』三嶺書房，1990年）

Weaver, D. and Willnat, L. eds. (2012) *The Global Journalist in the 21st Century.* Routledge.

White, D. M. (1950) The Gatekeeper: A Case Study in the Selection of News, *Journalism Quarterly,* vol.27: 383-390.

Zelizer, B. (2004) *Taking Journalism Seriously.* Sage Publications.

第2章　メディアの自由論の歴史—新たな公共性原理

1　古典的自由論の起源

ミルトンの自由論

　近代的意味における言論出版（プレス）の自由は，中世ヨーロッパ社会からいわゆる近代社会が誕生し，発展していく過程のなかで，第1に異なる宗教，信仰に対する寛容としてその産声をあげた。その意味で，この自由はすぐれてヨーロッパ的な概念に出自をもっており，キーワードはヨーロッパの近代社会である。近代社会の幕がきって落とされる一つの契機になったのは，宗教改革であった。ルター（Luther, M.）に始まるとされるいわゆる宗教改革は，それ自体はきわめて非寛容な宗教運動であったが，皮肉なことに運動の展開は，きわめて逆説的で意図せざる方向へと向かっていった。結果的には，1598年のナントの勅令に典型的に示されるように，新教と旧教の併存，個人の信仰の自由をもたらすことになったのである。この信仰の自由は，自由というよりむしろ寛容というべきものであったが，やがてそれは自由へと発展し，さらに世俗の問題（政治）に広げられていく。ここに言論出版の自由が主張されるべき契機があった。宗教的自由から政治的自由へと，自由の地平が拡大されていく契機である。

　たとえば，言論出版の自由論の古典とされるミルトン（Milton, J.）の所論をみてみよう。一言でいえばミルトンの自由論は，信仰至上主義に立つ議論であった。経緯を簡単にたどってみよう。彼の自由

33

論たる「アレオパジチカ（Areopagitica）」は，パンフレットとして1644年11月に出版された。この出版の数か月前に世に出たパンフレット「離婚論」（2版）の異端的見解のため，議会の処罰の威嚇をうけていたミルトンは，議会が定めた1643年6月の厳格な特許検閲令に大きな不満をもっていた。ミルトンはそこで「離婚論」と同様に無免許・無検閲であった「アレオパジチカ」においてかねてからの自説を展開した。彼は，検閲制の起源をローマの暴君や教皇にまでさかのぼって論じ，特許検閲による言論の抑圧を，愚昧なもの，カトリック的・恣意的・侮辱的なもの，さらに効果のないものと断じ，特許検閲令の廃止を議会に訴えたのである。彼によれば，検閲は無知を称賛し「理性そのものの息の根をとめる」行為にほかならなかった。「たとえ教義のありとあらゆる風を勝手に地上に吹きまくらせても，真理がその場にある限り，われわれが検閲や禁止によってその力を疑うのは不当である。真理と虚偽を組み打ちさせよ。自由な公開の勝負で真理が負けたためしを誰が知るか」（1953: 65）。彼によれば，真理こそ虚偽を駆逐するもっとも確実な方法ということになる。

　ここまではよく知られた事実である。ところがミルトンは，この自由を無神論者や涜神者に認めていないのである。実は，無神論者や涜神者はカトリックを意味しており，彼はいわばピューリタンの良心の自由，言論の自由を論じたのであった。ミルトンは，神が真理発見のために人間に与えた自由が言論の自由であり，カトリックはこの自由に値しない，というのである。ミルトンが口を極めて痛罵するカトリックが，自由な言論を組織的に抑圧したことは確かである。中世ヨーロッパにおいて，ローマ教皇は宗教上の異端を取り

34

締まる目的で，言論統制を行ってきた。たとえば1479年教皇庁は，普及し始めた印刷機を対象にして，早くも「印刷監督に関する諸規定」を公布し，1501年には教皇アレクサンドル6世（Alexander VI）は，宗教書出版に検閲制を導入した。他方で，1622年教皇グレゴリウス15世（Gregorius XV）は布教聖省を創設した。こうしてカトリックは，異端の取締りと正統普及の努力をしてきたのである。

古典的自由論の意味

さてミルトンに帰されるもう一つの重要な論点についてみてみよう。この論点は同時代にほとんど影響をもたなかったように思われるが，のちにその理論構成はさまざまな状況で利用されようになり，自由論のいわば標語に仕立てあげられることになる。それは，すでに引用したように，真理は自由な公開の勝負で必ず勝つという信念，競い合う言論はすぐれた結論を生み出しうるという信念，のちに「自由市場論」と称されることになる信念であった。そこには，神の見えざる手による自由市場のメカニズムによって，つねに勝利をおさめる輝かしい「真実」というイメージが投影されている。

18世紀になると，自由市場論は精力的に世俗の問題，すなわち政治的議論に適用され，一層精緻化されてくるようになる。たとえば，政治的議論は市場原理に基づいて行われるべきという主張は「カトーの書簡（Cato's Letters）」の著者トレンチャード（Trenchard, J.）とゴードン（Gordon, T.）によって展開された。彼らは，基本的にはすべての意見が等しく自由に述べられるうちに真実がたちあらわれてくると考えた。真実は，誤謬よりはるかに大きな利点をもっ

ているから，真実はただ示されることによって，称賛と評価を得る，というのである。

　こうした自由論は，やがて政治的な言論出版の自由を阻害する発行の許可や検閲からの自由に向かっていく。言い換えれば，政府からの自由や政府批判の自由へと地平をきり拓いていくのである。しかしながら，自由への道のりは決して平坦なものではなく，あまたの犠牲者や殉教者を生みだすことになった。英国や米国では，特許検閲法が効力を失った後でも，政治批判を封じるための事後の処罰たる煽動的文書誹毀法，議会特権による議会報道の禁止，陪審裁判権の制約，あるいは経済的統制たる印紙税法などが，実質的に言論出版の自由を抑制することになった。

　しかし，言論出版の自由は，長い闘争の歴史を経て18世紀末の米国において，連邦憲法修正第1条に結実することになる。同条は「連邦議会は…言論または出版（プレス）の自由を制限する…法律を制定することはできない」ことを高らかに宣言した。この成文憲法による言論出版の自由の規定は，二つの重要な意義をもつことになった。第1は，この規定は，言論出版の政府の抑制からの自由を明記するものであり，ジェファソン（Jefferson, T.）の解釈によって18世紀末までの言論出版の自由論の到達点を記すことになった，という意義である。第2の意義は，これまで「言論出版」というように併記し，言論の活動と出版の活動を概念的に区別してこなかったが，この修正条項によって，言論の自由（the freedom of speech）が保障されただけでなく，それとは別に，出版の自由（the freedom of the press ＝以下プレスの自由と称す）が保障されたことである。憲法上の規定によるこの概念的な区別は，後に重要な意味をもつこ

36

第2章 メディアの自由論の歴史

とになることを指摘しておきたい。

ジェファソンの共和主義的自由論

　一般的には，ジェファソンは，生涯にわたって一貫して，平明かつ雄弁に言論出版の自由を擁護したことで知られる。彼はある書簡において「新聞が自由なところでは検閲官は全く存在しない」と述べ，「批判と擁護のフェアプレイを恐れる必要はない。自然は人間に，法律あるいは政治において真実を精選する他でもない手段を与えた」と書いた。こうしたジェファソンの議論からうかがえるように，彼は，理想的には，市場よりもむしろタウンシップのミーティングに公共的議論の場を見出し，共和主義的な自由論を構想したように思われる。建国時代のイデオロギー闘争にあっても，1798年の煽動法の下での混乱に時代にあっても，ジェファソンは，共和主義を支える市民的有徳性，すなわち寛容と理性への信仰を捨てなかった。「われわれはすべて共和派であり，また連邦派でもある」と述べた大統領就任演説で，彼は「もしわれわれの間でこの連邦を解体したり，共和政体を変えたりしようとする誰かがいるとすれば，理性が自由に誤謬と戦うことのできる国において，意見の誤謬が寛容される安全の記念碑として，平静を保とう」と国民に宣言した。

　周知のように，ジェファソンのプレスの自由の信念は，連邦派の新聞の集中砲火に直面した大統領時代に大きく揺らいだかのように思われた。かつて「新聞のない政府か，政府のない新聞か，いずれかを選べといわれれば，私は躊躇なく後者を選ぶ」と語ったジェファソンは，大統領2期目の終わりに，記者志願の青年に宛てた書

37

簡で次のように書いた。「いま新聞に掲載されている記事で，信じられるものは何も存在しない…真実それ自体は，汚染された乗物にのせられることで，疑わしげなものになる…新聞を読まない人は，読む人よりも事情に通じる…何も知らない人の方が，虚偽や誤謬に心が満たされている人よりも真実にちかいのだから」。

　しかし結局，ジェファソンのプレスの自由観は大きく変化することはなかった。彼は晩年，大統領時代の党派的新聞の中傷によって信念が揺らいだことを忘れたかのように，自由な新聞つまりプレスは，平和的な政治改革を達成する強力な手段であり，「人間の精神を啓蒙し，人間を理性的，道徳的，そして社会的存在へと改良する最良の手段である」と論じたのである。

2　古典的自由論の変容

■　ミルの『自由論』

　これまでの議論を整理するため，18世紀末までの自由論の特徴をまとめてみよう。第1の特徴として，ミルトンからジェファソンに至るまでの自由主義論者（libertarians）は，自由を神，自然権あるいは社会契約といった一種のフィクションに定礎させる議論を展開してきたことを指摘することができる。第2は，第1のコロラリーであるが，そうした自由は，すぐれて個人的な権利である，と考えられてきたことである。重要なことは，今日の状況とは異なり，プレスの自由は，他の表現活動と同様に個人の言論の自由を意味し，誰であれ個人が，プレス（印刷機）を自由に使って，自己を表現できることを意味したのである。第3の特徴は，ひたすら政治化

（世俗化）の道をたどっていった自由は，最終的には個人間の討論
の自由，政府の抑制からの自由及び政府批判の自由を意味するよう
になったことである。

　しかし19世紀前半までに，こうした自由論を取り巻く環境は
徐々に変化をとげていく。社会全般にわたる基本的な民主化が進行
するなかにあって，プレスという言葉は，印刷機（printing press）
を意味するよりも集合的に新聞プレス（newspaper press）を意味す
るようになり，かつては個人的な活動の手段であったプレスは，受
動的な用具であることをやめて，公共的議論を表象する一つの方法
として機能するようになっていく。プレスは，政治的情報や党派的
意見の乗物となっていくのである。また他方で，プレスの意味の変
化は，英米の「1セント新聞（penny press）＝非エリート向けの安
価な新聞」の台頭に象徴されるように，新聞プレスが大規模化し，
新規参入に多額の費用を必要とするビジネスに変貌をとげることに
対応していた。さらにプレスは，世論形成に無視できない大きな影
響を及ぼすことになる。これまでのいわば牧歌的な古典的自由論の
再定義を必要とする時代が訪れてきたのである。

　こうしたなかでミル（Mill, J. S.）によって集大成される功利主義
は，自由をきわめて論理的に構成していった。自由論の展開自体は，
古典的自由論の延長にある理論的発展といっていいが，彼は自然権
の枠組みを拒否し，その代わりに「最大多数の最大幸福」の基準を
とり，目的論を個人主義から集団主義へと代置することによって，
古典的自由論と現代的自由論の重大な分岐点を記すことになった。

　ミルは，自由論の中核に，自由の制約が正当化される問題を据え
た。彼は広義の効用と自由の問題の関係を説明して，その上で「自

由の名に値する唯一の自由」は，自他の幸福追求の努力を阻害しない限りにおいての，「自分自身の幸福を自分自身の方法において追求する自由である」(塩尻公明他訳，1971: 30) と説く。自由論の核心をなす自己防衛の原理である。さらにミルは，特に言論の自由と個性の自由と自己防衛との関係に考察をすすめる。彼によれば「意見の発表を沈黙させることに特有の害悪は，それが人類の利益を奪い取る」ことにあり，その害悪は現代のみならず将来にも及び，賛否いずれであれ意見のもたらす利益が奪われてしまうことに危惧の念を示すのである。沈黙させられた意見が正しいものであるならば，人類は真理をとり誤謬を捨てる機会を奪われるのであり，たとえその意見が間違っていても，「ほとんど同様に重大な利益—すなわち，真理と誤謬の対決によって生じるところの，真理を一層明白に認識し一層鮮やかな印象を受けるという利益—を失うのである」(前掲: 36-7) というのである。こうしてミルは古典的自由論の修正をはかることになるが，ミルトンが教会に，ジェファソンがタウン・ミーティングに，見出していた公共的議論の場を，ミルは理想的には，市場に見出したと考えることができよう。

　こうしたミルの主張は，制度的に言論の自由が保障されたあとの問題，すなわち「多数の専制に対する警告」であると同時に，「凡庸な大衆に対するエリートの専制」(杉原四郎他編，1992: 52) を危惧する訴えであり，その意味でデモクラシー理論への深い懐疑の念の表明であった。要約すれば，ミルの議論は，ミルトン以来の古典的自由論を継承する議論であると同時に，変貌をとげる政治的自由，経済的自由の環境を反映したものであった。換言すれば，それは資本主義とデモクラシーの変容を明確に予告するものであり，近代社

会から現代社会への分岐点を記すものであった。

公共圏の変質

こうした懐疑が深まる一方で，明らかにプレスも変化し，プレスの自由の概念も変化した。これらの変化の意味を考える上で重要な手がかりを与えてくれるのは，ハーバーマス（Habermas, J.）の公共圏を巡る議論である。ハーバーマスによれば，近代初期の資本主義の発展は，ブルジョワ的市民の討論の場を，自律した空間つまり公共圏として成立させたという。別言すれば，この空間は，市民社会と国家の間に存在するものである。そうした公共圏において展開される討論を市民はつくりあげていくが，それに加えて，公共圏に具体的な実質を与える，市場に基礎をおいたプレスの発生が，政治的事柄を批判的に論じる新たな市民をつくりあげ，そこから国家の進むべき方向を決定するような理性に基づく合意がつくりあげられた，と彼は主張するのである。

しかしハーバーマスによれば，19世紀後半以降，公共圏は拡張された国家（官僚制的福祉国家）と組織化された経済的利害関心（ビッグビジネス）によって支配されるようになっていく。言い換えれば，国家と市民社会を分離するために築かれた壁が崩壊していくのである。他方かつての新聞プレスは，メディア（ニュースメディア）へと変貌をとげていくことになる。メディアは，もはや合理性の担い手であることをやめ，理性的かつ批判的な討論のための場を提供する代わりに，人びとの意見を操作する用具と化してしまうのである。

歴史的実在としての公共圏に関する懐疑論，公共圏の崩壊をもた

らした要因としての商業化とセットになったプロフェッショナル化の等閑視，19世紀後半の単純化された新聞史の扱い方，といったハーバーマスの議論に対する批判はそれ自体重要であるが，彼の論旨をプレスの問題に引き付けてみると，プレスの変化をプレスの公共圏との関わりの歴史的なラディカルな変化としてみる視点をハーバーマスは提供してくれる。誤解を恐れずにいえば，「構造転換」の過程でおこったプレスの変化は，プレスのジャーナリズムへの変化であり，メディアへの変化であった。この変化のいくつかの段階をみてみよう。

　第1の公共圏の概念がたちあがってくる時期，プレスが印刷機を意味した時代には，プレスは市民が表現のために使う道具であり，彼らは印刷機を使って公共的は発言をなしたのである。その意味でプレスの自由は表現の自由と同義と考えられた。第2のプレスが新聞プレスに転じた時代，すなわちプレスは印刷機よりむしろ集合的に新聞を意味するようになったとき，プレスは，人びとに向かって発言をしようとする公共的組織のメッセージを広めた。つまりプレスは，受動的な道具であることをやめて，公共圏を具現する他のアリーナを増幅するようになった。もちろん，この新聞プレスは，今日われわれが理解しているような意味のジャーナリズムではなかったが，プレスの自由は擬制的にであれ，個人の表現の自由と同一視される余地があった。第3に，プレスがジャーナリズム（そしてニュースメディア）に転じたとき，ジャーナリストはあたかも自らが公共的情報であるかのように人びとに語りかけることになった。ジャーナリストは，公共的関心の収集と報告に専念し，自らをプロフェッショナルな公僕と見なし，自律性・独立性を獲得しようとし

た。このとき「構造転換」がおきたのであり，プレスの自由の概念
は，ジャーナリズムがプレスに取って代わったときに，変化をした
のである。

　そうした変化をさらに象徴するのが，19世紀末から20世紀初頭
に誕生したプレス以外のメディアであった。大発行部数の小説（ダ
イムノベル）や雑誌はプレスといい得たが，映画，レコード音楽そ
してラジオは，プレスに与えられた憲法上の権利を否定され，また
こうしたメディアは公共圏に関わるような主題を注意深く避けたの
である。こうした展開をもっと広いパースペクティブからみれば，
国家がますます「私的なるもの」に関わるようになり，その結果国
家と市民社会の距離は消滅してしまったのであり，他方で，プレス
はかつてのようにフォーラムではなくなり，ますますニュースの
ソースとなり，メディアは公共圏にコミットしなくなっていった，
と考えることができよう。

3　現代的自由論の展開

▍社会的責任論

　20世紀前半のこうした変化は，かつての古典的自由論の大幅な
修正ないしは放棄，あるいは新たな理論構築をせまるものであり，
事実古典的自由論は，20世紀半ばにいたって大幅な修正をうける
ことになり，「社会的責任論」と称される，市場への政府をはじめ
とする外部勢力の介入を許す修正理論に転換されることになったの
である。

　ところで社会的責任論は，「プレスの自由委員会」の勧告である

『自由で責任あるプレス』に由来するものであるが，一言でいえば，巨大化したメディア（ニュースメディア）に対して，自由だけでなくそれに伴う責任をつねに強調するところに，理論の特徴がある。同委員会は，巨大なメディアの誕生によって，ニュースの「送り手」と「受け手」が分離され，それぞれの役割に固定化され，すべての人びとが自由に意見を交換するという「自由市場」原理の前提それ自体が破綻していることを鋭く指摘したのであった。

　社会的責任論は，基本的には古典的自由論の延長線上にある理論的発展と見なすことができるが，いくつかの理論的に重要な修正を含んでいる。第1に，メディアの自由を，政府を中心とした外部勢力の束縛「からの自由」，言い換えれば受動的，消極的な自由ではなく，ある望ましい目的達成の「ための自由」すなわち能動的，積極的な自由，と捉える視点を指摘することができる。第2には，メディアの自由を積極的に推進するために政府の介入ないし責任を示唆している点に求めることができる。第3に，機能不全に陥った「自由市場原理」に対する明らかな懐疑を見て取ることができる。これらの諸点は，確かに古典的自由論とは一線を画すものであり，その意味で社会的責任論は，ミルの「最大多数の最大幸福」原理を理論的に継承する「公共の利益」を強調することによって，自由と責任が調和する観点から，メディアの自由を構想した理論といえるであろう。

　しかし，同委員会の勧告に対するメディア界の反応は，当然のように決して好意的ではなかった。伝統的に政府からの自由，メディアの自由を標榜する，その意味で古典的自由論の枠組みに立つメディア界にとって，メディアの責任を強調するだけでなく政府の介

入を是認する勧告は承伏しがたいものであった。たとえば，同委員会の実質的なスポンサーであった雑誌界の雄ルース（Luce, H.）は，確かにメディアの自由の再定義を求めた。しかし彼の主たる関心は，同委員会が触れていない問題，政府によるニュース統制の問題であった。ルースは，巨大な政府がニュースの検閲ではなく，メディアに洪水のように情報を流すことによって，ニュースとメディアを統制している状況に，非常な危機意識をもっていた。換言すれば，肥大化した政府の PR 努力に支配されているメディアは，果たして自由といえるだろうか，という問題意識であった。

　こうしたメディア界の反応は当然予想されたものであったが，新聞をはじめとするメディアの巨大化，集中化という現実を目の前にして，古典的自由論の主柱の一つである「自由市場原理」がすでに破綻しているのは明白な事実であった。プレスを個人と同一視することのできる時代ははるか彼方に過ぎ去り，メディアは巨大化し，集中化の傾向を示していた。かつて国家に対峙したメディアは，それ自体一つの権力となり，むしろ人びとの情報活動，表現活動を制約するようになったのである。別言すれば，個人がプレスと同一視される時代には，国家対プレスという対立の図式を描くことができたが，いまやこの図式は大きく変化して，国家，メディア，市民がそれぞれ三角形の頂点をしめるような三極の対立構造に変化をしていた。のち指摘するようにいくつかの問題を抱えているが，社会的責任論は，この認識にたってメディアの問題を解決しようとしたのであり，その意味で現実的な対応であった。

　しかしここで一つ論点を指摘しておかなければならない。上記のような認識は基本的に間違っているわけではない。しかし，そうし

45

た認識に至る過程で，社会的責任論は表面的には従来のメディア論を修正したかのようにみえるが，結果的には新たなメディアの理論を，メディアの自由論を構築することになったのではないかと思われるのである。メディアは巨大な企業体となり，もはやメディアは個人と同一視されなくなったことはすでに指摘した。古典的な自由論では，個人のみが自由をもちうるのであって，集団や制度は自由をもちえない。そこでメディアの自由は存在しえないはずのものであった。ここで社会的責任論は新たなロジックを編み出すのである。一般に，企業体は，法人もしくは個人の自由の受託者としてのみ自由をもつと考えられる。メディアの場合も同じ判断が適用される。つまり，社会的責任論は，メディア企業を法人ではなく個人の自由の受託者と考えることによって問題の解決をはかろうとしたと考えられるのである。メディアが個人の自由の受託者であれば，個人の自由に責任をもたねばならない。この責任の範囲でメディアは活動しなければならない。そこでメディアはメディアの権利や自由を語るよりも，むしろ市民（個人）の権利を語ることが賢明な策となる。市民の公的情報を入手する権利や，自由な表現の権利を擁護することがメディアの責任として問われることになるのである。

▌ 知る権利

　さて，こうした社会的責任論の問題提起に対して，現実的には，二つの対応が生まれた。一つは，すでに述べたルースの，政府によるニュースやメディアの統制という問題意識と重なる動きであった。米国では，二度にわたる世界大戦における戦時検閲，1920, 30年代の政府 PR の発展によって，政府のニュース管理（news manage-

ment) という大きな壁がメディアの前に立ちふさがり，メディア
の活動を大きく制約するようになった。戦時検閲は別としても，第
2次世界大戦後の冷戦構造において，ニュース管理や操作は，「安
全保障」国家論の台頭のなかでますます拡大し巧妙になっていっ
た。その象徴ともいえるのが，政府には「嘘をつく権利」があると
いう，ジョンソン（Johnson, L. B.）政権下で国防総省スポークスマ
ンであったシルベスター（Sylvester, A.）の，防衛問題に端を発し
た発言であった。

　こうした防衛問題をはじめとする政府秘密の増大は，メディアの
活動にとって大きな障害であり，メディア界でも，すでに第2次大
戦前にも AP 通信のクーパー（Cooper, K.）を中心とした「知る権利」
の要求運動があった。そして戦後とりわけ 1950 年代になって，政府
情報開示の要求はジャーナリストの運動として急速な広がりを示し，
その運動を背景に 1967 年には「情報自由法（Freedom of Information
Act）」が制定されることになった（1974, 96 年改正）。同法には，防
衛秘密を中心とした適用除外があるものの，同法によって政府情報
の公開が原則化され，誰もが一定の条件の下で政府情報を入手でき
ることになったのである。

　こうして「知る権利」は，政府の行政・外交・軍事に関わる情報
の増大と秘密化という状況において，メディアの運動として誕生し
たが，その運動を支える論理のなかには，すでに述べたプレスの変
化，すなわち新聞プレスからジャーナリズムやメディアへの変化が
背景として重要な意味をもっていた。言い換えれば，メディアの
「知る権利」の要求のなかには，市民にとって必要不可欠の情報を
プロフェッショナルに提供するというジャーナリズム（新聞プレス

ではない）の役割像が投影されていたのである。

アメリカ建国の父祖の「表現の自由」観については，「制約や抑制の欠如」に過ぎないとする見方から，知識，見解，思想の自由の積極的な擁護を意図した，と今日に至るまで，さまざまな評価がなされている。しかし，シュドソン（Schudson, M.）は，情報の公開性，価値としての透明性などを意味する知る権利は，決して建国の父祖の「自由の構想」から発展してきたものではなく，第2次世界大戦に続く数十年における歴史的変化の複雑な過程の一部として生まれたのであり，市民，ジャーナリスト，政府監視機関，NGO の番犬機関は公共の福祉に密接な関係をもつ情報にアクセスをもたねばならないという思想が，米国及び世界中において法律や制度に埋め込まれるようになった，と主張する（2015）。この透明性の政治と文化は，客観性の原理と並んで，ジャーナリズムの活動原理を再考するうえで，重要な意味をもっている。

▎ アクセス権

1960 年代になると，疎外されてきた個人の言論の自由を回復するために，政府の積極的な役割を認める新たな議論と運動が展開されるようになった。それは，バロン（Barron, J. A.）によって提唱された「メディアへのアクセスの権利」理論であった。バロンの論点は，憲法の規定する言論の自由に現代的解釈を施そうとする試みであり，巨大化したメディアを前に，表現行為から疎外されている個人の言論の自由を，裁判所による執行，制定法による解決あるいは行政的措置などによって回復しようとする意図がこめられていた（堀部，1978: 41）。換言すればバロンは，社会的責任を法的責任に転

化させることによって，問題の解決をはかろうとしたのである。

バロンのアクセス権は，論理的にはメディア全体に対するアクセスを求めるものであったが，現実には，とりわけ放送メディアに対するアクセスの要求として広く展開されることになった。いわゆる「公平原則（Fairness Doctrine）」を旗印に，アクセス権は公平原則に基づく反論権を越えて，意見広告のために放送時間を買い取る権利まで拡張されるようになっていった。その後の放送の規制緩和の動きのなかで公平原則は廃止されることになるが，アクセス権の論理は今なお解決されない深刻な問題を提起している。それは，アクセス権を根拠として主張される個人の言論の自由と，同様に憲法上の権利に由来するプレス（そしてメディア）の自由との衝突であり，対立する自由をいかに整序するかの，ある意味では伝統的であると同時に解決されていない今日的な課題である。

4　パラダイム転換―市場メディアから公共圏メディアへ

▎メディア環境の変化

対立する自由の問題は，メディア環境の大きな変化によって，さらに一層複雑さの度合いを増してきている。かつてのユートピア的な高度情報社会の実現可能性はさておき，マルチメディア社会，ディジタルネットワーク社会が到来し，既存のメディアは，再編成の問題を含めて，大きな変動の波に洗われることになった。メディアテクノロジーの発展は，広範な受け手からセグメント化された受け手に取って代わる方向に向かい，普遍的な受け手を対象化してきた新聞，ＴＶなどはますます重大な挑戦を受けることになった。そ

49

の意味で，これまでのメディアの規範的な理論も重大な変革の岐路に立っている。そうした視座に立つとき，すでに述べたアクセス権を契機とする対立する自由の問題は，もっと大きな問題の一部であって，言論やメディアの自由を含めた，自由論に関するラディカルな捉え直しを迫まられている課題である。ここでは紙幅の関係もあり，そうした再考の際に，手がかりにすべき議論を若干提供したい。

その第1は，リベラリズムの思想である。いうまでもなく西欧流の自由論の基底にあるのはリベラリズムである。しかし20世紀に入って少なくともリベラリズムは袋小路に入ってしまった。政治理論はこの袋小路を乗り越えていったが，プレスの規範的理論はいまなお乗り越えることができていない状況にある。ここでいうリベラリズムは，集団や制度による統制に対してつねに個人の自発性を重視し，国家その他の社会制度は個人の自由を保障し，個人の自己実現に寄与するためにある，という思想といっていいだろう。このリベラリズムの根底にある個人主義は，個人のみが権利をもちうるという理解であり，集団の権利は慮外におかれる。政治理論の領域では，政治のアクターが個人から制度へ移る，政治は個人よりもむしろ制度の問題というパラダイム転換がおこった。

また産業革命の経験から，リベラルデモクラシーは利己的な産業資本主義のもたらす問題を直視せざるを得なくなり，市民の一般的福祉に責任を負うという，ネオリベラリズムへの転換がおこった。しかし，プレスのリベラリズム理論にはそうした明らかなパラダイム転換はおこらなかった。確かに，すでに述べたように社会的責任の「理論」のレベルでは，市民の公的情報を入手する権利や，自由

な表現の権利を擁護することがメディアの責任として問われることになった。しかし，現実には，プレスは今や制度であるにもかかわらず，個人の観点からアプローチされ，プレスの自由も他の表現行為，たとえば集会，請願，礼拝など区別されずに，個人のレベルで捉えられているのである。この意味で，米国における修正第1条の解釈としての「憲法の構造的規定」やドイツにおける類似した概念である「制度的理解」などの議論は，個人主義を乗り越えるべき「制度」としてのプレスの自由の重要な論点を含んでいる。

5　メディア理論の欠陥

　古典的リベラリズムは，印刷物によって支配される環境に出現したが，われわれは今やグローバルな電子ネットワークの中で生活を送っている。その意味で，新しいメディアテクノロジーに適応するにしたがい，われわれはいまや重要な自由を失いかねない状況におかれているというソラプール（Sola Pool, I. de, 1983）の警告を今一度かみしめる必要がある。この警告は，伝統的なリベラリズムのメディア理論の問題を浮き彫りにする。カラン（Curran, J.）が指摘するように，リベラリズムのメディア理論は「メディアは少ない発行部数しかもたず，その内容が政治的出版物であり，国家は小規模な土地所有エリートによって支配されていた時代」にうまれたものであった。しかしこのメディア理論は，時代や状況の変化がまったくなかったかのように，無批判に繰り返されている。

　たとえばリベラリズムのメディア理論では，プレスやメディアの自由は，国家（政府）からの自由と定義される。国家からの自由か，

統制か，という問題の立て方からメディア理論が構築されるから，メディアは政治的なものとして，それ故メディアの自由もまた政治的なものとして定義される。さらにメディアに帰される果たすべき役割も—番犬機能であれ，第4権力であれ—政治におけるメタファーとして語られてきた。国家の政策にしたがうメディアや国家権力をサポートするメディアは「統制」されたメディアであり，国家から独立したメディアこそ「自由」である。統制されたメディアは構造的欠陥をもつ，ということになる。しかし資本主義社会にあって，コミュニケーション制度は政治的であるだけでなく，経済的でもある。真に自由なメディアは，国家からの干渉から自由であるだけでなく，市場に働く諸力やメディアの所有者の束縛からも自由でなければならず，またその他多くの物質的な束縛からも自由でなければならない。従来の伝統的なメディア理論には，経済社会におけるメディアという問題の立て方が抜け落ちており，またその枠組みでは国家以外の権力形態を認識できないから，市場社会におけるメディアビジネス，経済社会のあり様への批判的姿勢，メディアの組織原理の経済的側面，などの重要な問題を扱うことができないし，政治的に「自由な」メディアも，経済権力（制度）のエイジェントである，といった側面が隠されてしまった。

　メディアはビジネス制度の一部であり，他のビジネスを動かすのと同じ種類の経済的利益や動機に突き動かされているときに，メディアはいかにしたら統制や支配から自由たりうるか，自らのその一部である経済制度の十分な批判をいかにして行うことができるか，これらの問題に従来の伝統的メディア理論は十分な関心を示してこなかったのである。また自由なメディアは，国家からの独立を

第2章　メディアの自由論の歴史

前提にして，メディアの組織原理として私的に所有され商業的で広告をベースにおくメディア，とされてきたから，国家によっても資本によっても統制されない，いかなるオルタナティブ・メディアが可能か，などの問題も視野に入ってこなかったのである。

　経済社会におけるメディアという問題関心の欠如は，これまで述べたように，さまざまな問題から目をそらすことになったが，ここではメディアの自由に関わる二つの重要な問題を指摘しておきたい。第1は独占，寡占の問題である。欧米を中心に展開された放送や通信の規制緩和政策に象徴されるように，1980年代以降すべてのメディアを民営化し，市場原理に委ねようとする動きが西側諸国を中心に広範囲にわたってみられたが，市場のメカニズムは当然のように十分に機能しなかった。結果的にうまれてきたのは，市場の寡占支配であり，メディアの多様性や選択の幅がますます狭められる事態があらわれてきたのである。私的独占は，国家の介入と同様，自由市場の重大な脅威となる，といったのは古典派経済学の祖スミス（Smith, A.）であった。実際欧米諸国では，市場で競争するメディアの数は減少傾向にあり，地方独占や系列化が進行している。この動きに関連して，トランスナショナルなメディア・コングロマリットの成長は，前代未聞のメディアの私的集中化を生みだしている。第2はメディア市場参入の問題である。メディア市場への参入に関して，理論的には機会の平等はあるものの，事実上大きな障壁が存在するようになってきている。メディア産業において資本の集中化が顕著に進行しており，そのことが市場の参入を効果的に制限してきた。市場の寡占的支配が，市場参入に伴うコストを押し上げており，独占と参入障壁は密接な関係をもっているのである。

53

しかし，当然のように，メディアの自由が抱える現代的問題はこうしたものに限らないのである。たとえば，その一つにグローバル化のコンテクストがある。今日の急激に変化する情報環境において，グローバル化の進展は，メディアの自由論が依拠してきた国民国家の枠組みの見直しを迫る事態を生みだしている。情報インフラの変化と支配的なメディウムとしてのネットワークの出現は，国境を越える情報の流れに対して，伝統的な権力モードによる統制を困難にしており，またトランスナショナルなメディア企業は，さまざまな権力行使において国民国家に対抗し，時には国民国家よりも重要になっている。これらはまさに一例にしかすぎない。グローバル化のコンテクストにおいて，自由の問題を核とした，国民国家，市民社会，公共圏そしてメディア（情報）のキー・コンセプトの再検討が必至となっているのである。

▌メディアを語ることの難しさ

　一般的にメディアは，社会において観察される効果をもつだけでなく，規範的な役割を担わされ，それをある程度果たしていると考えられる。しかし現実には，メディアが具体的に何をすべきか，何をすべきでないか，あるいはどのように活動すべきかについて多くの異なる意見と期待が存在する。さらに，それらの意見や期待は，実に多様であり，時として表面的に対立するだけでなく，本質的に相容れない主張も決して少なくないのである。少なくとも日本を含めた欧米社会という限定付きで，①情報提供，②意見の表現，③世論の形成，④議論の舞台提供，⑤娯楽の提供，⑥文化活動の促進などが，一般的に規範的期待として想定される。しかし，これらは欧

米のメディア観に内在する価値観を反映しているのであって，まさに欧米的なバイアスを逃れることはできないのである。

　そうした西欧社会に固有の問題構制を前提にすると，これらの規範に影響を与えてきた要因の中で，もっとも基本的なものは歴史的なものであり，社会的政治的理論において論じられ，表明されてきた。それは，第1に民主主義的な期待であり，第4階級や第4権力といったメタファーをもって，あるいは世論形成との関わりの中で，語られてきた。今日の大半のメディアは商業的に経営され，商品やサービスはプロフェッショナルに生産される。生産の理論や実践の有り様をプロフェッショナリズムと定義すれば，理論や実践は規範的期待と重要な関わりをもつ。また商業的運営の側面は，メディアの市場の影響を受け，商業的期待に反映される。現代社会におけるメディアは，ある時は規制，別の時は助成機関となる国家（機関）をはじめとして，さまざまなステークホルダーを抱える。こうして現代のメディアはさまざまな，錯綜し，矛盾対立する規範的期待の中で，活動せざるを得ない宿命をおっている。

　さらに，社会科学的な方法によって観察される効果と規範的な期待の関係性も，メディア論の容易ならざる宿命を浮き彫りにする。メディアを記述，評価するために使用されるすべての基準と概念は，常にある種の価値判断を含む。自由，平等，アイデンティティ，社会的統合，多様性などに，われわれが言及するとき，それらはある種の価値判断を含むのである。たとえ価値中立的な装いをもって，メディアに関する科学的な言説が語られるにしても，そこにはさまざまな価値が密輸されていることに鈍感であってはならないのである。

章末でこれらのメディア論に関わる問題構制を視野にいれて，メディアの構造，活動及び内容の三つの次元から，今日のメディア環境・構造の変化がもたらすさまざまなインプリケーションを考察することにしたい。ここで言及される三つの述語，第1に「構造」は，メディアシステムの組織とファイナンス（財務，財政，資金など），所有と規制の形態，インフラ，流通制度及びガバナンスなどのレベル，第2に「活動」は，組織レベルの活動の方法，仕方を意味し，具体的には内容の選択と生産の方法，編集政策の決定，市場政策，他関係機関との関係，アカウンタビリティの手続と方法，第3に「内容」は具体的にはオーディエンスに伝達されるもの，といった意味で使っている。

少なくとも欧米で始まったメディアの規制緩和政策を契機に，支配的なパラダイムとなった「産業論」的パラダイムは，市場主義，競争を徹底させ，商業化の波を世界各地に波及させている。そこではメディアは利益を第一とする企業でしかなく，メディアは主としてビジネスと見なされ，ますます企業経営の側面が重視されるようになっている。しかし競争と市場主義は，市場の失敗に対して何らの手だてももたないのである。メディアは公共的生活において果たすべき重要な役割をもち，主たる活動は公共的な領域に属する。またメディアは，いくつかの中核的な実践と共有された規範をもつ，多少なりとも統一された社会組織，すなわち社会制度でもある。

6　産業論のアプローチと制度論

今日メディアはますます，一つの社会制度としてよりも一つの産

業として語られるようになってきた。商業的メディアの急速に進展する商業化は言うまでもなく，メディアが公共的機関として経営される場合でも，メディアは以前よりますます財政的統制に従うようになり，競争的環境で活動するようになった。こうしてメディアは，必ずしも社会制度の色彩を深めることなく，ビジネスとして，産業として，それらの枠組みの中で論じられ，社会制度としてのメディアは後景に退いてしまったかのように思われる。

　歴史的パースペクティブから見た，社会制度としてのメディアは，他の制度に比して，いくつかの類例をみない特徴をもっている。第1に最も重要なことに，メディアは新聞に代表されるように，公共的な役割をもつ，公共的なものという社会に広く共有されている期待や，公共財というイメージを背負わされて，歴史的に成長してきた。こうした期待は多かれ少なかれ，他の後続の新しいメディアにも期待されてきた。第2に，メディアは，グーテンベルク（Gutenberg, J.）の活版印刷技術の完成以来，常に変化する生産と流通の技術に依存してきた。第3に，メディアは，政論の政治的機能であれ，広告の経済的機能であれ，両者のバランスは歴史的に変化をするが，常に政治的であると同時に経済的であった。第4に，メディアは，常に個人の満足や消費のため私的に利用されると同時に，さまざまな集団，機関の目的に従い，公的に利用されてきた。

　こうしたメディアの特徴のため，メディアの活動は時として，社会のシステムそれ自体をはじめとして，社会のさまざまなレベルにとって重大な問題を惹起する可能性をもち，とりわけ，その現実の作為と不作為は，社会のさまざまなレベルに害悪をもたらす潜在性をもつだけに，メディアの規範に関するさまざまなモデルやシステ

ムの構想を生み出してきた（McQuail, 2005: 219）。これらの構想は，マクロとして構造的次元に焦点を当てる，①　現に存在するメディア制度を所与として分析を加える「経済的産業論的アプローチ」と，②　メディア制度自体を批判的分析の俎上にのせる「批判的アプローチ」に，ミクロとして活動と内容の次元に焦点を当てる，③　当該社会の規範的期待に照らして，活動と内容を検証する「公共性のアプローチ」，④　商業化の発展に平行して，独自の発展を遂げたプロフェッショナルの内的基準を出発点とする「プロフェッショナル・アプローチ」に大別される。

　メディアは一般的に，特異なメディアの経済学に従って，活動しなければならないにしても，その活動は，公共性，とりわけ「公共の利益」に大きな影響をうける。当該社会において，公共の利益がいかなるものとして想定されるかに従い，メディアは一方で，保護奨励され，他方で制約・制限をうける。つまり，メディア産業の現実の活動は，想定される「公共の利益」のありようによって大きく左右されるのであり，時には活動それ自体が厳しく制限されたり，活動そのものが禁じられたりする事態も生まれて来るのである。ここでは，先に述べた構想の③「公共性のアプローチ」に従って，公共性の規範が産業としてメディアにどのようなインプリケーションをもっているか，言い換えればメディアの規範的制度論が産業論とどのような位置関係に立っているか，を先ず明らかにしてみよう。

▌ メディアの所有と統制

　規範的な視座からする，メディア産業の問題は，相互に連関するが，分析的にはいくつかの局面，①　メディアの所有と統制，②　メ

58

ディアの集中と競争，③ メディアのガバナンス，に分けることが
できる。

　デジタル化の技術をダイナミクスとして，今メディア産業は新し
い技術と新しい経済的機会に基づいて，異なるベクトル，つまり
① メディアの拡大，② メディアの多様化，③ メディアの収斂・
融合へと，急速な展開を示している。また他方で，現実のメディア
企業は，その活動を①集中させ，②統合させ，あるいは③グローバ
ル化させようとしている。

　こうしたメディア秩序の変革期にあって，メディアのありようを
理解するため，われわれが注目すべきは，所有の構造の問題である。
所有はメディアの性格を決定すると見るのは，批判的アプローチの
特徴だが，今日のメディア企業は単独の所有者に手中にあることは
むしろまれであり，所有権は持ち合いを含めて極めて細かく分割さ
れ，またさまざまなソースから資金が提供されるのが現実である。
それゆえ所有がもたらす影響も間接的であり，また複雑なメカニズ
ムをもっている。メディアの所有は，大別すれば，① 商業的企業，
② 民間の NPO，③ 公共的（公益的）事業体に分けることができる
が，商業的企業を例にとれば明らかなように，それぞれのカテゴ
リーの中にはかなりバリエーションが存在する。株式会社であって
も，上場か非上場か，大きなグループの傘下にあるか，独立所有か，
といったことが，メディアの活動や内容にとって現実的な意味をも
つ。

　所有のもっとも大きな問題は，所有が活動や内容に及ぼす統制の
程度である。よって立つモデルやシステムによって異なるが，日本
を含めた欧米では，所有と編集活動及び内容は，分離されるべきで

あり，現実にかなりの程度双方は隔離されているとみる立場が一般的である。つまり編集活動と内容はプロフェッショナルに統制されるのであり，システムによっては，それが制度的に保障されている場合も存在するのである。しかし近代社会を特徴づけた国家（所有）と教会（編集）の壁が，近年急速に消失しつつある，という懸念が表明されてきた。メディア企業は，他のビジネス企業を動かす論理を逃れることができないが，急速に進行するメディアの商業化は，公共的役割を果たすためにも利益を上げねばならない，という公理を超えて，利益それ自体を目的化する事態を生み出している，というのである。こうした趨勢に警鐘が鳴らされるのは，欧米のメディアモデルやシステムでは，多様なメディア所有とそれがもたらす自由な競争を価値前提にしているために他ならない。

▎ メディアの集中と競争

こうしてメディアの「多様性」と「自由」は，少なくとも欧米のメディアの社会理論において重要な位置を占めてきた。これらの理論は，メディアの多様性は，メディアの自由な競争によってもたらされるのであり，他方画一性は，メディアの寡占ないし独占的な市場の支配によってもたらされるのであり，問題はメディアの競争のレベルに帰着する，という立場をとる。つまり集中か独占かの次元で，議論は展開するのである。もちろんメディア市場は商品とサービスの代替可能性を巡って競争が繰り広げられるから，集中と独占の問題は，異なるメディア産業の間，競争するメディア企業の間で起こる。たとえば，企業間競争では，生産と流通，労働力及びオーディエンスをどの程度統制しているかの問題に関わる。

第2章　メディアの自由論の歴史

　一般的に，メディアの集中は「水平的」と「垂直的」に従って区別されてきた。前者は同じメディア市場内の集中に関わり，後者は生産から流通に至る集中に関わる。メディアによっては，自然的独占によって集中が形成される場合もあるが，集中は，おおよそ規模の経済の追求とより大きな市場のシェアの追求の結果として生起する。分析的には別のカテゴリーではあるが，現実には集中は，所有の問題とリンクする。公共政策としてクロスメディアの所有を規制する「集中排除の原則」は，この所有と集中の関係性に関する懸念，「多様性」と「自由」に対する懸念から生じてきた。しかし，短期的にはいざ知らず，歴史的に見れば，高いレベルの商品とサービスの代替可能性をもつ新しいメディアの誕生は，集中の効果を緩和してきた，と見ることもできる。

　しかし，今日的には，集中と競争の問題はかつてほど単純ではない。たとえば，異なるメディアシステムや異なる市場を連結する「シナージー効果」は，集中と競争の新たな次元を構成している。シナージーによって，基本的には同一のパッケージの商品やサービスが，異なるラベルを貼り付けられて異なる市場に出される事例が非常に多くなった。また，国際的な音楽産業に見られるように，国境を越えてグローバルに進行するメディアの集中の傾向が近年とみに強まってきた。

　一般的に，メディアの集中の程度は，完全な競争から完全な独占にいたる幅をもつ。メディア企業が，生産と流通，労働力及びオーディエンスを統制する程度を，集中の変数とすれば，もちろんメディアによってこの集中のレベルは異なるが，ピカード（Picard, R., 1989: 334）によれば，産業における上位4企業が50％以上，上位8

61

企業が70％以上を統制する場合を，集中の受容限度を超えたものと見なされる。わかりやすい例をあげれば，日本の全国紙がこれに当たる。規範的視座から，産業を照射したとき，もう一つの側面，メディアのガバナンスが問題になるが，これについてはもっと大きな枠組みの中で後に論じることにしたい。

公衆／市民と共同体を媒介するもの

　メディアの社会理論は長年にわたって，主として米国で発展した「プレスの自由」を中心とした法学的アプローチの呪縛の下にあった。今日に至るまでヘゲモニックな影響を及ぼしている『プレスの四理論』(Siebert et al., 1956) にしても，自由か統制か，というリバータリアニズムの法学的アプローチの伝統に従った問題が設定されており，メディアの社会制度としての側面が等閑視されるだけでなく，リバータリアンの対極に立つ，コミュニタリアン的な発想が抜け落ちていた。

　メディアの社会理論のこうした状況を打破する衝撃を与えたのが，ハーバーマスの『公共性の構造転換』であり，アンダーソン (Anderson, B.) の『想像の共同体』であった。ハーバーマスの関心は「公衆／市民」に，アンダーソンのそれは「共同体」にあり，それぞれ位相はことなるが，メディアは，公衆と共同体を媒介する役割を果たすだけに，二人の論考は，メディアの制度論を議論する際に重要な論点を提供することになった。

　表2-1のように，図式的に捉えてみれば，ハーバーマスの議論は，リバータリアン，アンダーソンのそれはコミュニタリアンの系譜に接合することができ，またハーバーマスの論点の思想的背景は

表2-1 ハーバーマスとアンダーソンのメディア論的位相

	ハーバーマス	アンダーソン
主たる関心	公衆／市民	共同体
思想的背景	リベラリズム	ナショナリズム
思想的系譜	リバータリアン	コミュニタリアン
メディアの機能	市民的相互作用	社会的帰属意識
ニュースの役割	理性的な公共的ディスクールの素材	団体に関するパブリックなイメージ構築
注目すべき現代的論点	①商業化とプロフェッル化 ②公共圏の再構築	儀式的なコミュニケーションの意義

リベラリズム，アンダーソンは，ナショナリズムにある。ハーバーマスは，メディアの媒介機能を市民的相互作用に見いだし，ニュースの役割を理性的な公共的ディスクールの素材とするのに対して，アンダーソンは前者を社会的帰属意識に，後者を団体に関するパブリックなイメージ構築と見なす。こうして二人の論考は，一見相交わる側面をもたないように見えるが，公衆／市民と共同体の媒介項としてメディアを設定したとき，たちまち様相を変えるのである。

▌「公共圏」と「想像の共同体」

ハーバーマスにとって，「ブルジョワ的公共圏」は，市民が政府の後援や監視なくして公共的問題を議論することを可能にし，かつ奨励する社会空間であった。この空間では，市民は対等の関係に立ち，議論の価値は社会的地位ではなく，理性に見いだされた。この公共圏に実質を与えるのが，新聞，パンフレット，コーヒーハウス，サロンであった。やがてこの公共圏は，政治的機能を引き受けるよ

うになった。

　しかし，資本の権力が理性を利益に転化するに従い，拡大する公
共圏は19世紀の半ばから末までに崩壊し始め，メディアは理性の
手段たることを止めて，センセーションの手段となった。資本主義
は，こうして公共的生活を「再封建化」した。つまり，メディアは
「公衆の理性の利用から発展してきた」のに対して，後に「消費の
対象としての文化のメディア」(Habermas, 1973: 183) になった。

　かつて，ウェーバーが資本主義の起源を論究したのに対して，
ハーバーマスは，教会や国王の統制の外側で，政治に関する理性的
な公共的ディスクールの領域を生み出したものは何かを問い，彼の
「公共圏」は，市民的生活の規範的モデルとして支持されるように
なった。

　他方アンダーソンは，全ての共同体（小さな村でさえ）は「想像
された」ものと主張する。彼によれば，「想像された共同体」は，
社会的な帰属の対象として，人びとの心の中に存在する実在であ
り，共同体たる国民国家におけるナショナルな意識は，印刷物を媒
介にして出現したという。

　アンダーソンは，新聞に関して，その儀式的な側面を重視し，新
聞閲読行為は，朝の祈りの儀式と同様な意味をもつという。祈りと
同様に，読者は他の多くの人びとが閲読という儀式に参加している
ことを確信しているが，読者が知っているのはそれだけであり，他
の人びとのアイデンティティをいささかも知ることがない
(Anderson, 1983: 39)。要するに，アンダーソンは，新聞が途方もな
い大衆の儀式をつくり出す方法に注目し，メディアが国民を，国民
意識を成立させたと考えるのである。こうしてハーバーマスとアン

ダーソンは，公衆／市民（オーディエンス）とさまざまな共同体（今日的には国際的な共同体を含めて）を媒介するメディアの役割を，それぞれ異なるベクトルから浮き彫りにしてみせたのである。

ところで，ハーバーマスはさらに，メディアに関わる重要な問題，商業化のコンテクストについて興味深い議論を展開している。しかし，公共圏を「再封建化」したメディアの商業化は，それだけでなくハーバーマスが論究していない，同時平行して発展するプロフェッショナリズムの発展を促したのである。メディアは，ビジネス企業として商業化されると同時に，プロフェッショナル化された。少なくとも19世紀後半以降，メディア生産物は，プロフェッショナルにつくられ，商業的に流通することになった。

ハーバーマス流の問題意識を敷衍すれば，メディアの商業化とプロフェッショナル化は，いかなる意味をもち，そして一体何をもたらしたのだろうか。それらは，社会制度としてのメディアにいかなるインプリケーションをもつのだろうか。産業論から制度論への視座転換を試みる際に，これらの問いかけは極めて重要な意味をもつ。

7 社会理論におけるメディア制度の位相

メディアと社会の関係を理論的に整序する目的をもつ理論を，メディアの社会理論とすれば，欧米のメディアの規範的な社会理論にあっては，第1に，メディアシステムの構築の方法とメディアの活動の条件，第2に，社会がメディアに期待するサービスの種類に関わる問題が重要視されてきた。こうした視座からメディアの社会制

度を捉え直すと，社会制度としてのメディアは，第1の階層として，メディアの自由を中心にして，平等，多様性，アイデンティティ，社会的統合の問題に関わり，第2の階層として，メディアの構造，活動及び内容に関わる。構造，活動及び内容についてはすでに概要を述べておいた。

▍公共の利益：ガバナンスとアカウンタビリティ

さて，すでに述べたように，メディアの規範的社会理論では，第1に，「自由」と「多様性（多元性）」がいかに確保されるかが，問題の焦点となる。メディアは統制から自由であるべきである，という信念は広く行き渡っており，所有の集中と統制の独占に反対する規範も根強い。またメディアはさまざまなレベルにおいて，社会の多様性を反映すべきとされる。第2に，社会がメディアに期待するサービスに関しては，メディアの規範的社会論では，「公共の利益」概念を巡って議論が展開される。またコロラリーとして，公共の不利益と期待されないサービスの種類が検討される。

「自由」と「多様性（多元性）」概念もさることながら，「公共の利益」概念は，重要な概念であるだけに，扱い方が非常に難しい。社会におけるメディアの役割，地位などの正当化は「公共の利益」に依存し，他方で「公共の利益」概念は責任の問題と密接に関係をもつ。また個人の利益や単なる政策論的観点をこえた，超越的価値を公共の利益に付与する議論も存在する。

こうして公共の利益概念を巡って，公共の利益とは何か，誰が決定するのか，その利益の受益者は誰か，といった問題をたてることができる。しかし本章では，それらの問題に直接こたえるのではな

く，むしろ「公共の利益」概念の利用可能性や実証可能性の視点から，「公共の利益」の具体的なありようを明らかにする手だてを試論的に考えてみたい。

メディアのガバナンスとアカウンタビリティ

　手がかりとするのは，メディアのガバナンスとアカウンタビリティの概念である。それらがメディアの構造，活動及び内容とどのような関係に立つか，を明らかにすることによって，「公共の利益」のある種の側面を浮き彫りにしてみたい。

　ウェイルとロス（Wail, P. & Ross, J. W., 2004）によれば，メディアのガバナンスは，メディアの① さまざまな決定権，② その活動に当たって「適切な行為」を奨励するアカウンタビリティの枠組み，からなる。決定権は，メディアの規模，活動の範囲及び能力に従い，分権モデル，中央集権モデル及び連合モデルに大別される。メディアのガバナンスが関わる問題のレベルは三つ，① 国際及び国内，② 社会と個人，③ メディアに分けられる。国際レベルでは国際的な義務の遂行が，国内レベルでは，国内的な秩序の維持が問題となる。社会のレベルでは，自由，平等，統合，文化的価値や技術的経済的革新の促進が，個人のレベルでは，個人の権利や利益の保護が関わる。最後のメディアのレベルでは，メディア産業のニーズの充足，アカウンタビリティの奨励，インフラの基準の設定が問題とされる。

　こうしてメディアのガバナンスは，多岐にわたる問題領域に関わりをもつが，メディアと「公共の利益」を焦点化する際に問題になるのは，アカウンタビリティの枠組みであり，ガバナンスとアカウ

ンタビリティの関係性である。

　メディアのアカウンタビリティに関しては，さまざまな議論があるが，ここでは，メディア産物の質，結果について責任を負う過程としておく。責任を負う過程については，四つのパタン，「責任」が① 直接的か，② 間接的か，「過程」が③ 自発的か，④ 非自発的か，に分けることができる。すでに述べたように，メディアのガバナンスにおいては，メディアはその活動に当たって，「適切な行為」を奨励するアカウンタビリティの枠組みと密接な関係をもつのであり，アカウンタビリティの責任は，メディアに向けられた義務と期待，つまり「適切な行為」を定義するのであり，こうしてアカウンタビリティは，義務と期待の遂行の過程に関わり，「適切な行為」を促進することになる。こうした見取り図をつくると，「適切な行為」はメディアのガバナンスとアカウンタビリティを媒介する概念となるのである。

　すでに述べたように，「公共の利益」は極めて扱いづらい概念であるが，「想定される」公共の利益によって，メディアは現実には，一方では保護奨励され，他方で制約制限される。歴史的に振り返ってみれば，メディアに関して「想定される」公共の利益の概念は，時代によって異なり，また当該社会のさまざまな期待の影響を受けてきた。メディアの発展はダイナミックな歴史的過程であり，継起的に次々と新しいメディアが誕生し，既存のメディアにとっては適応の過程が続いたが，こうした過程に働く変数はかなりコンスタントであった。公共の利益が常に責任の概念と密接な関係をもち，超越的な価値を付与されていることを歴史的に見れば，時代や当該社会の期待にこたえるべく，歴史的過程を通じて，規範的に「適切な

行為」がつねに模索されてきたことの証左でもある。言い換えれば，「適切な行為」の模索は，歴史的にはコンスタントな変数として，時々のメディアのありように影響を与えるだけでなく，公共の利益に内実を与える役割を果たしてきた。いうまでもなく，公共の利益を「適切な行為」に還元することには，さまざまな問題がつきまとう。トートロジーである。適切な行為を解釈することは，公共の利益を解釈することに他ならない。メディアは法律その他の公式，非公式な手段による広範な統制と規制に従っている。しかし，統制の現実の手段と内容は，当該社会のメディアシステムによって大きく異なるし，他の社会的な決定要素によって影響される。統制や規制は，メディアよって異なり，一貫性を欠いたり，相互に矛盾したりする例に事欠かないのである。こうした統制や規制によって，メディアの構造，活動及び内容は大きく，左右される。それ故，公共の利益の内実を明らかにする，操作的な方法として「適切な行為」を適用することに，一定程度の価値があるように思われるのである。

▌ メディアのアカウンタビリティと制度論

　メディアのガバナンスとアカウンタビリティを媒介する概念として，「適切な行為」を措定したことはすでに述べた。残る課題は，とりわけアカウンタビリティの枠組みが，メディアの制度的な側面とどのような関係をもつかである。メディアの制度的な側面は，構造，活動そして内容の次元からなることは，すでに述べた。つまり，アカウンタビリティの枠組みが，構造，活動及び内容の次元といかなる位置関係に立つかの問題である。表2-2のマトリックスは，

表2-2 アカウンタビリティと制度論の関係

発現の領域	構造	活動	内容
法的・公共的	S	S	N
市　　場	N	S	S
プロフェッショナリズム	W	S	S

注： S＝強い，W＝弱い，N＝中立的

メディア生産物の質，結果に責任を負う，アカウンタビリティの過程にあって，それが発動される領域，① 法的・公共的，② メディア市場，③ プロフェッショナリズム，は制度的な側面とどの程度の関係性をもつかを明らかにしようとしたものである。この関係性は，強いか弱いか，それとも中立的かで表現されている。たとえば，アカウンタビリティの過程が発動される「法的・公共的」領域では，構造と活動については強力な関係をもつが，内容については「中立的」になる。「市場」の領域では，構造については中立的だが，活動や内容については強力な関係性をもつ。最後の「プロフェッショナリズム」の領域は，構造については弱い関係性しかもたないが，活動と内容には強力な関係性をもつ，といった関係性を示している。

　アカウンタビリティの枠組みと制度的次元の関係性は，関係の強弱や中立性によって，「適切な行為」がどのようなものとして理解されるかの一種の指標のような価値をもっている。また，今日の支配的なメディア産業論がそれほど重要視しているとは思われない，ガバナンスとアカウンタビリティのフレームの意義と，そのフレームがもつ制度的次元へのインプリケーションを明らかにすることに役立つだろう。

「産業論」的パラダイムにあっては，メディアは利益を第1とする企業でしかなく，メディアは主としてビジネスと見なされる。事実，メディアの企業経営の側面がますます重視されるようになっている。確かに，今日メディアのコンプライアンスやアカウンタビリティへの取り組みがなされつつあるが，誤解を恐れずに言えば，「産業論的」パラダイムの枠内にとどまっている。メディアは公共的生活において果たすべき重要な役割をもち，主たる活動は公共的な領域に属する。いまだそのメディアの特性がはっきりしない，インターネットをはじめとするデジタルメディアについては，社会制度といえない側面を残すが，にもかかわらず，社会制度としての擬制が働き，「適切な行為」を巡って，保護奨励されれば，また制限制約されたりもする。メディアは，類い希なビジネスであるだけでなく，同様に類い希な社会制度でもある。

引用／参考文献

Anderson, B. (1983) *Imagined Community.* Verso. (白石隆・さや訳『想像の共同体』リブロポート，1987 年)

Berlin, I. (1969) *Four Essays on Liberty.* Oxford University Press. (小川晃一他訳『自由論』みすず書房，1971 年)

Bertrand, C. J. (1999) *La Deontologie des Media.* Presse de Universitaires de France. (前沢猛訳『メディアの倫理と説明責任制度』明石書店，2005 年)

Bertrand, C. J. ed. (2003) *L'Arsenal de la Democratie.* Economica. (前沢猛訳『世界のメディア・アカウンタビリティ制度』明石書店，2003 年)

Christians, C., Rotzoll, K. B. and Fackler, M. (1991) *Media Ethics.* 3 rd ed. Longman.

Curran, J. and Gurevitch, M. (1991) *Mass Media and Society. Arnold.* (児島和人他訳『マス・メディアと社会』勁草書房，1995 年)

Dahlgren, P. (1995) *Television and the Public Sphere,* Sage Publications.

Emerson, T. I. (1972) *Freedom of Expression.* (小林直樹他訳『表現の自由』

東京大学出版会，1992 年）

Feintuck, M.（1999）*Media Regulation, Public Interest and the Law*, Edinburgh University Press.

Habermas, J.（1973）*The Structural Transformation of the Public Sphere.*（細谷貞雄訳『公共性の構造転換』未來社，1989 年）

Hallin, D. C. and Mancini, P.（2004）*Comparing Media Systems*, Cambridge University Press.

花田達朗（1996）『公共圏という名の社会空間』木鐸社。

浜田純一（1993）『情報法』有斐閣。

Hamelink, C.（2001）*The Ethics of Cyberspace.* Sage Publications.

長谷部恭男（1992）『テレビの憲法理論』弘文堂。

堀部政男（1978）『アクセス権とは何か』岩波新書。

香内三郎（1976）『言論の自由の源流』平凡社。

McQuail, D.（2003）*Media Accountability and Freedom of Publication.* Oxford University Press.

McQuail, D.（2005）*McQuail's Mass Communication Theory*, 5 th ed. Sage Publications.

ミルトン，J.（1953）『言論の自由—アレオパジチカ』(上野精一他訳，岩波文庫)。

ミル，J. S.（1971）『自由論』(塩尻公明他訳，岩波文庫)。

Nerone, J. C.（1995）*Last Rights: Revisiting Four Theories of the Press.* University of Illinois Press.

奥平康宏（1988）『なぜ「表現の自由」か』東京大学出版会。

大井眞二（1999）「メディアの規範理論再考序説」『社会学論叢』135 号。

大井眞二（1999）「メディアの自由の歴史—英米の理論の系譜」(田村紀雄・林利隆編『新版 ジャーナリズムを学ぶ人のために』世界思想社)。

Picard, R.（1989）*Media Economics.* Sage.

Pritchard, D. ed.（2000）*Holding the Media Accountable.* University of Indiana Press.

佐藤卓己（1998）『現代メディア史』岩波書店。

Schudson, M.（2003）*The Sociology of News.* W. W. Norton & Company.

Schudson, M.（2015）*The Rise of the Right to Know: Politics and the Culture of Transparency, 1945-1975.* Harvard University Press.

Siebert, F. S., Peterson, T. and Schramm, W.（1956）*Four Theories of the Press.* University of Illinois Press.（内川芳美訳『マスコミの自由に関する四理論』東京創元新社，1959 年）

Sola Pool, I. de（1983）*Technologies of Freedom.* Belknap Press.（堀部政男監訳『自由のためのテクノロジー』東京大学出版会，1988 年）

杉原四郎他編（1992）『Ｊ・Ｓ・ミル研究』御茶の水書房。
Wail, P. and Ross, J. W.（2004）*IT Governance*. Harvard Business School Press.

第3章　ジャーナリズムの思想史
―アングロ・アメリカンの系譜

1　問題の所在

　歴史的に振り返ってみれば，ジャーナリズムは近代以降の時代において，その活動を支える非常にさまざまな思想を奉じてきた。社会の支配的な思想がジャーナリズムの活動を支える思想でもあり，それは，現に当該社会でジャーナリズムが果たしている現実の機能を観察した結果から帰納的に形成される思想でもあった。また思想と言うよりも，ジャーナリズムの活動のための作業仮説とでも呼ぶべきものが，思想のように奉じられることもあった。神意を独占し，異端のジャーナリズムを厳しく統制し，オーソドキシーの普及につとめたカトリックの，プロパガンダ・ジャーナリズムもあれば，神の摂理の現実世界でのあらわれを記録することに驚異的な熱意をもったピューリタン・ジャーナリズムもあれば，人間の本来的善性を信じ抑圧的社会制度からの解放を社会改革に見いだし，それに自らの役割を位置づけたキャンペーンジャーナリズムもあった。また，事実をストーリーとして，あるいはそれとは別に，情報として提示するジャーナリズムもあれば，プロフェッショナリズムの追求を至高の目的とするジャーナリズムもあった。

　こうしてさまざまなレベル，カテゴリーの思想が時々の歴史の過程において，時には融合し時には対立抗争して，ジャーナリズムの思想を織りなしてきたのである。その状況は，今日においても変わることなく，非常に多様でかつ対立的なジャーナリズムの思想がへ

75

ゲモニックな闘争を繰り広げている。一見するといかなるジャーナリズムの思想であれ，その起源を訪ね，その歴史的な変遷過程をトレースするには，あまりにも混沌たる状況がわれわれの目の前で展開しているようにさえ思える。しかし，他の学問に比して歴史の類い希な利点があるとするなら，現在の地点に立って過去を振り返る立場，つまり歴史的事実を掘り起こし，評価を与え，過去を再構成することを可能にする，あと知恵（hindsight）こそ歴史の大きな強みであろう。本章では，この強みを生かして，ジャーナリズムにはそれぞれの時代にヘゲモニックな機能を果たすジャーナリズムの思想が継起的に生じてきた，という仮説のもとに，今日さまざまな問題点を抱えているが，ヘゲモニックな機能をなお果たしているリベラルジャーナリズムの，それぞれの時代のスナップショット的考察ではなく，継起的な流れ，言い換えれば「思想史」のささやかな試みを始めたい。

2 『プレスの四理論』

そうした視点に立ってジャーナリズムの思想史の試みを始めようとするとき，われわれが，20世紀半ばに卓抜したアイデアと構想力によって築かれた規範的理論の試みであるシーバート（Siebert, F.），シュラム（Schramm, W.），ピーターソン（Peterson, T.）の共著『プレスの四理論』（以下『四理論』と略称）（Siebert et al., 1956）を参照点とすることにあまり大きな異論はないだろう。規範理論のレベルにおいて，『四理論』は，その後の規範的理論の基礎となっただけでなく，現代にも大きな影響を及ぼしている点で，参照点とし

て相応しい内容と意義をもっている。『四理論』は「権威主義」,「自由主義」,「社会的責任」,および「ソヴィエト共産主義」の理論からなるものだが,この枠組みは,明示的であれ暗黙的であれ,その後の理論的営為に継承されたといって過言ではない。

たとえば,メリル（Merrill, J. C.）は,国家とメディアの関係を下敷きにした規範的理論は,本質的に権威主義と自由主義にならざるを得ず,『四理論』から二つの理論を非本質的として削除されるべきと批判するものの,思考の枠組みは相変わらず『四理論』に依拠している（1974）。他方マクウェール（McQuail, D.）は,メディアの規範理論の試み自体を悲観的にとらえるが（1991: 67），にもかかわらず『四理論』以後の現実の変化に対応して,「民主的参加」と「途上国」の2理論を付加した（1983）。またアートシュール（Altschull, J. H.）は,「市場」,「マルクス主義」そして「発展途上」のモデルを提示した（1984）。「市場」モデルが『四理論』の「自由主義」と重なっていることは容易に理解されよう。批判的論究であれ,新たなモデル構築の試みであれ,これらの論者の議論は『四理論』を前提にするだけでなく,『四理論』の基本的な枠組みを踏襲していることは明らかである。こうして,後に指摘するような新たな視角からの批判が『四理論』の戦略的な意図や限界を指摘するものの（たとえば Nerone, J. et al., 1995），総じて『四理論』は,なお今日的に有効な議論を展開していると評価することができる。

こうした『四理論』の力の源泉は,いくつかの角度から指摘することができる。第1は,メディアをめぐる議論の基礎に関する側面である。米国における,メディアに関する議論を支配してきた法学的アプローチは,さまざまな欠陥をもつが,最大のものは社会にお

けるメディアの構造や機能に関する理解を困難にしてしまった，という点にある。これに対して，『四理論』は法学的な領域だけでなく，歴史をも包摂するような議論の枠組みを設定するのに少なくとも成功したように思われる。そしてそれによって，社会におけるメディアを議論するために必要な分析のターミノロジーを提供することができた。その意味で，『四理論』は規範的なメディア理論に関する，もう一つのアプローチを提示したのである。第2は，『四理論』はアングロ・アメリカン・ジャーナリズムのよって立つ，イデオロギーつまり古典的リベラリズムの問題点をいち早く明らかにした，という点に求めることができる。少なくとも西欧の知識人にとって，いわば古典的リベラリズムの行き詰まりがファシズムを生み出した，という理解は，少なくとも二つの方向に向かう思考を促した。一つはマルキシズムであり，他はネオリベラリズムという古典的リベラリズムの修正であった。この文脈に『四理論』を引き寄せれば，『四理論』はメディア論のレベルにおいて，古典的リベラリズムが行き詰まりを示していること指摘し，さらにそれがいくつかの問題を引き起こしていることを明らかにした。

3 『プレスの四理論』をこえて

しかし，こうした『四理論』に問題がないわけではない。たとえば，『四理論』における四つの類型は果たして，いかなる意味において「理論」と呼びうるのか。『四理論』では，すくなくともすべてが同じ意味での理論と称し得ない側面をもっている。また，歴史的パースペクティブを取り入れたという評価も，見方によっては四

つの理論は必ずしも，それぞれ同じレベルの歴史的具体性をになっ
ているとは言い難い事情もある。さらに，分析レベルでは，規範的
分析がインテンシブになされる理論もあれば，むしろ主として記述
的にすまされる理論もある（大井，1999c: 42）。

　言い換えれば，『四理論』は四つの理論を提示しているようにみ
えるが，実は理論は一つであって，他はカテゴリーないし類型であ
る，という見方をすることができる。『四理論』の序章は，次のよ
うに極めて重要な指摘をしている。すなわち，「プレスは常にそれ
が活動している社会の，社会的政治的構造に応じた形態をとり，色
合いを帯びているものだ」(Siebert et al., 1956: 1)。こうした認識が，
ジャーナリズムの社会理論であるとするなら，四つの理論はむしろ
別の名称が相応しいものとなる。

　また，四つの理論を文字通りの理論と受けとめた場合でも，現実
には分析の軸は一つの理論にあって，他の三つはこの一つの理論か
ら分析されている，とみることもできるのである。一つの理論は，
いうまでもなく「自由主義理論（リバータリアニズム）」である。こ
うしてリバータリアニズムよりも実際には広義のリベラリズムの方
が適切なタームであるが，『四理論』の基本的仮定は，このリベラ
リズムのメディア理論がもっとも重要な理論である，ということで
あり，実際にもこのリベラリズムによって立つターミノロジーに
よって，他の三つの理論が考察されているのである。次に，『四理
論』の序章の記述は，メディアの活動する当の社会の構造的特質の
重要性を指摘しているが，「社会政治的構造」が重要であって，「社
会的経済的政治的構造」ではないことを明確にしている。この「経
済」の等閑視は，『四理論』がメディアの規範的役割は政治的なも

のと見なしていることを明確に示している。今日ほどメディアの経済的側面が重要な意味をもつ時代において経済的視点の欠落は重大な欠陥と言わざるを得ない（大井，1999c: 44-6）。

　しかし，こうした問題にもかかわらず，『四理論』のパラダイムは継起的に生じてきた支配的なジャーナリズム思想を「理論」として類型化しようとした試みと見ることができる。『四理論』に従えば，ジャーナリズムの活動を貫く中心的思想は，16，17 世紀の近代ヨーロッパの権威主義，18，19 世紀からの自由主義，20 世紀に至っての権威主義の現代的形態としてのソヴィエト共産主義，自由主義の修正版としての社会的責任論と，継起的に展開されてきたことになる。

　しかし，『四理論』の抽象性のレベルは，それぞれの時代の日常のジャーナリズムの活動の詳細を捨象してあまりにも大きな網をかけるような，マクロな歴史とでもいうべきものであって，そこからは歴史が本来対象化すべき個別性や歴史が織りなす微妙な綾も見失われてしまう危険性をはらむことになろう。またこれまで批判的にレビューしてきた『四理論』をはじめとするジャーナリズムの規範理論，モデルにおいて語られていることは，規範的社会理論（むしろ政治理論）であり，歴史の理論の外皮をまとったものに過ぎないものとなろう。本章は，歴史的研究のレベルに止まり，かつ規範的思考を禁欲した研究を試みる意図が込められている。われわれは価値を重く付加された概念をもって歴史に向かい合わなければならないし，こうした問題の立て方自体に忍び込む歴史研究のバイアスとでもいうべきものに対しても自覚的でなければならないだろう。

　こうした前提を立てた上で，『四理論』では価値前提され，自明

視され，ヘゲモニックな機能を果たしている，ジャーナリズムの自由主義の思想を以下の枠組みで改めて検証することにしたい。権威主義理論を内側から掘り崩すことになったピューリタニズムのジャーナリズム思想の検証からはじめ，自由主義の祖型となったホウィッグ・ジャーナリズム，さらに体制化された共和主義的ジャーナリズムの思想，そして現代のジャーナリズムを今なお呪縛する革新主義のジャーナリズム思想へと，また考察の対象を英国から米国へとすることで，順を追って考究することにしたい。自由主義のジャーナリズム思想はアングロ・アメリカンの伝統の中で育まれ，発展してきた経緯があるからである。この継起的変化は，ジャーナリズムの方法に影響を与え，それぞれの思想にふさわしい方法を発展させることになった。ジャーナリズムの方法の変遷はこれまであまり自覚的に研究されてきたとは言い難い問題領域であったが，思想史の探究にとってきわめて重要な意味をもつ。ジャーナリズムの方法は思想を具体的に表現する手段であると同時に，客観報道のように思想それ自体を体現するものでもある。本章の考究の対象になることはいうまでもない。

4　ピューリタニズムのジャーナリズム思想

┃ ルターと読み書き能力

　近代の始まりを記す宗教改革は，ジャーナリズムの前提になる「読む，書く」という行為を人びとの間に奨励した。事実16世紀まで読み書き能力は，ヨーロッパの至るところで低く，おそらく全人口中1％程度であった。また中世の諸王は自ら読むことをせず，読

み上げられる言葉に耳を傾けるだけで，読む行為は奴隷的な労働と見なされた。近代ヨーロッパにおいて印刷技術が革命的変化を生み出した過程を検証したエイゼンシュティン（Eisenstein, E.）は，16世紀のフランスのある論者が，一般庶民の混乱をおそれて，彼らが自ら本を読む行為を戒め，学ぶべきは聖職者からのみであり，特に聖書を読むことを禁じたことを指摘した（1980: 426）。他方英国における読み書き能力の発展をトレースしたストーン（Stone, L.）は，カトリックは，聖書を読むことから異端が生まれることを恐れ，これに対して改革派は聖書を読まないことから迷信が生まれることを恐れたと指摘する（1969: 77）。こうしてカトリック的秩序においては「読む」行為は神学的・政治的反乱につながると見なされ，異端よりも読むこと，特に聖書の閲読を恐れたが，他方で宗教改革が根を下ろした地域では，読み書き能力の急成長が見いだされた。

　1517年ルター（Luther, M.）が教会の扉に打ち付けた95条提題とその後の彼の発行物は，非常に大きな影響を与えたことで知られるが，ある評価によれば1517年から1530年の間に，彼の著作はおよそ総計で30万部を超えるという。文盲や印刷術の普及程度を前提にすればまさに驚異的な売れ行きであったといわざるを得ない。ルターは，良き知らせであれ悪しき知らせであれ，それに人びとが注目することを望み，自らを記録しようとした。ルターによれば「神の恩寵は，身近にある時にもっとも遠いと思われる神の怒りの形を通じてコミュニケートされるのである…そして怒りに恩寵を求める不安の中で救済が始まる」と書いた（Bainton, R., 1956: 63）。人間は神の恩寵を通じて自己を改革するためには，己の罪深さを知らねばならなかった。こうしてルターにとって，改革の闘争はイデオロ

ギー的なものであり，出版物を通じたコミュニケーションはきわめ
て重要なものであり，カトリックと違って異端は火刑ではなく出版
物によって撃退されるべきものであった。このコンテクストにおい
て，彼は印刷術を高く評価し，印刷術は「神の福音の御業が推進さ
れる，神の最高にして最終的な恩寵の行為」(Eisenstein, 1980: 304)
であった。ルターはまた聖書の自国語翻訳を奨励したことで知られ
る。聖書は一般庶民の日常生活から切り離され，ラテン語を知るエ
リートの独占物であり，ローマ教皇インノケンティウス 4 世
(Innocentius IV) はすでに 1252 年に聖書の自国語翻訳を禁じてい
たのである。

▎英国のピューリタン

英国ではウィクリフ (Wycliffe, J.) は，信仰と救いは聖書にのみ
もとづくべきと考え，聖書の英語訳を試み 1377 年異端の審問にふ
された。彼の死後弟子たちが完成した英語訳は 1410 年，1412 年焚
書に処された。さらにテューダー王朝のヘンリー 8 世 (Henry VIII)
は，1529 年聖書の翻訳はもちろん彼の権威を傷つけるおそれのあ
るルターの著作などの輸入を禁じ (Siebert, 1952: 52)，1534 年，国
教会樹立後首長職を兼ねることになった。国家教会の頂点に立った
ヘンリー 8 世は，以前にも増して出版物の統制を強化し，カトリッ
クに劣らず異端を処刑した。こうして国教会の誕生はカルヴィン派
を中心とするピューリタンを生み出すことになる。ピューリタンは
後に述べるようにジャーナリズムの発展と重要な関わりをもつが，
国家と教会の統一が生み出す問題は神学的だけでなく政治的なそれ
へと波及しうるのであり，容易に政治化する種子がまかれることに

なったのである。

　カトリックへの復帰を目指す「血のメアリー」の治世下，1555年最初のプロテスタントの火刑にはじまり，その後2年多くの人びとが異端として処刑され，それらはバラッドなどを通じて英国中にセンセーショナルに報じられた。殉教者を正確に描くことに精魂を傾けたフォックス（Foxe, J.）の『殉教者の本（Book of Martyrs）』として知られる著書は，1563年に英語の初版が発行され，大きな反響を呼ぶことになった（Olasky, M., 1991: 12）。この殉教者はピューリタンの反逆者であり，彼らの受難と迫害の歴史は，処刑の様子を描く木版の挿絵を豊富に収録したこともあって，後世にまで大きな影響を及ぼすことになった。ピューリタンに対する迫害はジェームズ1世の下でクライマックスを迎えることになるが，彼の聖書の自国語訳は結果的に彼の権威を掘り崩すだけでなく，聖書を一般庶民にとって身近な存在にした。こうして聖書は人びとが神と直接に向かい合う場であり，宗教は重要な意味において聖書を読み議論する文学的経験となった（Ryken, L., 1986: 124）。この後，教会は聖書の権威に服することになるだけでなく，教会の過ちを指摘したり，批判したりする行為は正当化されると見なされるようになり，ピューリタンは国家教会から独立し，神の下で自由な表現活動をなす根拠を得ることになったのである。

ピューリタン・ジャーナリズム

　ピューリタンは個人の救済を重視したから，彼らのコミュニケーションの方法は個人の救済から出発して，個人が救済を求めて正しい選択をするために情報を提供したいという欲求を反映した。個人

から始まる救済のための自己改革は家族に及び，やがて町や地方へそして国全体に及び，地上は神の祝福に満たされる，こうした図式を描いていた。そのため彼らは真実を明らかにすることが彼らのコミュニケーションの目的と考えた。

　ジェームズ 1 世（James I）からチャールズ 1 世（Charles I）へと王位が継承される 1620 年代，宗教改革派の拠点であるアムステルダムやアウグスブルグで，今日の新聞の原型とでもいうべき定期制を備えたジャーナリズム形態（ニュース・ブック）が誕生し，欧州各国にも類似の発行物が発行されるようになった。たとえば，英国ではアムステルダムで制作された英語のニュース・ブックが流通するようになり，議会対国王，ピューリタン対国教会の対立の構図は，新たな出版物統制の強化にもかかわらず，むしろ新しいジャーナリズム形態を用いての，コミュニケーション空間の支配をめぐる闘争の様相を呈することになった。議会も国王も互いに対立するジャーナリズム活動を有効に統制できない，いわば権力の真空状態から結果的に，多くの印刷屋は機会に乗じて，さまざまな本，パンフ，ニュース・ブックのたぐいの出版物を発行することになった（Frank, J., 1961: 41）。

▍間奏曲としてのミルトンの「アレオパジチカ」

　ミルトン（Milton, J.）の友人であるハートリブ（Hartlib, S.）が指摘したように「印刷術は知識を普及させ，一般庶民は自らの権利を，自由を知ることになったから，もはや圧政の方法で支配することが不可能」（Siebert, 1952: 192）となっていた。にもかかわらず，議会は 1643 年ニュース刊行物を対象とする出版統制法（以下，統制法）を

85

制定し，ピューリタンの批判を招くことになった。ミルトンの「ア
レオパジチカ」が誕生したのはまさにこうした時期であった。

　ミルトンにとって，議会の統制法は「血のメアリー（Mary I）」
を思い起こさせるものであり，ピューリタンが目指す「穏健で，自
由でかつ人間的な政府」と相容れないものであった。また彼は，統
制法の規定する検閲は，カトリック的で恣意的なものであって，人
間の精神にとって侮辱的なものであるとし，同法の廃止を議会に訴
えた。ミルトンによれば，検閲は無知を賞賛し，「理性そのものの
息の根を止める」ものであった。「真実が野原に出るように，あら
ゆる教義の風を自由に地上に吹かせても，真実の力を疑いこれを検
閲しては，その結果社会に害毒を流すだけである。真実と虚偽を組
み打ちさせてみよ。真実が自由・公開の舞台で破れたことを誰が
知っていようか」とし，結局「真実は勝利するために，政策も，戦
略も，検閲制も全く不要だ。それらは真実に対し虚偽が使う小細工
であり，砦なのである」(Bush, D., 1949: 192) と断じたのである。

▎米国のピューリタン・ジャーナリズム

　ミルトンのプレスの自由（むしろ検閲からの自由）をめぐる所論
は，リアル・ホウィッグやコモンウェスマンと称される人びとに
よって継承されただけでなく，さらに大きな広がりが示されること
になった。われわれはこうしたリアル・ホウィッグを『カトーの書
簡』の著者として知られるトレンチャード（Trenchard, J.）とゴー
ドン（Gordon, T.）に見いだすことができる。彼らを議論する前に，
米国のピューリタン・ジャーナリズムを今少し見ておきたい。

　1671年ヴァージニア植民地総督バークリー（Berkley, W.）は，以

86

下の言葉で歴史に名を残すことになった。彼は同植民地における信仰の状況について問われて，「自由な学校も印刷も存在せず，私はそうしたものが永遠に存在しないことを望むものである。学問は不服従と異端そして宗派をこの世にもたらし，印刷はそれらを公表し，そして最良の政府に対する名誉毀損をなしてきたからである」(Levy, L. W., 1985: 18)。これに対して出版と教育を重視したのはニューイングランドのピューリタンであった。植民早々にハーヴァードを創立し，印刷機を英国から輸入したのは彼らだった。

ピューリタン教会で行われた「説教」はニュースを織り交ぜる特異なコミュニケーションであった。それは教会で行われるだけでなく，しばしば出版されもした。「現代のマスメディアと違って説教はパブリックコミュニケーションの定期的媒体（少なくとも週刊）として，ニューイングランド地方のコンテクストにおいてのみ有効だった。それは情報のチャンネルとして，宗教的，教育的，ジャーナリズム的機能を統合していた」(Stout, H. S., 1986: 3)。ピューリタン神学は，災難を神が君臨する証であり，神の報いと見なしたから，悪しきニュースを報じることを認めたし，奨励もした。その意味で米国のピューリタンは，「事件つまりニュースの虜になっていた。彼らは自分の周囲すべてに神の意志をみることができた。天上のそして地上世界の歴史の偉大な運動はもっとも重視すべきものであったが，同様に意味をもたない事柄は彼らにとっておよそ存在しなかった」(Nord, D. P., 2001: 11)。

こうしたピューリタンの主導者であるマザー（Mather, I.）が援助を与えて，1690年に創刊されたのが，米国初の新聞と称される「パブリック・オカーレンシズ」であった。同紙は植民地政府当局

によって1号限りで発行を禁止されたが，ピューリタンのジャーナリズム思想を見事に表現する新聞であった。創刊者・ハリス（Harris, B.）は，創刊号において発行目的を地域に広がっている「虚報を正すため」と述べて，「神の摂理の記憶すべき出来事は無視されたり忘れられたりしてはならない」として，地域におこったさまざまな出来事を報じた（Lee, J. M., 1923: 21）。彼の事実への，正確性への献身やあらゆる出来事に神の摂理を見るピューリタン的思考は，ピューリタン・ジャーナリズムの思想を典型的に示していた。出来事は神の意志でありそれを正確に記録することはピューリタンの義務であり，神の摂理たる災難は，神が人びとに災難をもたらそうとする意図ではなく，人びとを謙虚にし，人びとに改革を促し，そして結果的に人びとに善をなさしめるためであったのである。

5　ホウィッグ・ジャーナリズムの神話

ピューリタンのジャーナリズム思想は，出版物の事前許可や検閲制と相容れないものであり，米国ではニューイングランドを中心にして出版統制は徐々に緩和されていった。しかし，このことは直ちにプレスの自由の主張につながっていったわけではなかった。統制に反対する理由として，非合法出版がはびこり事実上一つのビジネスになっている現状を肯定して統制は経済的に不健全であると主張することも可能であり，統制に反対することと自由を主張することは大きな距離があったのである。先に若干述べたようにミルトンの自由論は，革命の伝統につらなるが18世紀には周辺的な地位に追いやられた人びと，コモンウェルスマンやリアル・ホウィッグに引

き継がれ，彼らの著作は米国の自由の思想に大きな影響を与えることになった。

▎『カトーの書簡』

とりわけ，リアル・ホウィッグたるトレンチャードとゴードンによる『カトーの書簡』(以下『書簡』) は，ジャーナリズム統制に反対する理由として，むしろ積極的にプレスの自由に位置づけようとする米国ジャーナリズムの運動に大きな刺激を与えた。『書簡』は新聞を通じて単に紹介されるだけでなく，権力に対して新聞が自由を主張する時に理論的な武器として広く利用された。

その意味で『書簡』は，米国に自由の組織的な理論をもたらした。『書簡』の自由論の核心にあるのは，表現の自由の概念であり，それは「他人の権利を侵害したり統制したりしない限り，あらゆる人の権利であり，これが自由の忍受しなければならない唯一の抑制であり，知らねばならぬ唯一の限界」(Levy, 1966: 12) であった。また自由の乱用に由来する名誉毀損については，プレスの自由の不可避的な結果であり，「より大なる善から生じる一つの悪」に過ぎないとし，自由を抑制する危険は，自由を許すことからくる危険より「それ以上の悪しきもの―不正義，専制，無知―をもたらす」(Levy, 1966: 23) のであった。政府と人民の関係については，政府とその役人は人民の利益の被信託者に過ぎず「公共的問題が処理されるべきはただ」人民の利益のためと主張した (Levy, 1966: 23)。

『書簡』はさまざまな形で新聞に登場した。直接転載されることもあれば，米国の事情にあわせて手を加えたり，自己の論文やエッセイの理論的な補強としたりするような方法がとられた (大井，

1981: 317–18)。18 世紀の米国ジャーナリズムを主導したベンジャミン・フランクリン（Franklin, B.）が兄ジェームズと共に発行していた新聞「ニューイングランド・クーラント（*The New England Courant*）」は，1722 年 6 月に海賊問題に対する政府の対策の手ぬるさを揶揄する記事を掲載した。政府当局は記事を「当該政府に対する重大な侮辱」と断じ，発行人ジェームズを参議会に召喚した上で投獄の処置をとった。獄中にあった兄の代わりを務めた B. フランクリンは，政府の不当な処分を批判する攻撃を始め，その一環として自ら執筆するエッセイ・シリーズに『書簡』（第 15 編「言論の自由について」）を引用した（*The New England Courant*, July 9, 1722）。

┃ ゼンガー裁判

　米国におけるプレスの自由のための闘争が語られるとき，法的改善をもたらしたわけではないが，闘争のシンボル的価値のため常に引き合いに出されるのがゼンガー（Zenger, J. P.）裁判である。ここでも『書簡』は十分に利用された。1733 年 11 月，政府攻撃の目的で創刊された『ニューヨーク・ウィークリー・ジャーナル（*The New York Weekly Journal*）』は，親政府紙『ニューヨーク・ガゼット（*The New York Gazette*）』との論戦の中で政府批判の自由を正当化するため頻繁に『書簡』を引用した。注目すべきは，過熱した論戦の中でも『ガゼット』も『書簡』それ自体を批判することはなかったことである。同紙は『ジャーナル』が，コンテクストを離れて『書簡』を都合の良いように利用したり，歪曲したりしていると，もっぱら『書簡』の利用法を批判するだけであり，また『ガゼット』もある論評のために『書簡』を利用したのである（*The New York Gazette*,

90

Jan. 28, 1733)。

弁護士ハミルトン（Halilton, A.）の尽力もあってゼンガーは無罪放免された。彼の論点は二つであり，一つは陪審の権限に関するもので，彼は事実判断だけでなく法律判断も陪審の権限だと主張した。他は名誉毀損における真実性，真実証明の問題であった。当時の通説は，名誉毀損は真実に基づくものであれば，一層重罪とされ，真実証明を認めていなかった。この通説は事実にも続く政府批判を封じる有効な手段であった。しかしハミルトンの後者の主張は『書簡』に帰せられるもので，『書簡』はすでに「名誉毀損行為に関する省察」および「名誉毀損に関する論考」において論じられ，「ジャーナル」は少なくとも3回『書簡』のこれらの論文を引用しているのである（Feb. 25, March 4 及び Dec. 9, 1734)。

ゼンガー裁判の物語はおおむね，富裕な商人と土地所有者のいわば階級的反乱にはじまり，政府とその役人を批判する権利を大衆的に容認させた事件として語られる。しかし，ピューリタン・ジャーナリズムを特徴づける「真実を語り，書く」という内的衝動をここでも見落とすべきではないだろう。裁判記録によれば，真実は聖書と同一視され，ゼンガーは聖書の導きに従ったのであり，真の自由は良心を神の権威に従属させることを要求する，人は聖書を通じてのみ放恣に転ずることなく自由の使用法を知ることになる，などの論点が裁判のコンテクストとして重要であったことが示されているのである（Olasky, 1991: 43)。それらは，真実に支配されたいというジャーナリズムの欲求であり，言い換えれば聖書から導き出される欲求であった。ゼンガーやハミルトンはそうした欲求に応えることによって陪審の無罪評決を勝ち取ることができたのである。

┃ ジャーナリストとしてサミュエル・アダムズ

　米国の独立への闘争の端緒となったのは「7年戦争」の米国版であるフレンチ・アンド・インディアン戦争後の，英国の対植民地政策の転換であった。こうした英国の政策に対する反対運動の先頭に立ったのは，第2代米国大統領ジョン・アダムズ（Adams, J.）の従兄弟であるサミュエル・アダムズ（Adams, S.）であった。彼は革命派の新聞『ボストン・ガゼット（*The Boston Gazette*)』の事実上の編集長であり，多産なパンフレット作家であったが，彼の匿名の論文がしばしば「一人のピューリタン」と署名された事実は，幾つかの意味で重要であった。当時のパンフレットや新聞の論文が匿名で書かれたことはよく知られている事実であるが，それは政治的抑圧を免れるためと言うよりも，著述の力は，著者が誰かよりも主張の真実性に宿る，という考え方が支配的であったからであった。

　従兄弟のジョン・アダムズがサミュエルを現代のカルヴィン，生粋のカルヴィニストと称したことから了解されるように（Maier, P., 1980: 7），彼は聖書の神の存在を強く信じ，「大いなる覚醒」の神学的感動は終生彼に影響を与え続けた。カルヴィンがすべてのコモンウェルスは法と合意に依存するとし，神と成員の相互の義務を指摘したように，S・アダムズは，人間は神と契約を結んだのと同様に，国王は臣民と契約を結んだのであり，神は契約を破らないが，国王はしばしば契約を破ると考えた。それ故，聖書の原理に基づく政府が樹立されれば，その原理からの逸脱の批判は正当化されうるのであった（Cushing, H., 1904: I, 27）。こうした思考法は他の植民地人にも共有され，英国王は米植民地人との契約を破ったのであり，植民地人は憲法によって規定された限界を超え，臣民を抑圧し隷属

92

化しようとする支配者に抵抗し，戦うことができるし，そうすべきであると考えた（Baldwin, A., 1958: 181）。こうして懐疑論とは無縁のS.アダムズのジャーナリズム活動は，断固たるプロパガンダであり，政治的動員，組織化のそれであった。

共和主義と啓蒙のジャーナリズム

　S.アダムズのジャーナリズムを啓蒙のそれと見るのはやや難しいにしても，同時代人たるフランクリンやジェファソンの思想や活動は，広範な知識という啓蒙主義の理想と人民はその正当な権利を行使するためには情報が与えられねばならないというリアル・ホウィッグの信念を反映するものであり，そうした信念に基づく統治形態を形成していった。彼らは共和主義の長所やホウィッグの歴史の教訓を学び，市民的精神と読書習慣の涵養に非常な情熱を捧げた（Smith, J., 1988: 44）。

　フランクリンは『ペンシルベニア・ガゼット（*The Pennsylvania Gazette*)』発行のかたわら，会員制貸出図書館を設立したり，カレッジの図書館などに多大な貢献をしたりしたことで知られるが，ジェファソンも焼失した議会図書館の再建に自らの膨大な蔵書を提供するなど知識の普及につとめた。ジェファソンの，ヴァージニアのため書かれた1779年の「知識の一層の一般普及のための覚書」は，公式教育の重要性を訴え，学問の役割は「全体としての人民があらゆる形態の下での野望を知り，自然権によってそれを打倒することが可能になるよう，彼らの精神を啓発すること」(Boyd, J. et al., 1950: 2, 526-7）であった。こうした考え方の当然のコロラリーとして，リアル・ホウィッグによって擁護された，隷属と腐敗を防ぐ手段と

しての表現の自由は擁護され，また解放的な政治原理を普及させる手段として重要視されたのである。

　ジェファソニアンたるマディソン（Madison, J.）は「人民の情報がなければ，つまり情報を獲得する手段がなければ，人民の政府は茶番か悲劇，あるいは双方のプロローグに過ぎない。知識は永久に無知を支配するだろう。自らの統治者であるという意味をもつ人民は，知識が与える力で武装しなければならない」(Hunt, G., 1910: 9, 103) ことを主張し，自由な人民の学問を「人民の自由への悪辣かつ危険な侵害に対する最良の保証」と考えた。さらに，マディソンは共和主義の成功の鍵を「感情の一般的交流」と考え，それをもたらす重要な手段の一つである新聞の流通を非常に重視した。新聞によって人民は世論を知ることが可能になるからであり，「世論はすべての政府に限界を設定するのであり，世論はまたすべての自由な政府の真の主権者である」からであった（Hunt, 1910: 103-5）。

6　革新主義ジャーナリズム

　ジェファソンは，1779 年の「ヴァージニアにおける宗教的自由を確立するための覚書」に見られるように，ミルトンに端を発するいわゆる「思想の自由市場論」を雄弁に語った。「政府が自由なところでは，検閲官は全く存在しない」し，「批判と擁護のフェアプレーを恐れる必要はない。自然は人間に，宗教，法律あるいは政治における真実を精選するほかでもない手段を与えた」のであり（Smith, 1988: 40），「もし政府なき新聞と，新聞なき政府のいずれかを選べと言われれば，私は躊躇なく前者をとる」。いずれもしばし

94

第3章　ジャーナリズムの思想史

ば引用されるジェファソンの共和主義的なジャーナリズム観である（大井, 1999a: 32）。しかし以下の『書簡』が死後公にされたとき，非常に大きな反響を呼んだ。曰く「新聞を読まない人は読む人より情報に通じている。何も知らない人の方がその精神が虚偽や過ちに満たされていないからだ」(Mott, F. L., 1943: 55-9)。ジェファソンは読者に迷いを生じさせるような「一方的な立場の刊行物」に言及したのであり，「すべての新聞が一方の立場で印刷されたとき，それが敵対する新聞に渡され，反対の立場で印刷され，結果的にすべての問題に関する双方の立場が提示されるよう調整されるとすれば，真実は常に公平な機会をもつだろう」(Smith, 1988: 41)とマディソンはジェファソンを擁護した。

　ジェファソンは大統領の任期中，野党たるフェデラリストの人身攻撃を含めた激しい批判を浴びた。有徳の市民による，責任をともなう統治を理想とする共和主義は，現実には激しい党派的な闘争とジャーナリズムに洗われることになったのであり，それが「思想の自由市場」の現実であった。革新主義的な米国ジャーナリズム史は，画一的にこの建国後のジャーナリズム状況を「暗黒の時代」と称し，やがてその時代に「太陽（The Sun)」の光が差すことになり，新しい時代の幕開けが始まる，といった歴史認識をする。

┃ ペニー新聞の革命？

　「太陽」は新しいジャーナリズムの革新を切り開いたと称され，ペニー新聞時代の口火を切ることになった新聞「ニューヨーク・サン」であった。こうしたメタファーは，かなりのジャーナリズム史家を含めて現代の米国ジャーナリストが，その起源を，現代ジャー

95

ナリストの出発点を，ペニー新聞の時代に求めている事実が明らかになると，単なるメタファーに止まらないものになる。このことについては後にやや詳細に論じることにして，何が革命だったのかをいましばらく見てみよう。

　ペニー新聞は1830年代の大都市ニューヨークに誕生し，本質的な意味で現代の大衆的商業新聞の原型をつくりだすことによって，米国のジャーナリズムの内容とスタイルに革新をもたらしたといわれる。また米国「初」の，商業新聞，大衆新聞，政治的独立の新聞そして「ニュース」新聞だったと称されたり，客観性の起源に擬せられたりする（大井, 1999b: 16-17）。ペニー新聞の革命性について詳細に論じることはできないが（大井, 1985を参照のこと），たとえばペニー新聞の主な革新たるニュース（そして客観性）や政治的独立に関して，ウォルター・リップマン（Lippmann, W.）は，「ヘラルド」のベネット（Bennett, J. G.）とともに政治的独立の革命が始まったことを指摘し（1931: 435），またシラー（Schiller, D.）はペニー新聞の政治的独立性と平等主義的な信念が「価値自由な情報―客観的事実―への献身として」ペニー新聞に表現されたと主張する（1981: 10）。こうしてペニー新聞は，ジェファソンのジャーナリズム観を揺るがすほどの党派的なジャーナリズムから決別し，政論ではなく「ニュース」を主要商品とする新しい商業的なジャーナリズムの時代を切り開いたとされるが（Mott, 1962: 242-3），これらの議論を「神話」に過ぎないとして批判する研究者もいる（Nerone, J. C., 1987: 390-1）。

　こうした論点とは別にむしろあまり考察が加えられていない視点，換言すれば思想史としてペニー新聞のジャーナリズム観を新た

第3章　ジャーナリズムの思想史

に問い直した時，ペニー新聞にホウィッグ・ジャーナリズムの残滓が存在するだけでなく，むしろある種のパラダイム転換が起こったように思われる。この点を常にペニー新聞と結びつけられる，リップマンが引いたベネットや後に論じるグリーリ（Greeley, H.）に見てみたい。結論から言えば彼らのむしろ対立するジャーナリズム活動は，革新主義のジャーナリズム思想につながるものを胚胎していたのである。

▍ジェームズ・G・ベネット

　他のペニー新聞発行者と違い，彼は既存の6セント政治紙の記者（むしろ特派員）としてジャーナリズムの世界に入り，1835年に「ニューヨーク・ヘラルド（*The New York Herald*）」を創刊することになる。彼はこれまで既存紙が取り上げなかった犯罪やセックスを真正面から取り上げる報道のため，6セント紙の「道徳戦争」の標的とされ，センセーショナリストの代表のように扱われてきた。しかし，彼のジャーナリズムは絶えず人間の罪深さを強調し，「私は骨の髄まで人間の堕落をこれまで見てきた」ことを明らかにし，彼の新聞においては「われわれの世界を覆う罪を公表する」ことを目指した（*The New York Herald*, July 27, 1836）。そしてペニー新聞だけでなく6セント紙がこぞって取り上げたセンセーショナルな殺人事件において，事件は「一個人が有罪か無罪か」の問題ではなく，「社会の制度の罪―きわめて嘆かわしい道徳の状況に関わる」(*The New York Herald*, April 13, 1836）問題だと指摘し，この事件についてピューリタン・ジャーナリスト顔負けの「真実追究」に精を出し，果ては米国ジャーナリズム史上初めての，関係者のインタビューま

97

で試みているのである。後にライバルたるグリーリがモルモン教の指導者ブリガム・ヤング（Brigham Young）にインタビューを試みているのも，ジャーナリズムの変化に対応するジャーナリズムの方法の変化としてきわめて興味深い事実である。

ベネットに見られるこうした考え方は，彼だけのものではなく，最初のペニー新聞「サン」の記者を務めたG・ウィスナー（Wisner, G.）は，天は神の栄光を示し街頭は人びとの罪深さを示すという宗教改革派の見解に従い，犯罪を詳細に報じた。新聞を売るだけでなく道徳的にするために，批判をものともせずに，彼は些細な犯罪事件にも実名報道を試みた（*The New York Sun*, July 4, 1834）。またこの実名報道は「サン」に限ったものではなかった。こうした事実の詳細性へのこだわりはペニー新聞のきわめて重要な特徴であり，また人間は罪深い存在であり，個人は自己変革が必要である，とするのではなく，人間の罪深さは社会制度に原因があり，社会変革を通して人間は善なる存在へと改革されうるという見方が伏在していたように思われるのである。

▌ ホラス・グリーリ

ベネットの「ヘラルド」のライバルである「ニューヨーク・トリビューン（*The New York Tribune*）」のグリーリは，このジャーナリズムを通じた社会変革を目指した。彼は同紙を名前通り「国民の利益を増進し，人びとの道徳的・社会的・政治的向上を増進する」ことを目標に，「不道徳で品位の低い警察報道や広告を排除し，有徳と洗練の評価に値する」（Log-Cabin, April 10, 1841）新聞を目指した。現実には彼の論説や言動はしばしば論理一貫せず矛盾が多かっ

たが，彼は首尾一貫して，フーリエ主義にたつコミュニティの試み「ブルック・ファーム」をはじめとして，多くの失敗に終った社会改革運動に関わった。改革運動の論客ブリスベーン（Brisbane, A.），リプレー（Ripley, G.）や初の女性記者マーガレット・フラー（Margaret Fuller）を「トリビューン」に迎え入れるだけでなく，カール・マルクス（Marx, K.）を特派員として雇い入れ，南北戦争において頂点に達する奴隷制の問題にも積極的に関わった。彼はまた，ジャーナリストとして高い評価を与えた，ニューヨーク最後のペニー新聞の創刊者レイモンド（Raymond, H. J.）と「政治経済の基本的問題」を巡って計12回にわたる論争を展開したことでも知られ，一種のキャンペーンジャーナリズムを主導した。

こうした評価は間違いではない。しかし，見落とされがちであるのは日刊版だけでなく，ニューヨークを超えて地方とくに中西部に「聖書」に次ぐ信奉者を生み出した週刊版の意義である。彼が週刊版でその役割を認識し擁護したのは，ジャーナリズムの市民の議論の場としてのフォーラムの機能であった（大井，1987: 174）。彼は，政治的中立を標榜する新聞が現実には「真実の抑圧」（原書イタリック）をしているのであり，中立紙は「政党の論議について『双方の立場』（原書イタリック）（The New York Tribune, April 29, 1841）を提供すべきである」と主張した。彼は，ホウィッグであり後の共和党リベラル派であることを自認したが，彼はそうしたイデオロギー的確信を表明しつつなお対立する議論の双方に紙面を開放することが中立紙本来の姿と考えた。彼がフォーラム提供に際して重視したのは読者の視点であった。読者が対立する論点の知識をもたなかったら，「米国市民は…重大問題に適切に票を投じる資格を全くもてな

いからであった」(The New York Tribune, June 13, 1850)。

ジャーナリズムの商業化

　南北戦争後の南部再建が公式に終了してから米国の社会は急速に変化し，工業化と大量生産を中心とする生産と消費が密接に結びつく社会へと移り始めた。1880年米国人の10人のうち7人は農場や小さな町に住んでいたが，1920年には大半の米国人は都市に住むようになっていた（Norton, M. B. et al., 2001: 234）。都市と都市を結ぶ交通や，郵便，電話，電気などの公共サービスが急速に普及したことによって，孤立した地域ですら大きな社会の一部に組み込まれるようになった。

　19世紀後半から20世紀初頭までに米国のジャーナリズムは大きな変貌を遂げた。特に大都市の日刊紙の変化は著しく，1880年代には最大で20万部に届かない部数が1890年代末には50万部に近づく新聞も現れた（Emery, E. et al., 1984: 228）。ニューヨークのような産業−商業都市での商品の大量生産は，全国流通と広告のニーズを生み出し，絶えず増加する都市人口を引き付けるために新聞は以前にも増して高速の印刷機，多くのスタッフそして大きな資本を必要とするようになった。新聞は現代のビジネスになっただけでなく，官僚制的な組織構造を特徴とするビッグビジネスにもなり，新しいビジネス経営や共同所有の下でチェーンやグループを形成するようになっていった。

　こうしたジャーナリズムの世界の変化はまた，プロフェッショナリズムの台頭といったジャーナリズムの商業化に平行する形で進展していった。ジャーナリストはかつてのような売文業者ではなくフ

ルタイムの職業となっていった。彼らの職業的アイデンティティ
は，事実の報道に献身するプロフェッショナルのそれであり，彼ら
はそうした訓練を受けた。この時代を代表するジャーナリストの一
人ステフェンズ（Steffens, L.）は，修業時代を振り返り，「記者は機
械のように偏見や色づけなしにあるがままの事実を報道しなければ
ならず…記事に個性やユーモアの兆候が少しでも見つかったら記事
は没になった」(Steffens, 1931: 179) と回顧し，同様の経歴を持つメ
ンケン（Mencken, H. L.）も「敬虔な事実だけを述べる」報道のス
タイルを教え込まれたという（Mencken, 1941: 14）。

　こうしてジャーナリストは，巨大化し，複雑化する米国社会の複
雑な生活において，さまざまな事実を「リアリスティックに」発掘
しようと試みた。彼らがそうした活動の際に依拠したのは，科学性
であり専門性であった。科学は以前の時代の「神」の存在にも似て，
ジャーナリストだけでなく米国人にも魔術的，魔法的な力をもつ言
葉であった。ジャーナリストのお気に入りの言葉は「観察」や「レ
ンズ」であり，社会生活を構成するさまざまな事実を，レンズを
使って観察して，報告する，事実尊重の科学信仰に染め上げられて
いた。ロマンティシズムが作家の発明の才を称揚するならば，こう
したジャーナリストは観察の力を賞賛するリアリズムの立場であっ
た。

▍革新主義のジャーナリズム

　他方で，この時代は，1830 年代のペニー新聞の革新を想起させ
るような「ニュー・ジャーナリズム」と称される時代でもあった。
この新しいジャーナリズムの旗手ともいうべきピュリッツアー

(Pulizter, J.) は，ペニー新聞が着目した大衆の日常生活に新たな光を当てることになった。しかしすでに述べたように米国の日常生活はかつてとは全く異なるものになっていた。ピュリッツアーの活動の主舞台「ニューヨークには 1880 年には外国生まれの移民人口が 47 万 9 千，90 年には 64 万に増え…総人口の約 40％」(Juergens, G., 1966: 239) を占めていた。こうしてニューヨークは「政治参加，読書，都市，アメリカ…の万華鏡に不案内な」人びとの日常生活の舞台であり，彼らは新聞に道徳的忠告をもとめたが，「聖書や聖人の生活は新しい都市に相応しいものではなくなっていた」のである (Schudson, 1978: 106)。ピュリッツアーが着目したのはこうした人びとであった。

　自身が移民であるピュリッツアーは，社会的弱者である移民に声を，発言の場（フォーラム）を与えるジャーナリズムを志したが，彼のジャーナリズムは，オックス (Ochs, A.) の下でエリート読者にすでに高い評価を得ていた「タイムズ（*The New York Times*)」をはじめ既存の大都市紙や地方紙の轟々たる非難を浴びた。しかし，彼の新聞「ワールド（*The New York World*)」は着実に部数を伸ばし，1884 年 6 万，86 年 25 万，米西戦争の 1898 年には百万部とうなぎ登りに増えていった。彼は，既存のジャーナリズムによって掘り起こされていない読者を，洗練されない読者を，見いだすことによって巨大な部数を築き上げたが，それはまた，ピューリタン・ジャーナリズムを転倒させたジャーナリズムを読者にあたえたことによって達成されたように思われる。すなわち，人間の罪深さ，腐敗・堕落を神の恩寵へと向ける代わりに，彼は，人間は本来的に善なる存在であり，人間の進歩を妨害するのは社会の制度，組織的

な抑圧の体制であると考えた。セントルイス時代から絶えることの
なかった彼のキャンペーンジャーナリズムの矛先は絶えず，そうし
たものに向かっていた。それは米国中のビジネスの所有者であり，
キューバ人を抑圧するスペインであり，南アフリカのボーア人で
あった。その意味で彼はジャーナリズムを通じた社会改革を志向し
たと言えるだろう。

7　革新主義の呪縛

　英国のホウィッグ史観（Curran et al., 6 th ed., 2003: 3-5）に対比
される米国の革新主義のジャーナリズム観に対して，1970年代以
降主として歴史学の領域からそのパラダイムを批判し，新たな歴史
像を構築する動きがあらわれてきた（たとえば Carey, J. W., 1974: 3-
5）。革新主義のジャーナリズム史は，歴史を善悪の闘争そして善
の勝利ととらえる立場であり，そこには歴史のコロラリーとして社
会の進歩の歴史であり，無限の発展を遂げていく社会のイメージが
投影されている（大井，1999b: 11）。それはまた現実のジャーナリズ
ムのコンテクストでは，保守派によって絶えず批判される米国
ジャーナリストのリベラル・バイアスと相い通じあい，権力の番
犬，第4権力といった伝統的な米国のジャーナリズムの役割概念と
響き合うものであった。こうして後に述べるパブリックジャーナリ
ズムに対する主流メディアの態度からも，革新主義のジャーナリズ
ムの思想は支配的であると見なすことができる。
　いうまでもなく革新主義ジャーナリズムは，20世紀初頭の革新
主義の運動と重要な関係をもつ。革新主義の運動において，マック

レーカー（Muckrakers）は腐敗した役人や政治ボスの実態を暴露しただけでなく，彼らが主たる活動の舞台とした雑誌を通じて，そしてまた予備選や他の選挙改革を通じて，市民の権力の拡張を追求し，ヴォランタリーな団体を通じて市民を統合しようとした（Leonard, T. C., 1986: 193）。革新主義は，情報に通じた市民を求め，仕事や恩恵などとひきかえに政治マシーンの候補者に投票する貧しい労働者階級を批判する，教育のあるミドルクラスの運動であった（Schudson, 1998）でもあった。ガンズ（Gans, H.）は，こうした革新主義の運動理解に立って，現代ジャーナリズムのルーツとでもいうべき革新主義ジャーナリズムについて興味深い指摘をする。

　彼によれば革新主義のジャーナリズムは，第1に，市民に情報を提供するのがジャーナリズムの役割という前提から出発する。次いで市民が常にニュースに接していれば市民は情報に通じていると仮定され，さらに市民が情報に通じるようになればそれだけ，民主的討論に参加するようになり，最後に情報に通じた市民がそうした参加をするようになればそれだけ，米国はより民主的になる，という図式を描く（Gans, 2003: 56）。現実はいうまでもなく，その図式通りになっておらず，彼は革新主義のジャーナリズムの問題をこの図式に潜む仮定の問題であると指摘する。要するに革新主義ジャーナリズムは，情報に通じた市民の形成のみに関わるだけで，それによって自動的に民主的討論が起こると考えるのである。

　しかし，革新主義のジャーナリズムは，ケアリー（Carey, J. W.）の「情報モデル」だけでなく「会話モデル」(対話，フォーラム）をも共存させていた。そうした文脈をふまえて，ラッシュ（Lasch, C.）は「情報モデル」の基礎理論たる客観性を攻撃し，デモクラシーが

必要とするのは討論であって情報ではなく，情報は討論の前提条件でしかないと断じ，両者の区別を有名なリップマン–デューイ論争を引き合いに出すことによって，両者の区別を主張した（Lasch, 1990: 1）。すなわち，リップマンは公共的生活における科学と専門性の独立的権威を称揚し，他方デューイはデモクラシーの本質として情報ではなく，参加と会話を主張したのであり，リップマンにとってデモクラシーは専門家，インサイダーそして制度の仕事を承認したり拒否したりする一種の上訴裁判所であり，デューイにとっては生活の方法であり，ベラー（Bellah, R.）の言うような心の習慣であった（Nord, D. N., 2001: 6）。こうして情報と会話，事実とフォーラムは革新主義時代において，前者が後者に取って代わることになったのである。

しかし，革新主義のジャーナリストは決して会話やフォーラムを軽視したわけではなかった。彼らは事実がそれ自体道徳的方向を与えると理解し，その事実の道徳的規範が現実世界との関わり合いから自然にうまれてくると考えていた（Schudson, 1978: 87）。しかしその後ジャーナリストは客観性の言語を選び取り，自らのプロフェッションの倫理を説明するようになったのであり，科学の中立性や公行政の効率性の概念に刺激され，情報モデルは一種の眩さを帯びるようになった（Schudson, 1998: 196–7）。科学の中立性を疑う思考はまだ存在しなかったのである。

リバータリアンやコミュニタリアンはジャーナリズムのフォーラム機能喪失を，保守派は事実の権威喪失を嘆く。その意味で失われたフォーラムの回復は，現代のような相対主義，多元主義そしてポストモダニズムの世界により適切な訴えのように思われる。また革

105

新主義の伝統的なジャーナリズム観にたつ主流メディアが批判する
パブリック（シヴィック）ジャーナリズムもまた，フォーラムの復
活を目標としているように思われる（大井，2004: 54-55）。しかし，
現代ジャーナリズムのフォーラムは思想の開かれた自由な市場では
ないし，公共圏や市民社会をささえる実質をもっているとは言い難
い。ノードによれば，米国のジャーナリズムは一度たりとも黄金時
代をもったことはなかった（Nord, D. P.）(2001: 7)。米国人は常に新
しいジャーナリズムを開拓し，事実とフォーラムの機能を双方使っ
て，自己の利益とイメージで，集団やコミュニティを建設—そして
解体—してきたのである。

引用／参考文献

Altschull, J. H. (1984) *Agents of Power*. Longman.

Bainton, R. (1956) *Here I Stand: A Life of Martin Luther*. Abington Press.

Baldwin, A. (1928) *The New England Clergy and the American Revolution*.
Duke University Press.

Bellah, R. N. and Madsen, R. ed. (1987) *Individualism and Commitment in
American Life*. HarperCollins.（島薗進他訳『心の習慣　アメリカ個人主義の
ゆくえ』みすず書房，1991 年）

Boyd, J. et al. (1950) *The Papers of Thomas Jefferson*, Vol. 2. Princeton
University Press.

Bush, D. (1949) *The Portable Milton*. Portable Library.

Carey, J. W. (1974) The Problems of Journalism History, *Journalism History*,
1: 1.

Cushing, H. ed. (1904) *The Writings of Samuel Adams*. G. P. Putnam's Sons.

Eisenstein, E. L. (1980) *The Printing Press as An Agent of Change*. Cambridge
University Press.

Emery, E. and Emery, M. C. (1984) *The Press and America*, 5 th ed., Prentice
-Hall.

Emery, M. J., Emery, E. and Roberts, N. (1999) *The Press and America*, 9 th
ed., Allyn & Bacon.（大井眞二・武市英雄・長谷川倫子・別府三奈子・水野

剛也訳『アメリカ報道史—ジャーナリストの視点から見た米国史』松柏社,
2016 年)

Foxe, J. (1981) *Foxe's Book of Martyrs*. Springdale.

Frank, J. (1961), *The Beginnings of the English Newspapers 1620-1660*. Cambridge University Press.

Gans, H. (2003), *Democracy and the News*. Oxford University Press.

Juergens, G. (1966) *Joseph Pulitzer and the New York World*. Princeton University Press.

Hunt, G. ed. (1910) *The Writings of James Madison*, vol. 9., G. P. Putnam's Sons.

Lasch, C. (1990) Journalism, Publicity and the Lost Art of Argument, *Gannett Center Journal*, 4 (Spring).

Lee, J. M. (1923) *History of American Journalism*. Houghton Mifflin.

Leonard, T. C. (1986) *The Power of the Press*. Oxford University Press.

Levy, L. W. (1966) *Freedom of the Press from Zenger to Jefferson*. Bobbs-Merrill.

Levy, L. W. (1985) *Emergence of a Free Press*. Oxford University Press.

Lippmann, W. (1931) Two Revolutions in the American Press, *The Yale Review*, 10: 3 (March).

McQuail, D. (1983) *Mass Communication Theory*. Sage Publications. (竹内郁郎他訳『マス・コミュニケーションの理論』新曜社, 1985 年)

McQuail, D. (1991) Mass Media in the Public Sphere, in Curran, J. and Gurevitch, M. eds., *Mass Media and Society*. E. Arnold. (児島和人他訳『マスメディアと社会』勁草書房, 1995 年)

Maier, P. (1980) *The Old Revolutionaries: Political Lives in the Age of Samuel Adams*. Knopf.

Mencken, H. L. (1941) *Newspaper Days*. Alfred Knopf.

Merrill, J. C. (1974) *The Imperatives of Freedom*. Hasting House.

Mott, F. L. (1943) *Jefferson and the Press*. Louisiana State University Press.

Mott, F. L. (1962) *American Journalism*, 3 rd ed., Macmillan.

Nerone, J. C. (1987) The Mythology of the Penny Press, *Critical Studies in Mass Communication*, 4 - 4.

Nerone, J. C. et al. ed. (1995) *Last Rights*. University of Illinois Press.

Nord, D. P. (2001) *Communities of Journalism*. University of Illinois Press.

Norton, M. B. et al. eds. (2001) *A People and A Nation*, 6 th ed. Houghton Mifflin.

Olasky, M. (1991) *Central Ideas in the Development of American Journalism*.

Lawrence Erlbaum Associates.

大井眞二 (1981)「プレスの自由論とその受容過程」『法学紀要』22 巻。

大井眞二 (1985)「ニュースの革命とペニー新聞について」『政経研究』29 巻 2 号。

大井眞二 (1987)「ホレイス・グリーリのジャーナリズム論」『政経研究』32 巻 1 号。

大井眞二 (1993)「センセーショナリズムを考える」『マス・コミュニケーション研究』43 号。

大井眞二 (1995)「ピュリッツァーのジャーナリズム教育論」『社会学論叢』124 号。

大井眞二 (1999a)「メディアの自由の歴史」(田村紀雄・林利隆編 『新版ジャーナリズムを学ぶ人のために』世界思想社)

大井眞二 (1999b)「客観報道の起源を巡って」(鶴木眞編 『客観報道』成文堂)。

大井眞二 (1999c)「メディアの規範理論再考序説」『社会学論叢』135 号。

大井眞二 (2004)「パブリック・ジャーナリズム」(田村紀雄・林利隆・大井眞二編 『現代ジャーナリズムを学ぶ人のために』世界思想社)。

Ryken, L. (1986) *Worldly Saints: The Puritans As They Were*. Grand Rapids.

Schiller, D. (1981) *Objectivity and the News*. University of Pennsylvania Press.

Schudson, M. (1978) *Discovering the News*. Basic Books.

Schudson, M. (1998) *The Good Citizen*. Harvard University Press.

Siebert, F. S. (1952) *Freedom of the Press in England, 1476-1776*. University of Illinois Press.

Siebert, F. S., Schramm, W. and Peterson, P. (1956) *Four Theories of the Press*. University of Illinois Press. (内川芳美訳 『マスコミの自由に関する四理論』東京創元新社 1969 年)

Sloan, W. D. ed. (2000) *Media and Religion in American History*. Vision Press.

Smith, J. (1988) *Printers and Press Freedom*. Oxford University Press.

Steffens, L. (1931) *The Autobiography of Lincoln Steffens*. Harcourt Brace.

Stone, L. (1969) Literacy and Education in England 1460-1900, *Past and Present*, 42 (Feb.).

Stout, H. S. (1986) *The New England Soul: Preaching and Religious Culture in Colonial New England*. Oxford University Press.

第4章　比較ジャーナリズム・スタディーズ

はじめに―比較研究の意義

　いずれの国であれ，ジャーナリズムやメディアを語るときに，われわれが陥りがちであり，しかも問題性すら感じない問題に，「エスノセントリズム（自民族中心主義）」がある。比較ジャーナリズムの問題に取り組み始め，さまざまな国のメディアの特徴，性格などを分析した研究に目を通して気づかされることの第1は，まさにこれであった。当たり前だが，大抵の文献は，単一の国のみを扱っている。しかし，多くの場合それらは一般的な観点から書かれており，しかも，その国で支配的なモデルがあたかも普遍的であるかのように，言及されている事例が意外に多いのである。こうしたエスノセントリックな研究のアプローチは，現に存在するメディアのシステムが，なぜ現実のような構造や特性をもって存在しているか，を問うことを難しくする。言い換えれば，当該社会のメディアシステムの重要な側面が，往々にしてあたかも自然に形成されたかのように見なされているのである。こうしたエスノセントリズムを回避する一つの方法が比較の視座である。あるいは自国のメディアの経験を相対化する視点といってもいいだろう。比較によって自然に思われるものが，実は意外に不自然であったりするのである。われわれは，不自然な側面を問う，概念化する必要性に気づかされるのである。

　たとえば米国では，過去数十年間において，政治報道がシニカルに，あるいはネガティブになった，あるいは選挙報道が争点を中心

として形成されるのではなく，誰が勝つかといった競馬予想的なものになった，といわれる（Patterson, T. E., 1993; Capella, J. & Jamieson, K. H., 1996）。米国のメディア研究者は，概してシニシズムやネガティビズムの形成に関わったと思われる，社会的な事件や政治スキャンダルなどを参照したり，選挙キャンペーンの方法の変化による影響などを明らかにしようとする。しかしながら，これらの傾向は米国だけでなく，西欧先進諸国でも見られるものであり，一定程度日本でも指摘できるとすれば，一国に固有の問題は十分な説明変数にならないことになる。われわれ研究者は程度の差はあれ，ある種の一般化を目指す。そうした時に，自戒を込めて言えば，非常に特殊な説明が求められる問題に，誤った一般化を適用しようとしたりするのである。こうして，比較研究は，ベンディクス（Bendix, R.）が指摘するように，われわれの概念に暗黙的な一般化に対する重要なチェックを提供し，それによってわれわれは，その適用の限界を明確にせざるを得なくなるのである（1963: 552-9）。同様に，ジャーナリズム研究においても，多くの主要な概念について，たとえば，ジャーナリズムの商業化や，ジャーナリズムのプロフェッショナル化などの概念的定義を明らかにし，それらの概念のいかなる側面が現実に変化しているか，そして変化していないかを発見するため，比較分析は極めて有益となるだろう。

1　『比較新聞学』の問題提起と限界

　メディアやジャーナリズムに関する一般化を可能にする一つの方法が，比較研究であり，比較分析である。メディアやジャーナリズ

ムをシステムと捉え，それを比較のパースペクティブにおく研究が
なぜ今日に至るまで，研究の重要な分野になってこなかったかにつ
いては，後で触れることにするが，ここで比較研究や分析の枠組み
を考察する出発点にしたいのが，小山栄三の『比較新聞学』である。

　ここで小山の学譜を詳細に辿ることはしないし，とりわけ当時の
時代拘束的な側面，国策との位置関係などに言及することもしな
い。本章の趣旨と大きく外れるからである。さて，小山は 1935（昭
和 10）年には大著『新聞学』を公刊し，爾来，日本の『新聞学』研
究に大きな影響を与えてきた。その後，彼は 1951 年には原理的な
探求の書として『新聞社会学』を刊行し，そしてその姉妹編として
同年『比較新聞学』を出版した。

　小山によれば，比較新聞学は，「世界各国の新聞の具体的構造と
機能とを，発生史的に記述したものであり，それによって国家形態，
民族生活に基礎をおいている新聞の本質的な存在理由と状態を明ら
かにしよう」とするものであり，その課題は，国際間に存在する『新
聞の構造，機能を分化過程の観点』から取り扱うとするものであり，
新聞を特徴付ける「条件，理念と新聞との間の本質的な関係を明ら
かにしようとする」ことにある，と言う。ここで，小山の論点が，
歴史的把握の視座の重要性と，パーソンズ流の，構造機能主義に立
つシステム論との類縁性を，とりわけ「分化過程」の概念を注目す
べきものとして指摘しておく。

　さらに，小山は，新聞の特徴は，「各時代，各場所の① 教育程度，
② 経済生産，③ 人口密度，④ 国家形態等，によって異なるが，
さらに⑤ 新聞の精神的・政治的意向が，新聞の本質に重大な作用
を及ぼし，新聞に種々の類型を生ぜしめているのである」と考える。

小山によれば，時代や社会が異なれば，新聞は異なるのであり，そうした異なる時代や社会の単なる比較は，比較新聞学ではない，と言う。比較新聞学は，「異質社会に存する種々の新聞現象の相互関係を社会史的観点から対比し，国際間の新聞現象の類似―及びその差異―の発生史的原因を探求し，さらに時間・空間・社会の相違によって惹起される新聞現象の変化過程を類型的に把握し，もって新聞の本質，進化及び社会的意義を法則的に整除しようとするもの」（小山，1951b: 1-2）と言うのである。

　すでに述べたように，ここで，小山の『比較新聞学』が著された時代やその状況について語るつもりはないが，彼の認識つまり「殊に激しき転形期を経験している世界の現状は，新聞界にも鋭く反映し，新聞自体もまた不安定な状態を示している。そこには『開かれた』国家群の新聞と『閉ざされた』国家群の新聞との対立が生じ，時には一夜にして根本的に新聞事情が変貌してしまう」という一説だけを紹介しておく。また小山の言う「新聞」は決して「新聞紙」ではなく，今日的に言えば，ニュースメディアあるいはメディア，時としてマス・コミュニケーションあるいはコミュニケーションの意味で使われていること，を指摘しておく。

　さて，上記の引用から明らかなように，小山は歴史的な把握の視座（発生史）を通じて，比較研究，分析の精緻な枠組みをつくり，新聞の本質に関するある種の一般化を試みていたことは間違いないだろう。その際に重要な分析用具となるのが，新聞現象の「類似と差異」であり，類型的な把握の方法であった。われわれは，類似に注目すれば，差異や変形に敏感になるのである。小山の「類型」が「理想型」であり「理念型」であったことは明らかであったが，小

山は現実には，こうした類型を構築する作業にはいたらず，比較の方法として，あらゆる新聞の「① 外形，② 組織，③ 状態，④ 内容，⑤ 指導的世界観，⑥ 発行目的等，に宿っている特異性と共通性とを抽出，検証」することを選びとったのである。言い方を変えれば，かれは，上記のような細かな項目に関する特異性と共通性の分析を志向したのであり，その意味では個性記述的な方法に従ったのである。そのため，彼の研究は，比較のためのモデルやカテゴリーを構築すること，構造やシステムを分析することに向かわず，新聞の，① 報道的機能，② 指導的機能，③ 娯楽的機能，④ 広告的機能，⑤ 収益的機能，を軸にした，比較機能分析に向かっていくのであった。

　もちろん，小山は，新聞の内的本質と外的形態を規定するのは「精神的・政治的諸力と経済的・技術的諸力」であり，「この二元性から全世界の新聞を観察し類型定立をしなければならない」ことを認識していたし，「新聞構造の文化的・経済的・国家的・国際的意義を把握しなければならない」ことを指摘した。しかし，比較新聞学は，「全世界にわたる広範な資料の収集と該博な知識と犀利な洞察力を必要とする仕事」であり，「独力で行うことは個人の能力の限界を超えている」(小山，前掲）のであった。こうして，今日から見れば，小山は比較研究の概念枠組みの重要な問題を的確に捉えていたが，結局，指摘するような「類型定立」，すなわち比較研究，分析のための，システムのモデルやカテゴリーの「定立」には至らなかったのである。こうした課題が，後の比較研究においてどのように扱われたかを，次に検討していくことにする。

2 『プレスの四理論』の意義と問題

さて，小山の『比較新聞学』から「5年後」，こうしたシステムのモデルやカテゴリー構築に関して，メディアの社会理論として現在に至るも高く評価されている研究，すなわちシーバート（Siebert, et al.）らの『プレスの四理論』（邦訳『マス・コミの自由に関する四理論』）が刊行された。最近ではネローン（Nerone, J. C. et al., 1995）や後で紹介するハリンとマンシーニ（Hallin, D. & Mancini, P., 2004）をはじめとして，多くの論者によって同書にさまざまな批判が加えられるようになってきた。

ところで，今日に至るまで高く評価される『四理論』の側面は，いくつかの角度から指摘することができるが，もっとも重要なのは，メディアをめぐる議論の基礎に関する側面である。米国における，メディアに関する議論を支配してきた法学的アプローチは，さまざまな欠陥をもつが，最大のものは社会におけるメディアの構造や機能に関する理解を困難にしてしまった，という点にある。これに対して，『四理論』は法学的な領域だけでなく，歴史をも包摂するような議論の枠組みを設定するのに，少なくとも成功したように思われる。そしてそれによって，社会におけるメディアを議論するために必要な分析のターミノロジーを提供することができた。その意味で，『四理論』は規範的なメディアの社会理論に大きく貢献した（大井，1999: 36-7）。

こうして『四理論』の枠組みは，その後の理論的営為に継承されてきた。たとえば，メリル（Merrill, J. C. 1974）は，国家とメディアの関係を下敷きにした規範的理論は，本質的に権威主義と自由主義

にならざるを得ず，『四理論』から二つの理論を非本質的として削除されるべきと主張し，他方マクウェール（McQuail, D.）は，『四理論』以後の現実の変化に対応して，「民主的参加」と「途上国」の2理論を付加している（1983）。またアートシュール（Altschull, J. H.）は，「市場」，「マルクス主義」そして「発展途上」のモデルを提示しているが（1984），「市場」モデルが『四理論』の「自由主義」と重なっていることは容易に理解されよう。こうして『四理論』の基本的な枠組みは踏襲されるだけでなく，なお今日的に有効な議論を展開していると評価することができるだろう。

　これに対して，ここ最近の批判を要約すれば，以下のようになる。もっとも重要な批判の論点は，『四理論』を貫くモチーフ，あるいは基本的な理論の側面に関わるものである。第1に，『四理論』は四つの理論を提示しているようにみえるが，実は理論は一つであって，他はカテゴリーないし類型である，という見方である。『四理論』の序章は，次のように極めて重要な指摘をしている。すなわち，「プレスは常にそれが活動している社会の，社会的・政治的構造に応じた形態をとり，色合いを帯びているものだ」。こうした認識が，メディアの社会理論であるとするなら，四つの理論はむしろ別の名称が相応しいものとなる。第2の側面は，理論の定義の曖昧さからうまれる内容次元の問題に関わる。ひとまず，四つの理論を文字通りの理論と受けとめた場合に，現実には分析の軸は一つの理論にあって，他の三つはこの一つの理論から分析されている，とみることもできるのである。一つの理論は，いうまでもなく「自由主義理論（リバータリアニズム）」である。こうしてリバータリアニズムよりも実際には広義のリベラリズムの方が適切なタームであるが，

『四理論』の第 1 の基本的仮定は，このリベラリズムのメディア理論がもっとも重要な理論である，ということであり，実際にもこのリベラリズムによって立つターミノロジーによって，他の三つの理論が考察されているのである（Nerone et al., 1995: 2-15）。

こうして，自由主義，権威主義，社会的責任，ソヴィエト共産主義の『四理論』は，メディアの社会理論としては，疑問符がつけられるようになったが，四つの「理論」をメディアのシステムないしモデルと見なすことは可能であり，現実にこの四つのシステムないしモデルは，米国，英国及びソ連のメディアを分析した上で構築されたように見え，『四理論』は世界中で比較の枠組みとして広く利用されている。しかし，『四理論』は，メディアシステムが現実に活動する方法の分析をほとんど含んでいないのである。つまり『四理論』は，メディアが現実に他の制度，集団及び社会における利益とどのように相互に作用しているかについてよりむしろ，プレスは何であるべきか，何をなすべきかについてしか語っていないのである。現実のメディア分析に適用することができない，まさに規範的な「理論」であったということができるのである。

こうした問題を含んでいるが，『四理論』の基本的なテーマは，比較研究の出発点として重要な問題を提起している。『四理論』は冒頭で「ごく簡単にいうと，本書の背後にある問題は，何故プレスは現在のようなものなのか？何故プレスは明らかに異なる目的に奉仕をし，異なる国で非常に異なる形態をとっているのか？例えば，ソ連のプレスと米国のプレス，あるいはアルゼンチンのプレスと英国のプレスが非常に異なっているのは何故か？といった問い掛けである」(Siebert et al., 1956: 1) と述べている。比較研究はまさにこう

116

した問い掛けに答える学問的な営為といっていいだろう。

3　比較政治コミュニケーション研究―参照点

　さて遅くなったが，ここで本章の狙いを明らかにしておこう。周知の通り，日本のジャーナリズムは，アジア太平洋戦争後，米国の非常に大きな影響の下，再出発した。ジャーナリズムの客観性概念一つとっても，その影響の痕跡を辿ることができるだろう。しかしながら，最近の欧州ニュースメディアの比較研究に従えば，米国ジャーナリズムの大きな影響を受けて，欧州でもアメリカンジャーナリズムの発明ともいうべき「客観性の原理」が取り入れられている（類似）ものの，その意味するものは国によって大きな変異（相違）を示している（大井，2003: 125）。こうした知見は，日本のジャーナリズムの客観性概念にいかなるインプリケーションをもつだろか，こうした相違は一体何に由来するものであろうか。また，アメリカンジャーナリズムにおける，選挙キャンペーンコミュニケーションのプロフェッショナル化が，欧州でも進行しているといわれるが（たとえば，Holtz-Bach, 2004），日本ではどうであろうか。一般的に，国際的なこうしたジャーナリズムの収斂の過程が起こっているといわれる。つまり初期のアメリカ化の過程をはじめとして，ジャーナリズムのグローバル化，同質化，近（現）代化あるいは世俗化といった傾向（Hallin, D. & Mancini, P., 2004: 25-44）が生じているが，そうした収斂の傾向を生み出す要因は何か。

　本章は，こうした傾向を分析する枠組みを検討し，類似と相違の背後にある問題，類似と相違を生む出す要因を明らかにしようとす

るものであり，近年かなりの進展を示している比較政治コミュニケーション（メディア）研究の成果を参照にしながら，小山栄三の『比較新聞学』を受けて，比較ジャーナリズム研究の新たなパラダイムを構築しようとする試論的な議論の提供を目的としている。

　ところで，比較の方法は19世紀後半以来社会理論の発展にとって基本的に重要であったが，奇妙にも，比較は，ジャーナリズムはもちろん，コミュニケーションの分野でほとんど役割を果たして来なかった。比較研究の伝統は何故これほど長く，発展しなかったのだろうか。周知の通り，米国で発展したコミュニケーションやマス・コミュニケーション研究は，メディアシステムレベルの分析よりむしろメディア効果の研究に焦点を絞り，『四理論』に続く世代の大半の研究は，より大きな社会及び政治制度の中の，制度としてのメディアに関してではなく，個々のメディアメッセージが個々のオーディエンスの態度や信念にどのように影響を与えたか，に関するものであった。米国のコミュニケーション研究はまた，プロフェッショナルな教育がしばしば支配的なコンテクスト，つまりジャーナリズムスクールを舞台として発展した。米国のジャーナリズムスクールは，ジャーナリズムはどのような活動がなされるべきかの規範モデルを伝える目的に向けられ，比較研究はあまりにも相対主義的で，この観点から実際的ではないように思われた。特に英米の教育者は自分たちがジャーナリズムを実践する正しい方法を知っていると信じており，他のメディアモデルを究明するよりむしろ，これを他の世界に伝えることに関心をもっていた（Blanchard, M. A., 1986）。比較研究の実質的な伝統がコミュニケーション研究において出現し始めたのは，最近のことに過ぎず，そして他の理由

から，政治や政治社会学の研究者がメディアへの関心をもち始めたのも最近のことに過ぎない（Hallin, D. & Mancini, P., 2005）。

4 比較政治コミュニケーション研究の枠組み

すでに述べたように，コミュニケーション（メディア）における比較研究は，『四理論』以後さしたる進展を示さなかったが，1975年，ブラムラー（Blumler, J. G.）とグレヴィッチ（Gurevitch, M.）は，比較ジャーナリズム研究に重要なインプリケーションをもつ研究を始めた（1975）。彼らは，比較政治コミュニケーション研究の分野がいかに立ち遅れているかを明らかにして，極めて興味深い比較コミュニケーション研究の概念枠組みを提示した。

ブラムラーとグレヴィッチによれば，持続的な比較アプローチの発展を阻害する主たる障害は，第1に，不十分な測定方法，原始的な理論といった，ある程度，社会科学の全ての部門に固有の欠点を反映する。たとえば，不十分な測定法について，さまざまな国に見いだされるコミュニケーション構造を解明する政治的インディケーターの不足である。確かに，人口千人あたりの日刊紙発行部数，ラジオ受信機とTVを所有する世帯の割合，人口千人あたりの映画館の座席数，電話の普及，一人あたりの国内及び国外の郵便数，一人あたりの国内電報などは，単にコミュニケーション施設や取扱いの「量」を測定するに過ぎないし，それらのインディケーターは，政治的というわけではなかった[1]（前掲：165-6）。第2に，比較政治コミュニケーションに関する理論的問題の持続的議論の欠如が大きな障害となった。結果的に生まれた真空によって，理論的な発展に

119

つながるような研究が行われず，場あたり的な研究が乱立すること
になった（前掲：165）。

　ブラムラーとグレヴィッチは，こうした障害を克服する戦略とし
て，「政治とメディアの構造：リンケージの四つの次元」を措定す
る。つまり，彼らは，それに沿ってメディア制度と政治制度の関係
が変化する一連の次元を考え出したのである。こうした戦略によっ
て，異なる国の政治的コミュニケーションの構造を説明することが
でき，それらの構造が政治的メッセージの生産，受信などに及ぼす
結果を仮説的に明らかにすることができる，と主張するのである。
四つの次元は，① メディア組織に対する国家統制の程度，② マス
メディアの党派性の程度，③ メディア-政治エリートの統合の程
度，そして④ メディア制度を正当化（合法化）する信条の性格，
である（前掲：171）。以下四つの次元を要約する。

▎メディア組織に対する国家統制の程度

　一見すると，メディア組織に対する国家統制の程度を概念化する
ことは，それほど難しい作業ではないように思われるが，意外に多
くの扱いにくい問題が存在する。それらの問題を分類し，分析し，
整理した上で，ブラムラーとグレヴィッチは，国家統制の程度を，
① メディアスタッフの任命に対する統制，② メディア企業の資金
調達に対する統制，そして③ メディア内容に対する統制，として
概念化した。

　メディアスタッフに対する任命統制は，政治的に信頼できる個人
をメディアの内部に配置させることを保証することで，メディアを
従属させる強力な道具になりうる。この種の統制は，政治的任命の

120

権利と，メディアスタッフの選択に政治的基準が関係する，という二つのエレメントから構成される。この統制は，英米のようなプレスの自由に敏感なリベラルジャーナリズムが支配的な国では，あまり見いだされず，対照的にある種の欧州大陸システムでは，国家介入のより強力な権利が存在し，エグゼクティブのポストや監督機関に政治家が当てられる（前掲：173）。

アートシュールによれば，ジャーナリズムの世界には，「メディア内容は常に，メディアに金を出す人の利害関心を反映する」という「第2の法則」(1984: 15) が存在する。笛を吹く人に金を払う人が，楽曲を決定する，という原理でもある。メディア企業の資金調達に対する統制もまた，メディアを国家に従属させる強力な手段である。この統制は，メディア組織の収入源に従って，異なって機能する。直接的に政府の資金に依存するメディア組織は，この統制を最も受けやすい。メディアの収入源が顧客にある，たとえば新聞のような場合でも，新聞用紙の補助金，減額される郵便料金，弱体な新聞を強化する意図の政府補助金，によって援助される。こうして異なる国のメディアシステムは，①それらの収入源の政府との近接性，②非政府的な収入源に対して政府が合法的支配力を維持する程度，そして③自由に資金を配分する際に，政府機関が享受する自由裁量の程度，に従い，連続帯の上に位置づけられる（Blumler & Gurevitch, 1975: 174）。

政治的な，「メディア内容に対する統制（control over media content）」は，継続的な，間接的な統制がより重要である。検閲たる直接統制は，ある意味でシステムの失敗の徴候であるからである。理論的に興味深いのでは，国家のもつ制裁の役割である。国家

は，その背景的存在を通じて，メディアアウトレットに先だって，あるいはメディアアウトレットを準備する間に，ジャーナリストの行動や態度に影響を与えることができる。こうして政治コミュニケーションシステムを，統制の程度の連続帯に位置づけようとするなら，① 規制に服する内容の全体的な範囲，② こうした規制に固有な特異性の程度，そして③ 統制システムは，直接どの程度政治機関自身によって直接運営されるか，あるいは疑似司法的規制機関やコミュニケーション評議会のような中間的団体によって運営されるか，などが問題になろう（前掲：174-5）。

▎マスメディアの党派性の程度

　メディアと政党の関係を視野に入れた政治コミュニケーション構造の第2の次元は，メディアの「党派的コミットメントの程度」である。この次元の参考となるのは，シーモア-ジュア（Seymore-Ure, C.）の「プレス-政党平行現象」の概念である。それは，① 政党の，マスメディア所有・経営への参加，② 新聞の編集政策，③ 読者の政党所属，の三つの基準に基づく（1974: 35-45）である。しかしながら，メディア党派性の決定要素は，実際数多く存在し，① 政党との何らかの組織的関係，② 編集コミットメントの安定性と強度，そして③ 個々の政党を支援するメディアの権利に関する法的抑制（禁止）の存在または不在，といった決定要素が考えられる。ブラムラーとグレヴィッチは，これらを結合して，メディア党派性の5つのレベル，すなわち，① 最高度の党派的関与（たとえば，スカンジナビア諸国やオランダ），② 自発的に定着した党派性（たとえば，英国の保守党と『デーリー・テレグラフ（The Daily Telegraph）』の関

122

係），③ 条件付きの党派性，④ アドホックな予想されない党派性，そして⑤ 非党派性（政治的中立性，たとえば法律やチャーターで義務づけられる），を措定する（Blumler & Gurevitch, 1975: 175-6）。

メディア‒政治エリートの統合の程度

すでに紹介した二つの次元は，メディアと政治の「フォーマルな」関係性に着目しているが，メディア‒政治エリートの統合の程度は，それらの間の「インフォーマルな」関係性，メディアエリートと政治エリートの間の統合の程度に焦点を当て，そしてそれを通じて，双方の方向における影響の流れがマネージされる「インフォーマルな」メカニズムを焦点化する意図が込められている。この次元の焦点は，二つの構造的に分化されたエリートの間で見いだされる，政治的親近感と社会‒文化的近接性の程度である。一般的に欧米の大半の政治システムでは，メディア組織は，ある程度政治制度と構造的に分化される。しかし，この構造的分化はしばしば，①両者のエリートが共有する社会的・文化的背景，②両者のスタッフのオーバーラップ（たとえば，両者のリエゾンオフィサー），③同じクラブ，サークルにおけるインフォーマルな相互作用，によって埋められるのである（Blumler & Gurevitch, 1975: 176-7）。これらのインフォーマルな接触や関係性は，異なるエリート間の相互理解を促進し，時には見解や問題解決法の同調を生み出すかもしれない。

メディア制度を正当化する信条の性格

一般的に，ジャーナリズムのプロフェッショナリズムは，記者，コメンテーター，プロデューサーまたはメディア幹部が，「外部的」

利害関係の圧力から「距離をおくこと」，あるいは，内部的に生み出されたそのプロフェッション自体の規範への忠誠，といったことを意味する。こうした外部からの隔離を促進する信条は，①読者・視聴者へのサービス優位（政治機関へのサービスよりも），②プロフェッショナルなスキル修得の重視，③番犬機能の信念，④メディアスタッフの政治家への敵対的スタンスの重視，そして，⑤公平公正性，客観性のような政治的真実の普遍主義的基準へのコミットメント，などによっておそらく，多元的に構成される[2]（Weaver et al., 2007）。こうして，ある程度，ジャーナリズムのシステムは，その基礎にある正当化信条の程度によって分類されうるだろう（Blumler & Gurevitch, 1975: 177）。

　ブラムラーとグレヴィッチは，さらに理論的課題として，マスメディアと政治の構造的リンケージから生まれる結果へと議論を進め，分析の対象として，① 政治自体の評価，② 党派的コミットメントの程度，③ 政治的アジェンダの構造，の三つの効果領域を措定する（前掲: 178-84）。また，未開拓であった比較政治コミュニケーション研究にとって，優先的な研究活動の領域として，① インベントリーの拡張と国の分類，② 他の批判的用具の増強，③ メディア制度内の参加観察，④ モデルの検証，といった実際的な課題を示唆し，試論的な検証を進めている（前掲: 184-88）。こうして，われわれの次なる課題は，彼らの先駆的問題提起は，その後どのように受け止められ，どのような発展（未発展）の経緯を辿っていったかを，明らかにすることになろう。

124

5 比較政治コミュニケーション研究の現状

エサーとフェッチ（Esser, F. & Pfetsch, B.）は，すでに述べたブラムラーとグレヴィッチの先駆的研究以後の，比較政治コミュニケーション研究の現状を極めて適切に評価し，そして発展を図るべく，潜在的に有力であり，かつ魅力的な方法を提案している（2004）。以下，主として二人の議論に従いながら，研究の現状と将来の展望を検討し，比較ジャーナリズム研究にとってのインプリケーションを考察することにしたい。

すでに述べたように，1975年ブラムラーとグレヴィッチが，国際的比較のパースペクティブに適応するような政治コミュニケーション研究を促したとき，彼らはほんのわずかな研究にしか言及できなかった。当時，コミュニケーション研究に隣接する政治学のような社会科学においては，比較アプローチは十分な発展を示していた。その意味で，ジャーナリズムやコミュニケーション研究における比較研究の無視は非常に甚だしかった（前掲：3）。ここでは，そうした等閑視の理由を詳細に問わないが，グレイバー（Graber, D.）の「政治コミュニケーション形態は文化の間で異なり，そのことは，異なる文化的パースペクティブから政治コミュニケーションを分析することを必要かつ有益とする」(1993: 305) という指摘にわれわれは今一度耳を傾けるべきであろう。

21世紀において，政治コミュニケーションを取り巻く環境は大きく変化した。国家を単位とする文化的な，または言語的な境界内で定義される現象としての政治コミュニケーションの概念化は，破綻を期待したといって良いだろう。それ故，今日の政治コミュニ

ケーション研究の課題は，政治過程の近（現）代化とグローバル化から生まれる発展とその結果に取り組むことによって，その一部に立ち向かうことができよう。たとえばノリス（Norris, P.）は，国際比較のアプローチによって，メディア発展とコミュニケーションの構造と過程が，① デモクラシーの発展，② 政治権力の正当化（合法化），そして③ 政治への参加に，システマティックにインパクトを与えていることを指摘する（Norris, 2004: 115–50）。

　ところで，エサーとフェッチが指摘しているように，比較研究は，一般化可能なコミュニケーションのパタンやその結果を追求して，政治だけでなくメディアコミュニケーションにおける，暗黙的な前提やナショナルな特異性からの抽象を要求する。この視点に立つと，二つの重要な，比較テーマが浮かび上がってくる。テーマとしての傑出性の理由の一つは，技術的，社会的，政治的変化の結果としてのメディア，メディア内容，そして政治コミュニケーション過程の同質化について，ますます関心が高まっていることにある。それは，アメリカ化，グローバル化及び近（現）代化のような収斂の概念に関する論争をもたらした。もう一つは，メディアの，現代デモクラシーに対する逆機能的効果に対する懸念が高まっていることにある（Esser & Pfetsch, 2009: 10）。その懸念は，具体的には，メディアを通じて，重要な政治的イベントや問題に関する人びとの認知に影響を与え，それを統制しようとする競争的闘争に関わる「現代政治パブリシティ過程」（Blumler & Gurevitch, 1995: 84）に関する懸念である。メディアが，政治パブリシティ過程を支配するかもしれないという懸念は，政治コミュニケーションの構造，アクター，メディア内容及び効果に関する研究を大きく刺激した。以下この二つ

126

のテーマを通して，比較政治コミュニケーションの現状を見てみたい。

▮ アメリカ化，グローバル化，現代化

　エサーとフェッチによれば，メディアシステムの収斂とメディア内容の同質化の概念は，「アメリカ化」の過程への関心によって刺激された（Esser & Pfetsch, 2004: 11）。われわれが目の前にするメディア構造と実践の種類から見て，あるいはメディアの他の社会制度との関係変化から見て，同質化はかなりの程度，はじめ米国で発展した形態に向かうメディアの収斂であった，というハリンとマンシーニの主張は首肯できよう。しかし，初期にアメリカ化として措定された傾向は，政治コミュニケーションの徴候と実際のパタンにのみ関わる，大部分表面的なもので，政治システムの制度やメディアの組織や役割及び政治アクターは無視されている。こうして，ハリンとマンシーニは，政治コミュニケーションの変化は，アメリカ化ではなく，もっと大きな，もっと複雑な「グローバル化」の概念に帰されることを主張する（Hallin & Mancini, 2004: 25-8）。コミュニケーションの現代的手段の広範にわたる統合は，一国のアクターが他国（たとえば米国）の実践に自らを方向付け，そしてその戦略を採用することを促進する。しかし，ますます同質化するグローバルなコミュニケーションシステムを特徴づける構造と行動のパタンの多くは，一国のアクターが，自身の経済的・政治的過程に根ざす理由のためにそうするのであり，しばしば重要な方法で修正するのである。

　政治コミュニケーションの変化に関するパースペクティブの決定

127

的なシフトは，これらの変化を，外生的な影響の結果として考察する代わりに，それぞれの国の内生的な原因に帰すのである。「近（現）代化」や「世俗化」の概念に従うアプローチは，政治，社会及びメディアシステムにおける長期の，普遍的な構造的変化に着目する。こうして政治コミュニケーションの発展は，社会の基本的な変化の結果を示し，それらはコミュニケーションシステムの三つの不可欠の座標—政治アクター，メディア及び公衆—を変えてしまった，という視点が導き出される（Esser & Pfetsch, 2004: 12）。こうした枠組みに立つ比較政治コミュニケーション研究は，それぞれ三者の変化の過程に焦点を絞り，考究を進めるのである。

現代政治パブリシティ過程

第2の大きなテーマ「現代政治パブリシティ過程」は，政治コミュニケーションの交差国家的発展に取り組む多くの研究の共通分母といえるかもしれない（前掲: 13）。原因を文化的普及の外生的要因に見いだすか，現代欧米デモクラシーの変化の内生的要因に見いだすかどうかに関わりなく，マスメディアは政治コミュニケーションの変化に対する独立の変数である，という命題といっていいだろう。この命題に対して，政治コミュニケーションの，① 構造，② 過程，③ アクターと内容，④ 効果，に関する一連の比較研究が生まれてきた。ここでは，過程と構造に焦点を当てた研究のインプリケーションを検討する。

第1の政治コミュニケーションの構造は，ノリスによれば，民主的発展にポジティブな効果をもちうるために，一連の基本的条件を充たさねばならない。ノリスは，世界の135か国において，① メ

128

ディアシステムの異なる構造的条件，② 良き統治のインディケーター，③ 人間的発展のインディケーターの間の相関をテストすることで，この基本的条件を検証しようとした。その分析結果は，① 民主的政府，② 人間的発展，及び③ メディアシステムの間の，規範的に仮定されるポジティブな関係性は，① 独立した自由なプレスの条件，② 全ての市民に開かれた多元主義的アクセスの条件，を充たす国のみに，あらわれることを実証している（Norris, 2004）。

第2の政治コミュニケーションの過程において，欧米デモクラシーにおけるメディアコミュニケーションのロジックとメカニズムは，政治の領域におけるメディアのますます増大する侵入性をもたらし，結果的に，すでに述べた「現代政治パブリシティ過程」の出現を促進することになった。この過程への関心は，影響力を追求する多くの政治アクターによって共有され，政治におけるメディアの中心性の認識をもたらした。比較研究の強みの一つは，交差国家的なパースペクティブにおいて，この現代政治パブリシティ過程を説明する概念と知見を提示することにあるだろう。たとえば，クリージは（Kriesi, H.），この過程の表れを「オーディエンス・デモクラシー」として特徴づけ，いかなる政治的パブリシティ戦略が，いかなる条件の下で成功するか，を議論し，それによってトップダウンの戦略，メディア戦略及びボトムアップの政治アクターの戦略を差異化するモデルを奨励する（2004: 184-212）。

▌ 比較コミュニケーション研究の展望

エサーとフェッチの編著は，現代政治パブリシティ過程のさまざまな側面が，① アメリカ化，② 近（現）代化及び③ グローバル

化のシナリオに基づき究明されてきたことを示している。これらの
究明は，比較政治コミュニケーション研究の展望が，多くの比較の
対象についての研究の蓄積にではなく，将来の研究のための一般的
な概念枠組みを発展させることを狙った，大胆な知的な戦略にある
ことを示している。こうした展望のための可能な出発点は，比較の
パースペクティブにおける政治コミュニケーションは，構造的で文
化的な次元をもつシステムであり，政治コミュニケーションの構造
は，マクロ及びメゾレベルの政治システム及びメディアシステムの
制度的及び文化的コンテクストに関わる，という認識であろう。も
し政治コミュニケーション過程が，アクターの行動と構造的コンテ
クストの相互作用として概念化されるとするなら，その場合，比較
研究は洞察のためのかなりのポテンシャルを提供するはずである。
つまり，疑似実験的デザインの観点から，構造的な，コンテクス
チュアルな条件を変え，アクターの方向付けと行動が，これらのコ
ンテクストの関係で，どのように整合的に説明されるかを問うこ
と，このことが求められているのである（Esser & Pfetsch, 2004:
18)。

　このことに関連して，グレヴィッチとブラムラーが，比較政治コ
ミュニケーションの将来のコースとして指摘しているのは，政治文
化の重要性である。「比較コミュニケーション研究が，文化の比較
研究の部分集合と見なされ得るのとまさに同様に，比較政治コミュ
ニケーション研究も，異なる社会における政治文化とその政治コ
ミュニケーションへのインパクトの検証と見なされるべきだろう」
(Blumler & Gurevitch, 2001: 335)。彼らは，政治文化によって影響さ
れる政治コミュニケーションの側面を例証的に示している。それら

は，① 政治的メッセージのエンコーディング，② 政治文化と政治のボキャブラリー，③ 政治的メッセージのデコーディングに対する抑制，④ 政治文化とジャーナリズムの文化，⑤ メディア制度と政治制度の相互関係性，⑤ 市民とエリートの相互的な関係（前掲：336-7）である。

ブラムラーとグレヴィッチは，さらに批判的な議論を欠いている比較政治コミュニケーションの概念的な枠組みの問題を取りあげ，主導性をもつ概念枠組みを要約している。それらは，① 政治権力からのメディアの，従属性または自律性，② メディアの経済権力からの従属性または自律性，③ 政治コミュニケーションにおけるジャーナリストの役割，④ 選挙ニュースでポジティブな報道を確保しようとする政治家の活動，⑤ 政治ニュースのソース・アクセスに与える影響，そして⑥ 政治コミュニケーションシステムの全体的な組織と作動における変化のソースなどに関する概念枠組みである（前掲：339-40）。これらの印象的なリストによって，われわれは，これらの枠組みの離散性や，もっと包括的な比較理論への統合の欠如ではなく，マートン流の「中範囲の理論」の必要性に気づかされる。

多くの研究者が，そのナショナルな殻を破り，共通する研究関心を協同的に追究し，発見された類似と相違のシステミックな説明を求め，彼らの知見と結論を他の研究者のそれと比較するようになれば，批判的議論という理論的交流はもっと自然に，当たり前の，そして生産的なものになるかもしれない（前掲：341）。われわれは，こうした議論の生産的な機会を，そして比較ジャーナリズム研究の枠組みにとってきわめて有益な示唆を，ハリンとマンシーニの三つ

の「メディアシステムモデル」の枠組みに見いだすことができるだろう。

6 メディアシステムの比較研究

われわれが『四理論』の問題を乗り越え，1975年の先駆的なブラムラーとグレヴィッチの研究，それから30年後の，彼らの比較政治コミュニケーション研究の現状評価，あるいはエサーとフェッチの比較政治コミュニケーションの展望などを踏まえ，現実に利用可能な「メディアシステム」の比較研究，分析を試みようとするとき，非常に参考になるのが，ハリンとマンシーニの極めて野心的な研究である（Hallin & Mancini, 2004）。二人は，他の論者と同様に，『四理論』を批判するだけでなく，新たな比較研究の非常に興味深い枠組みを提案し，北米を含めた西欧社会という限定付きではあるが，実際に分析を試みているのである。彼らによれば，比較の方法は19世紀後半以来社会理論の発展にとって基本的であったが，メディアやコミュニケーション研究の分野はメディアシステムよりむしろメディア効果論に傾斜し，『四理論』に続く世代の大半の研究は，より大きな社会及び政治制度の中の，制度としてのメディアに関してではなく，個々のメディアメッセージが個々のオーディエンスの態度や信念にどのように影響を与えたかに焦点を絞ってきた。

ハリンとマンシーニによれば，社会理論における比較分析は，概念の形成と説明及び因果論的な推論に重要な意義をもっている。第1に概念の形成と説明によって，変形と類似に敏感になり，それによってわれわれは概念装置を洗練されたものにすることができ，第

第4章 比較ジャーナリズム・スタディーズ

2に，多くの場合，比較によって，さまざまな社会現象の間の相互関係性に関する仮説を検証することができるからである（前掲：2）。すなわち，第1に，メディアに関する研究は大抵，単一の国の経験のみを扱う。しかしそれらの研究は，一般的な観点から分析と説明を進め，当該国で支配的なモデルがあたかも普遍的であるかのように記述する。その意味で，大半のメディア研究はエスノセントリックとなる傾向がある。このため，メディア研究者は，『四理論』のような「何故プレスは現在のようなものなのか？何故プレスは明らかに異なる目的に奉仕をし，異なる国で非常に異なる形をとっているのか？例えば，ソ連のプレスと米国のプレス，あるいはアルゼンチンのプレスと英のプレスが非常に異なっているのは何故か？」といった問題の立て方をしなくなる。メディアシステムの重要な側面が「自然なもの」と仮定されたり，またある場合には当たり前すぎて全く認識されなかったりする。

　比較は，われわれがよく知っているメディアシステムを「不自然にする（denaturalize）」から，比較によってわれわれは，そのメディアシステムのいかなる側面が説明を求めているかをもっと明確に概念化せざるをえなくなる（前掲：3）。こうして，比較分析は第1の理由として自身のそれを含め，当然視されたり，焦点が唯一つのナショナルな事例に絞られたりしているときに探知するのが難しい，メディアシステムのさまざまな側面に注目を惹きつける能力をもっている。

　比較によって変形に敏感になり得るとすれば，それはまた類似性に敏感となりうるし，それによってわれわれは，メディアシステムをどのように説明するかについてもっと明確に考えざるを得なくな

133

る。たとえば米国では，過去数十年間で政治家のメディアカバレージはますますネガティブになった。われわれは典型的に，選挙キャンペーンの方法の変化だけでなく，ベトナムやウォーターゲートのような歴史的事件を参照することでその変化を説明する。しかしこの傾向は米国に固有のものではない。実際，西欧デモクラシーの至るところで事実上普遍的なのである（前掲: 3）。

比較が社会調査において重要な第2の理由は，多くの場合比較によって，さまざまな社会現象の間の相互関係性に関する仮説を検証することができる，ということにある。かつてデュルケーム（Durkheim, É）は，「われわれは，一つの現象がもう一つの現象の原因であると示すたった一つの手段をもっている。それは同時に存在または不在する事例を比較することである」（1965: 223）と書いた。もちろん，デュルケーム的な意味で，「社会学的規準」を発見する努力をとりまく，多くの認識論的な論争が存在する。説明は，原因と結果の明確な確認，「従属」変数と「独立」変数を必要とすると信じる研究者もいれば，必ずしも原因と結果に必ずしも分離されえない，社会現象の共進化のパタンを確認する観点から考える研究者もいる。

ここで，比較の枠組みを提供しようとする非常に興味深い研究例を取りあげてみよう。ジェフリー・アレグザンダー（Alexander, J.）は，米国の自律的なジャーナリズムのプロフェッショナリズムの特殊性の説明を試みた。彼の仮説の一つは，「労働者階級の政党と結びつく労働新聞が，米国では大衆的規模にはまったく出現しなかったことが極めて重要」というものである（1981: 31）。さらに，彼は米国のプレス史と仏国と英国のそれとを対照させ，米国における労

働新聞の不在が，自律的なプロフェッショナリズムの発展を説明するという，極めて興味深い主張を提示する。ハリンとマンシーニによれば，アレグザンダーが研究対象とした国を超えた比較分析を通じて，こうした仮説を退けることができるのである。北欧諸国において，強力な労働新聞と強力なジャーナリストのプロフェッショナルな自律性がともに発展した多くの例が存在するからである（Hallin & Mancini, 2004: 4）。

　ハリンとマンシーニは，こうした予備的作業を踏まえ，比較分析がメディアシステムとその社会的政治的セッティングとの間の関係性を区別整理する手助けとなる大きな潜在的可能性をもっているとし，以下のようなメディアシステムの比較研究，分析の枠組みを作り出し，実際に適用して見せたのである。彼らは具体的には，一方に政治史と政治システムをおき，他方にメディアシステムをおき，それらの間の重要な関係性を示そうと試みたのである。また彼らは，両者を単に独立変数，従属変数の因果的な関係としてみるべきではないことを指摘する。つまり，彼らは，政治システムとメディアシステムの間の関係は，他の社会構造とメディアシステムの共進化（co-evolution）＝系統的には関係のない複数の生物体が相互に関連しあって同時に進化すること」の観点から考察することを提案したのである（Hallin & Mancini, 2005: 216-7）。

▌比較分析のフレーム：メディアシステムモデル

　ハリンとマンシーニは，西欧及び北米の18か国のメディアシステムに関する比較分析を行い，三つのメディアシステムモデル，南欧の「分極的多元主義（Polarized Pluralist）」，中欧・北欧の「民主

的コーポラティズム（Democratic Corporatist）」，北米と英国の「リベラル（Liberal）」を提示した（Hallin & Mancini, 2004: 10–11）。もちろん，彼らは，三つのモデルのそれぞれに属する国々が必ずしも同質的ではないことを承知しており，これらのモデルは「理想（理念）型」であり，こうしたモデル設定の試みによって，類似点だけでなく相違点を認識できる利点をもっていると考えるのである。また彼らは，個々のメディアシステムは，内部的に同質的ではないことに注意を促す。この点は重要であって『四理論』の問題を克服する視点といっていいだろう。

　マクウェールが指摘するように，「大半の国では，メディアは，単一の目的あるいは哲学をもつ，何らかの単一の『システム』を構成するのではなく，多くの別々で，重なり合い，しばしば首尾一貫しないエレメントから構成されるのであり，規範的期待や現実の規制に特有の相違点がある」（McQuail, 1983: 133）。つまり，「現実のメディアシステムは，異なる歴史的または構造的コンテクストで発展した様々なエレメントを含み，異なるロジックまたはメディアシステムの異なる部分間の分業に従い，作動する」（前掲: 11）。

　言うまでもなくメディアシステムはスタティックなものではありえず，メディアシステムの歴史的ルーツを振り返ることなしに，何故メディアシステムが現在のようなものになっているかを理解することができない。ハリンとマンシーニは，そうした視座に立ち西欧および北米のメディアシステムの発展における特殊な段階を考察の対象として重視する。彼らによれば，三つのモデルは1940年代から1980年代にもっとも明確であり，これらのメディアシステムは数世紀の間，主として国民国家を基礎に組織された。こうして二人

は，比較のための分析単位として国民国家を採る（前掲：12）。1980年代以降のメディアを取り巻く環境の激変，メディア構造の大規模な変容によって，メディアの世界ではさまざまな領域において，ボーダレスな状況が生まれてきている。グローバル化，商業化及びその他の諸力によって，ナショナルなメディアシステムは，一世代前と比べると，余り明確ではなくなってきている。今後のメディアシステムの比較研究にとって，これらの変化をどのように概念化するか，が重大な論点になるだろう。

　さて，ハリンとマンシーニは，以上のような比較研究の前提を明らかにした上で，メディアシステム比較のための具体的な分析の枠組みを提示した。彼らの分析の枠組みは，それぞれのモデルに属する国々の政治の「歴史」，「構造」及び「文化」を下敷きにして，組み立てられたものであり，とりわけ彼らは政治の「歴史」を重視する（Hallin & Mancini, 2005: 223-4）。

　彼らの比較の対象は北米及び西欧のメディアシステムであるから，分析の枠組みはそれらが効果的に比較されうるものでなければならない。彼らが重視する四つの主要な次元の変数，① メディア市場の発展，② 政治的平行現象，③ ジャーナリズムにおけるプロフェッショナリズムの発展，④ 国家のメディアシステムへの干渉の性格と程度，である。

　第1の「メディア市場の発展」という変数は，当該国では，特に大衆的新聞が強力に発展しているか，それとも大衆的新聞は未発達か脆弱で，支配的な新聞はエリート向けの比較的小部数の新聞なのか，が分析の軸となる。彼らによれば，これらのパタンは，19世紀後半に出来上がり，経済発展や政治構造の劇的な変化にもかかわ

137

らず持続してきたのであり，社会の発展，新聞の歴史そして政治，
社会生活において新聞が果たした役割の異なるパタンを反映する，
という。

　第2の「政治的平行現象」は，メディアと政党の関係の程度と性
格，またもっと広義には，当該社会のメディアシステムと政治的対
立を反映する程度に関わる。今日，ほとんどの新聞は単一の政党に
対する明確なアイデンティティをほとんどもたなくなっているが，
たとえば中道右派，中道左派の新聞といったように，依然としてメ
ディアシステムと政治のある種の平行現象を見いだすことができ
る。彼らによれば，この平行現象は「ジャーナリストのキャリアパ
タン」や「読者層や視聴者層のパタン」，メディアのディスコース
と党派政治のディスコースが一致する程度を含め，「ニュース内容」
の性格に示される，という。

　第3の「ジャーナリズムにおけるプロフェッショナリズムの発
展」は，扱いが厄介な概念だが，彼らは，① ジャーナリストの自
律性の程度，② 他と異なるプロフェッションの規範やスタンダー
ドの拘束性の程度，③ 公共の利益に奉仕していると見なされる程
度，を指標と考える。ジャーナリズムのプロフェッショナリズムは
時として，ジャーナリズムのユニオン，プロフェッショナルな協会
及び新聞評議会のような公式の制度に表現される。

　第4の「国家のメディアシステムへの干渉の性格と程度」は，当
該国によって非常に異なるだけでなく，歴史的にも著しく変化す
る。たとえば，大抵の欧州諸国は公共放送システムを発展させたが，
他方で米国はナショナルレベルで1967年までこうしたシステムを
全くもたず，依然としてメディアシステムとしてはマイナーなもの

にとどまっている。また，若干のシステムには，メディアに対する広範な国家助成があるが，全くないシステムも存在する。放送の規制が政党と関わる場合もあれば，中央銀行と同じように，より自立的でプロフェッショナル化されている場合もある（Hallin & Mancini, 2005: 218-9）。

ところで，こうしたハリンとマンシーニの分析枠組みが，比較政治コミュニケーションの先駆的研究，つまり，1975年のブラムラーとグレヴィッチの研究のそれと，極めて類似した分析枠組みであることが了解されるだろう。繰り返すと，ブラムラーとグレヴィッチは1975年に，比較分析の四つの次元，すなわち，① マスメディア組織に対する国家統制の程度，② マスメディアの党派性の程度，③ メディアと政治エリートの統合の程度，及び④ メディア制度の正当化信条の性格，を提起した。彼らの①はハリンとマンシーニの「国家のメディアシステムへの干渉の性格と程度」に，②と③はハリンらの「政治的平行現象」に，そして④はハリンらの「国家のメディアシステムへの干渉の性格と程度」に対応していると，考えることができるだろう。

ハリンとマンシーニは，これらの分析概念及び変数を使って，三つのメディアシステムモデルを比較分析しており，ここでは詳細に紹介する時間的な余裕はないが，メディアシステムレベルの「比較」の名に値する試論的試みと評価することができる。彼らのモデル分析は，北米及び西欧という，もっとも類似したシステムデザインに基づいており，「四理論」のそれとは比べものにならない「実証的」「経験的」分析の豊かな可能性を示している。しかし，彼らの枠組みがどの程度，他の世界に適用可能か，といえば，彼らの認めてい

るようにかなり難しいだろう（前掲：231-2）。しかし，彼らのモデルや分析枠組みや変数は，比較の論点としてある程度のレリバンスをもっているといって良い。彼らの言うところの「リベラル」モデルが世界中で，支配的なモデルになるような状況が生まれている。また，グローバル化のさまざまな力学の中で，規範的なモデルとして，現実に異なる政治的文化的コンテクストにおいて，かなりの修正を受けながらも，大きな影響を及ぼしている。

　大半の世界では，南欧におけるように，資本主義とリベラルデモクラシーは遅れて発展し，そして政治的分極化はしばしば強力であり続けている。おそらく民主的コーポラティズムのエレメントは余り普通に見いだされないだろうが，多くのシステム，特に東アジアのシステムには，多くの平行現象が存在するかもしれないが，そこでは集団主義的な文化的政治的伝統が強力である。ある種の東アジア諸国は，北欧諸国と，非常に高い新聞普及率をもつという特質を共有する（前掲：233）。結論的に言えば，彼らの研究は，メディアシステムを分類する一連のカテゴリーとしてよりむしろ，比較分析の方法，メディアシステムと，政治史，政治構造及び政治文化とメディアシステムの関係についていかに考えるか，について重要なインプリケーションをもっていると評価していいだろう。比較ジャーナリズム学の新たな概念枠組みや，パラダイムを構想するとき，これらの点に重要な示唆が含まれている，と考えられるからである。

日本のジャーナリズムの焦点化

　いうまでもなく，ジャーナリズムは，さまざまなコミュニケーション形態の一つである。ジャーナリズムを担う媒体はニュースメ

ディアである。筆者は，かつて「マス・コミュニケーションとのレリバンスを考慮し，そしてある種の操作的定義であることを認めつつも，別の視点からジャーナリズムを定義してみたい…ジャーナリズムは『ニューステクストの収集から，編集，制作，流通へと連なる生産過程』である。ここで重要なことは…ジャーナリズムはマス・コミュニケーションと同様に過程である，という視点である…過程と捉えるのは，ジャーナリズムをマス・コミュニケーションの一部として把握しようとする意味であり，ジャーナリズムを捉え直す際にマス・コミュニケーション研究とのレリバンスを見いだそうという意図にほかならない」(大井，2004: 40-1) と書いた。本章はその意図を具体的に展開するための作業である。また，日本のジャーナリズムを比較分析のパースペクティブにおき，「何故日本のジャーナリズムは現在のようなものなのか？ 何故ジャーナリズムは明らかに異なる目的に奉仕をし，異なる国で非常に異なる形をとっているのか？」を明らかにする予備的な，序論的研究である。範例としたのは，近年飛躍的な発展を示している「比較政治コミュニケーション研究」であり，その成果を批判的に検証することで，ジャーナリズムの比較研究の新たなパラダイムの検討を試みる，それが本章の意図であった。

　ジャーナリズムは定義的に必ずしも「政治的」ではない。しかし，デモクラシーとの関わりの中での，ジャーナリズムの役割定義は「政治的」である。こうして「比較政治コミュニケーション」研究の豊かなインプリケーションは，比較ジャーナリズム学にとって，「豊饒の角」となるはずである。

註

1) この当時，さまざまな国に，個人の選挙コミュニケーション行動に関する
世論調査アーカイブが存在したが，政治的メッセージ接触を測定するため
の項目は，標準化されておらず，そのため国境を超えた比較ができなかっ
た。Blumler, Jay G. and Michael Gurevitch（1975）"Towards a
Comparative Framework for Political Communication Research," Chaffee,
Steven H. ed., *Political Communication*, Sage Publications. : 165- 6 参照。

2) Weaver, David H. et al.（2007）*The American Journalist in the 21st
Century*, Lawrence Erlbaum Associates を参照のこと。Johnstone et al.
（1976）The News People Urbana, Illinois University Presss 以来，米国で
は，ジャーナリストの役割概念に関する，時系列的な調査がなされ，比較
分析が可能な概念化がなされてきた。

引用／参考文献

Alexander, J. C.（1981）The Mass News Media in Systemic, Historical, and
Comparative Perspective, in Katz, E. and Szecko, T. eds., *Mass Media and
Social Change*. Sage.

Altschull, J. H.（1984）*Agents of Power*. New York: Longman.

Anderson, B.（1983）*Imagined Community*. Verso.（白石隆・白石さや訳 増補
『想像の共同体』NTT 出版，1997 年）

Baldasty, G. J.（1992）*The Commercialization of News in the Nineteenth
Century*. University of Wisconsin Press.

Barnhurst, K. and Nerone, J.（2001）*The Forms of News: A History*. Guilford
Press.

Bendix, R.（1963）Concepts and Generalizations in Comparative Sociological
Studies, *American Sociological Review*, 28（4）: 532- 9 .

Bennett, W. L.（1990）Towards a Theory of Press-State Relations, *Journal of
Communication*, 40: 103-25.

Benson, R. D.（1998）Field Theory in Comparative Context: A New Paradigm
for Media Studies, *Theory and Society*, 28: 463-98.

Blanchard M. A.（1986）*Exporting the First Amendment: The Press-Government
Crusade*. Longman.

Blumler, J. G. and Gurevitch, M.（1975）Towards a Comparative Framework
for Political Communication Research, in Chaffee, S. H. ed., *Political
Communication*. Sage Publications.

Blumler, J. G. and Gurevitch, M. eds.（1995）*The Crisis of Public Communication.*

London: Psychology Press.

Blumler, J. G. and Gurevitch, M. (2001) 'Americanization'Reconsidered: U.K.-U. S. Campaign Communication Comparison Across Time, in Bennett, L. W. and Entman, R. M. eds., *Mediated Politics: Communication in the Future of Democracy*. Cambridge University Press.

Blumler, J. G., McLeod, J. M. and Rosengren, K. E. eds. (1999) *Comparatively Speaking: Communication and Culture Across Space and Time*. Sage.

Bourdieu, P. (1998) *On Television*. The New Press.

Boyd-Barrett, O. (1977) Media Imperialism: Towards an International Framework for the Analysis of Media Sytems, in Curran, J., Gurevitch, M. and Woolacott, J. eds., *Mass Communication and Society*. Arnold.

Capella, J. and Jamieson, K. H. (1996) News Frame, Political Cynicism, and Media Cynicis, *Annals of the American Academy of Political and Social Science*, 564: 71-84.

Chalaby, J. K. (1996) Journalism as an Anglo-American Invention: A Comparison of the Development of French and Anglo-American Journalism, 1830s-1920s, *European Journal of Communication* 11, 3: 303-26.

Cook, T. E. (1998) *Governing with the News: The News Media as a Political Institution*. University of Chicago Press.

Curran, J. (1978) The Press as an Agency of Social Control: A Historical Perspective, in Boyce, G., Curran, J. and Wingate, P. eds., *Newspaper History: From the Seventeenth Century to the Present Day*. Constable.

Curran, J. and Seaton, J. (1997) *Power Without Responsibility: The Press and Broadcasting in Britain*. Routledge.

Curran, J. and Park, M. J. (2000) *De-Westernizing Media Studies*. Routledge.

Dogan, M. and Pelassy, D. (1984) *How to Compare Nations: Strategies in Comparative Politics*. Chatham House.

Durkheim, E. (1965) *The Rules of Sociological Method*.（宮島喬訳『社会学的方法の規準』岩波書店 1978 年）

Edelstein, A. S. (1982) *Comparative Communication Research*. Sage Publications.

Eisenstein, E. (1979) *The Printing Press as an Agent of Change*. Cambridge University Press.

Esser, F. and Pfetsch, B. eds. (2004) *Comparing Political Communication: Theories, Cases, and Challenges*. Cambridge University Press.

Gans, H. (1979) *Deciding What's News: A Study of CBS Evening News, NBC Nightly News, Newsweek and Time*. Pantheon.

143

Gitlin, T. (1980) *The Whole World Is Watching: Mass Media in the Making and Unmaking of the New Left*. University of California Press.

Graber, D. (1993) Political Communication: Scope, Progress, Promise, in Finifter Ada, W. ed., *Political Science: The State of the Discipline*, Part Ⅱ. Oxford University Press.

Hackett, R. A. and Zhao, Y. (1998) *Sustaining Democracy? Journalism and the Politics of Objectivity*. Garamond Press.

Hallin, D. and Mancini, P. (2004) *Comparing Media Systems*. Cambridge University Press.

Hallin, D. and Mancini, P. (2004) Americanization, Globalization, and Secularization: Understanding the Convergence of Media Systems and Political Communication, in Esser, F. and Pfetsch, B., *Comparing Political Communication*. Cambridge University Press.

Hallin, D. and Mancini, P. (2005), Comparing Media Systems, in Curran, J. and Gurevitch, M. eds., *Mass Media and Society*, 4 th ed. E. Arnold.

Hall, S., Chrichter, C., Jefferson, T., Clark, J. and Roberts, B. (1978) *Policing the Crisis: Mugging, the State, and Law and Order*. Macmillan.

Hallin, D. C. (1986) *The "Uncensored War": The Media and Vietnam*. Oxford University Press.

Hallin, D. C. and Papathanassopoulos, S. (2002) Political Clientelism and the Media: Southern Europe and Latin America in Comparative Perspective, *Media Cuture & Society*, 24 (2): 175-95.

Hardt, H. (1979), *Social Theories of the Press: Early German and American Perspectives*. Sage Publications.

Herman, E. S. and Chomsky, N. (1988) *Manufacturing Consent: The Political Economy of Corporate Capitalism*. Pantheon.（中野真紀子訳『マニュファクチャリング・コンセント　マスメディアの政治経済学１．２』トランスビュー，2007 年）

Holtz-Bacha, C. (2004) Political Campaign Communication: Conditional Convergence of Modern Media Elections, in Esser, F. and Pfestch, B. eds., *Comparing Political Communication*. Cambridge University Press.

Kernell, S. (1986) *Going Public: New Strategies of Presidential Leadership*. Congressional Quarterly Press.

Koss, S. (1981) *The Rise and Fall of the Political Press in Britain*, 2 Vols. University of North Carolina Press.

Kriesi, H. (2004) Strategic Political Communication: Mobilizing Public Opinion in 'Audience Democracy,' in Esser, F. and Pfetsch, B., *Comparing Political*

Communication. Cambridge University Press.

小山栄三 (1935)『新聞学』三省堂。

小山栄三 (1951a)『新聞社会学』有斐閣。

小山栄三 (1951b)『比較新聞学』有斐閣。

Laitila, T. (1995) Journalistic Codes in Europe, *European Journal of Communication* 10（4）: 527-44.

Levy, L. W. (1985) *The Emergence of a Free Press*. Oxford University Press.

Liiphart, A. (1971) Comparative Politics and the Comparative Method, *American Political Science Review*, 65（3）: 682-93.

Luhmann, N. (2000) *The Reality of the Mass Media*, Stanford University Press.

McChesney, R. W. (1994) *Telecommunications, Mass Media & Democracy: The Battle for Control of U.S. Broadcasting, 1928-1935*. Oxford University Press.

McQuail, D. (1983) *Mass Communication Theory: an Introduction*. Sage.

McQuail, D. (2005) McQuail's Mass Communication Theory, 5 th ed., Sage.

Merrill, J. C. (1974) *The Imperatives of Freedom*. Hasting House.

Negrine, R. and Papathanassopoulos, S. (1996) The 'Americanization' of Political Communication, *Harvard International Journal of Press/Politics*, 1（2）: 45-62.

Neveu, E. (2001) *Sociologie du journalism*. La Decouverte.

Nerone, J. C. et al. (1995) *The Last Rights: Revisiting Four Theories of the Press*. University of Illinois Press.

Nimmo, D. and Mansfield, M. W. (1982) *Government and the News Media: Comparative Dimensions*. Baylor Univeristy Press.

Norris, P. (2004) Global Political Communication: Good Governance, Human Development, and Mass Communicaiton, in Esser, F. and Pfetsch, B., *Comparing Political Communication*. Cambridge University Press.

大井眞二 (1999)「メディアの規範理論再考序説」『社会学論叢』135 号。

大井眞二 (2003)「マス・コミュニケーションとジャーナリズム」(鶴木眞編『コミュニケーションの政治学』慶應義塾大学出版会)。

大井眞二 (2004)「マス・コミュニケーションとジャーナリズム」(田村紀雄・林利隆・大井眞二編著『現代ジャーナリズムを学ぶ人のために』世界思想社)。

Patterson, T. E. (1993) *Out of Order*. Knopf.

Picard, R. G. (1984) Levels of State Intervention in the Western Press, *Mass Communication Review*, 11（1 - 2）: 27-35.

Putnam, R. D. (1973) *The Beliefs of Politicians: Ideology, Conflict and*

Democracy in Britain and Italy. Yale University Press.

Pye, L. W. ed. (1963) *Communications and Political Development*. Princeton University Press. (NHK 放送学研究室訳『マス・メディアと国家の近代化』日本放送出版協会 1967 年)

Reese, S. D. (1990) The News Paradigm and the Ideology of Objectivity: A Socialist at The Wall Street Journal, *Critical Studies in Mass Communication*, 7 : 390-409.

Sartori, G. (1976) *Parties and Party Systems*: *A Framework for Analysis*. Cambridge University Press. (岡沢憲芙・川野秀之訳『現代政党学』早稲田大学出版部, 1980 年)

Schiller, H. I. (1969) *Mass Communications and American Empire*. Beacon Press.

Schudson, M. (1978) *Discovering the News: A Social History of American Newspapers*. Basic Books.

Swanson, D. and Mancini, P. eds. (1996) *Politics, Media, and Modern Democracy*. Praeger.

Seymour-Ure, C. (1974) *The Political Impact of Mass Media*. Sage Publications.

Siebert, F. S., Peterson, T. and Schramm, W. (1956) *Four Theories of the Press*. University of Illinois Press. (内川芳美訳『マスコミの自由に関する四理論』東京創元新社, 1959 年)

Tuchman, G. (1978) *Making News*: *A Study in the Construction of Reality*. Free Press. (鶴木眞・桜内篤子訳『ニュース社会学』三嶺書房, 1991 年)

Underwood, D. (1993) *When MBS Rule the Newsroom*: *How the Marketers and Managers are Reshaping Today's Media*. Columbia University Press.

Weaver, D. H. et al. (2007) *The American Journalist in the 21st Century*. Lawrence Erlbaum Associates.

Weaver, D. H. ed. (1998) *The Global Journalist: News People Around the World*. Cresskill, Hampton Press.

Weaver, D. H. and Wilnat, L. (2012) *The Global Journalist in the 21st Century*. Routledge.

第5章

第5章　客観性原理の研究
―米国ジャーナリズム史から

1　問題の所在

　1911 年に公刊された米国のジャーナリズムの教科書から引用を
してみたい。セントルイス・ポスト–ディスパッチ紙のワシントン
支局で長らくジャーナリストを経験した後に，ジャーナリズムス
クールの教育者に転じたチャールズ・G・ロス（Ross, C. G.）が説
くところの，ニュース記者の心得に関するくだりである。またステ
ンサス（Stensas, H. G.）によれば，ジャーナリズムのコンテクスト
で，客観性という言葉がはじめて使用された例であるという
（Dicken-Garcia, 1989: 282）。

　「ニュース記者は雇われる新聞の代理人である。より広義には，
彼はまた公衆の代理人である。公衆は日々の出来事の情報に通じて
いるために新聞に依存している…ニュース記者の視点は，偏見のな
い，しかし抜け目ない観察者のそれでなければならない。彼は記事
に対して開かれた心であたらねばならない。そして記者は自身の選
好や意見によって粉飾されない事実を記録しなければならない。そ
の日のニュースの論評は，論説欄の機能である。論評はニュース欄
にしめるべき位置を全くもたない。自身の好悪を故意に記事に入れ
る記者は，彼が使用する紙面の持ち主たる雇用者に対する誓約を破
り，新聞を買う公衆との誓約を破っている…ニュースの執筆にあ
たっては『私見を交える』ことが許されないという意味で客観的で

147

なければならない」(Ross, 1911: 17-8, 20)。

　繰り返すけれども，1910 年代に出版された本である。当時の米国のジャーナリズムにおいて，たとえばニュースの客観性をはじめとして，編集権の所在，記者の社会的役割，記者のニュース記事に対する態度やスタンス，ニュースと意見の分離，新聞記者の責任といったモメントがどのように考えられていたか，言い換えれば当時のジャーナリズムの概念の一端をうかがい知ることができて非常に興味深い。確かにその通りであるけれど，同時に大きな驚きや疑念も湧いてくるのである。それは，二つの側面からなる大きな問題，つまり 100 年以上前に出版された教科書に書かれている「記者の心得」が，なぜそれほど古びたものになっていないように思われるのかと，そうであればなぜ陳腐化しなかったのか，ということに関わる問題である。この後のおよそ 1 世紀は，二度にわたる世界大戦を含み，さらには東西イデオロギーの対立と崩壊といった歴史的大事件を経験した時期であり，同時に市場経済やビジネスの大きな変化が見られた時期であり，加えて幾重にもわたるメディアを含めた大きな技術革新の波が押し寄せた時代であり，それらの出来事が社会のさまざまな領域の変化に大きな影響を及ぼしたことを振り返ってみると，そうした思いは一層深くなるのである。一見すると，ジャーナリズムの基本的な原理は大きな変化を被らなかったのように思えるが，もしそうであればなぜそうであったのか，という疑念が湧いてくる。

　ロスは，ニュース記者は「偏見のない，しかし抜け目のない観察者」でなければならない，「開かれた心で」記事にあたらねばなら

ない，「自身の選好や意見に粉飾されない」事実を記録しなければ
ならない，ニュース記事は「客観的」でなければならないと述べて
いる。これらは，広い意味で，現代ジャーナリズムの原理たる客観
報道の規範のさまざまな局面に関わる言説である。言い換えれば，
ジャーナリストの，取材に望む態度，記事作成にあたっての姿勢，
あるいは記事内容のあるべき理想をといったものを語っている。ロ
スの指摘に限らず，少なくとも20世紀の米国ジャーナリズムの支
配的な潮流に従えば，ジャーナリストは事実の報告において「客観
的」でなければならず，また「客観的」であることが期待されてき
た。通常この規範的要求は，ジャーナリストは報道する事実，つま
りニュースに自らの個人的なバイアス，感情，解釈およびその他の
「主観的」要素が入り込まないようにすべきである，ということを
意味した（Cohen, 1992: 156）。こうした考え方にたつと，ジャーナ
リストの仕事は事実を報道することであって，もちろん事実をつく
りだすことではない，ということになる。

　しかしこの命題は極めて簡潔にみえるが，明確性や単純性の故
に，さまざまな問題を覆い隠してしまう危険性をもっている。認識
論上の議論を含めてそれ自体さまざまな問題をはらんでいるだけで
なく，現実に規範的命題に則った活動を行おうとするとき，さらに
方法論の問題をも包蔵しているのである。第1に大きな問題は，
ジャーナリストは，事実を報道する際に，果たして自分自身の主観
性を乗り越えることができるか。できる場合にはどの程度それが可
能であるのか，ということになろう。言い換えれば，ジャーナリス
トが事実を報道しようとするとき，彼らのそうした行為は，個人の
認識のありよう，対象とすべき「外部の世界」，事実それ自体，あ

るいは価値の性質に関わらざるを得ず，またそれぞれの間の関係性すら問題になるであろう。また，ジャーナリズムの世界にあって，客観性は達成すべき目標なのか，それともそれとは別にもっと大きな目的達成のための手段にすぎないのか，という疑問も提起されよう。それらの難問をひとまず措いても，ジャーナリストは客観性の報道原理にいかに対応すべきかの，実践上の課題が大きく立ちはだかってくる。すなわち，ジャーナリズムの客観性が達成可能な目標であるならば，客観報道を実現するために，いかなる手続き，方法をとるべきかという現実の，実践レベルの，時には一般化の極めて困難な状況的判断に関わる課題が浮上してくるのである。

　しかしこうしたさまざまな問題にもかかわらず，ジャーナリズムは客観的たるべきという信念は，現代の米国において社会の隅々まで浸透しているのである。大半の市民は，客観性あるいはその対極に位置すると考えられるバイアスの概念を，報道機関の政治的，イデオロギー的役割と結びつけニュースメディアの活動を批判したり擁護したりする（Tucher, 1994: 202-3）。また放送事業者は，そのガイドラインに客観性概念を奉じている。またニクソン政権で副大統領をつとめたスピロ・アグニューのメディアの「リベラルイデオロギー」批判のように，時には政治家によるメディア批判の根拠として援用される。そしてもちろん，米国の大抵のジャーナリストは，客観性の基準に責任があると考えている。ジャーナリストは必ずしもその活動が客観的たるべきとは思っていないにしても，その信念は一般化しているのである（大井, 1996: 73-5）。マス・コミュニケーションやジャーナリズムの研究者も例外ではない。彼らは，研究を組織する概念としてバイアスや客観性の基準を利用しているのであ

る。すなわち，多くのニュースの内容分析は，ニュース・カバレージの客観性を評価しようとする試みといっても過言ではない。こうして客観性は，現代米国ジャーナリズムのシンボルであり，要石となっているのである（Schudson, 1978: 7）。

米国社会に広く行き渡っているこの客観性の概念は，一体何に由来するものであろうか。いかなる理由で生まれたのか。客観性の概念はいかなる意味をもっているのか。後に見るように何故イデオロギー化，神話化したのか。客観性の基準はいかなる内実をもつものであろうか。こうした問題提起は問うのはたやすいが，こたえるのが非常に困難であることを認めた上で，もしこうした広範な疑問にこたえようとするなら，米国におけるジャーナリズムの歴史，そして現代のコミュニケーション理論の基本的な側面を検証する必要があろう。

さて，ここで本章のいくつかの基本的立場を明らかにしておきたい。第1に，従来の日本の「ジャーナリズム論」に見られるように，規範的理論の立場から，ジャーナリズムの基準からの逸脱としてジャーナリズムの活動を批判するつもりはない。むしろすでに述べたようにこうした規範がいかなる経緯で形成されたか，それがいかなる機能を果たしているか，を明らかにしたい。第2に，ジャーナリズムの客観性は，歴史的に形成されてきた概念であり，その意味で，歴史的検証が必要とされる課題である。とくに以下論じるように，問題の一部は，広い意味でのジャーナリズムの歴史解釈（とりわけ革新主義解釈）にあると考えられる。そこで米国ジャーナリズム史のコンテクストにおいて，すでに述べた問題，特に客観報道の起源を巡る問題を考えてみたい。

2. 革新主義解釈と客観性

▌19世紀ジャーナリズム史の到達点

　植民地時代に始まる米国のジャーナリズムの歴史は，19世紀に入ってようやく本格的な歴史書が書かれるようになる。1810年にトーマス（Thomas, I.）によって『アメリカにおける印刷の歴史』が出版されて以来，19世紀中に同書を含めて重要な2点の史書が，歴史家や社会科学者ではなく，ジャーナリズム経験者によって公刊された。ジャーナリストによって書かれたという事実は，後に重要な意味をもつことになることを指摘しておこう。ところで，これらの著書は，その後のジャーナリズム史の流れを俯瞰したとき，歴史の方法，記述のスタイル，対象，アプローチを含めて，後世のジャーナリズム史研究に及ぼした影響の点で，極めて重要な意味をもつものであった。はじめに通史の試みを始めたトーマスは，印刷屋，編集者，発行者，戦時宣伝家，独立革命における愛国派の闘士，アメリカ好古学会の創立者にして会長という人物で，当時にあってはじめて書かれるジャーナリズムの歴史に挑戦するにふさわしい人物であった。彼の史書の特徴は次の三つの点に見られる。第1に，彼は，革命期に至るまでさまざまな活字メディアを扱ったが，特に新聞を本や雑誌と異なるものとして区別をした。第2に，彼は，後のいわゆる「偉人理論（great man theory）」と称されるアプローチを開拓した。各州各都市ごとに，個人の生涯やジャーナリズムへの貢献に焦点を絞り，技術や社会的背景よりも，変化や革新を「生み出した」個人に注目した。ハースト（Hearst, W. R.）やピュリッツアー（Pulitzer, J.）のようなジャーナリズム界の傑物が米国のジャーナリ

152

ズムを形成した，という，後に主流となるジャーナリズム史解釈の
出発点を記すことになった。第3は，歴史叙述にとって重要なこと
は，歴史を解釈するというよりむしろ物語を語り（ナラティブ）そ
して事実を記録することと考える視点である。そうした歴史へのア
プローチは，結果的にジャーナリズムの興亡史という性格を宿すこ
とになった。これは19世紀のジャーナリズム史書と20世紀のそれ
と興味深い対照をなす特徴であった。

　第2の，重要な史書はハドソン（Hudson, F.）の1873年刊『合衆
国におけるジャーナリズム』である。ハドソンは，19世紀のジャー
ナリズム界の大立者ベネット（Bennett, J. G.）の下でニューヨーク・
ヘラルド紙の編集局長をつとめた人物である。彼の著書は，トーマ
ス以後の変化の増補版という性格をもつ一方で，ジャーナリズム史
において重要な革新を記すことになる。すなわちジャーナリズムの
歴史をニューヨークの新聞（とくに「偉人」）が主導する，言い換え
ればニューヨークの新聞に起こった革新が全国に波及する，という
のちの「ニューヨーク・ワシントン中心主義」，米国のジャーナリ
ズムをモノリシックに捉える視点を提供したのである。

▌ 革新主義解釈の問題点

　20世紀に入って試みられる通史は，19世紀とは明らかに異なる
側面をもつことになる。米国の歴史学一般の影響を受けて，これま
でのナラティブと記録という歴史に変化が生じて，ホウィッグ解
釈，革新主義解釈と称される，ある意味では歴史観の変化がジャー
ナリズム史の領域でも生じてくるのである。また，伝統的にジャー
ナリズムの現場で行われてきたジャーナリスト養成（on the job

training）に変化が生じてくる。第2の側面に関して，コロンビア大学にジャーナリズムスクールをつくろうとするピュリッツアーの試みに象徴されるように，20世紀の初頭から米国においては，大学におけるジャーナリズム教育が本格化してくる。そうした大学教育の普及・発展と結びついて，史書刊行の目的の一部に教科書として利用される側面が入ってくるのである。その意味で1917年刊行のジャーナリスト経験者のリー（Lee, J. M.）による『アメリカ・ジャーナリズム史』は，20世紀に入ってジャーナリズム学部の教授によってはじめて書かれた史書として重要である。アプローチや方法論はトーマスのそれに極めて近いが，ジャーナリズムの発展を漸進的だが着実な進歩と捉え，その発展の度合いは，原始的な段階から時の経過や新技術の利用可能性の増大に従い加速して成熟の段階へと移っていくという視点は，ジャーナリズム史の進歩主義解釈とは多少異なるホウィッグ解釈ともいうべきものであった。これは第1の側面の変化であった。

　20年代に書かれたペイン（Payne, G. H.）の『合衆国のジャーナリズム史』は，ジャーナリズム史を善悪（good vs. evil）の闘争の歴史と見る革新主義解釈の始まりを画する史書であった。そこで描かれる善玉は，自由とデモクラシーの支持者たる新聞とジャーナリスト，悪玉は，利己的目的のために自由とデモクラシーを解体しようとする勢力，という極めて単純化された図式である。ペインの革新主義解釈を踏襲しつつ現代的解釈をほどこし，トーマスの創始した「偉人」アプローチとハドソンの「ニューヨーク・ワシントン中心主義」を統合したのは，ブライヤー（Bleyer, W.）の『アメリカ・ジャーナリズム史の主潮流』であった。彼によれば，ジャーナリズ

154

ム史の「偉人」は，時代の精神の源であり，支配的な思想や行動の源ということになる。

　モット（Mott, F. L.）の『アメリカのジャーナリズム』と版を重ねること9版にいたったエメリー（Emery, E.）らの『プレスとアメリカ』（邦訳『アメリカ報道史』）は，1940年代以来今日に至るまで，米国ジャーナリズム史のメインストリームをなしている。両書とも「偉人」解釈に近いが，他方で革新主義解釈にたった発達の時代区分を構築し，特にモットの『アメリカン・ジャーナリズム』の，包括的な史料の発掘と整理というクロニクルの側面，広範な史資料を収めるレファレンスブックの側面は極めて貴重である。一方エメリーらの著書は，ジャーナリズム史を米国史のコンテクストにおき，ジャーナリズムと社会の相互作用を視野におさめている点で類書と著しい対照をなしている。

　こうした史書の流れから了解されるように，米国のメインストリームのジャーナリズム史は革新主義解釈に染め上げられてきたが，1970年代に入って，ジャーナリズム史の「パラダイム」を批判し，新たな歴史像を構築する動きが，あらわれてきた。歴史学一般ではそうしたパラダイムの危機は，少なくとも第2次世界大戦後に認識されるようになったが，ジャーナリズム史にはこれまでと同様のタイムラグがあった。ジャーナリズムの革新主義の解釈は，すでに指摘してきたように，歴史を善悪の闘争，そして善の勝利と捉える立場であり，そこで語られる歴史は当然のコロラリーとして，社会の進歩としての歴史であり，無限の発展を遂げていく社会というイメージが投影されている。たとえば，エメリーらに従えば，善は，自由，デモクラシー，平等，リバータリアニズムと見なされ，

悪は，抑圧，アリストクラシー，不平等，オーソリタリアニズムとして退けられるべきものと見なされる。こうしたジャーナリズム史解釈は，マッカーンズ（McKernes, J.）に従えば，そのパラダイムの中に新しい歴史理解の生じる余地を全くなくしてしまうことになる。たとえば革新主義は，保守主義を克服されるべき害悪としか見ないので，米国社会に対して，ジャーナリズムが，いつの時代にも存在する有力な保守主義思想をいかに支え，いかに伝えたかといった視点は，革新主義解釈では扱うことができないのである（1977: 88-92）。

1974 年にケアリー（Carey, J. W.）によって指摘されて以来（1974: 3-5），こうした革新主義解釈のもたらす問題は，その克服を目指す研究を促し，ジャーナリズムの社会史，文化史，あるいはコミュニケーション史などの修正主義的解釈を生み出すことになった。修正主義にたつ研究は，ジャーナリズムやジャーナリストだけでなく読者公衆を対象にしたり，非主流プレスを重視したりするオルタナティブな研究を志向する。また，政治的コンテクストの中だけでなく，文化的勢力・文化的制度としてまたより大きな社会構造の中の制度的要素としてジャーナリズムを研究しようとする野心的な試みもなされるようになった。しかしながらこうした新しいジャーナリズム史の模索にもかかわらず，メインストリームの革新主義支配は今なお続いているのである（Folkerts, J., 1991: 6）。

さて，こうしたジャーナリズム史の隅々まで浸透している革新主義的解釈と客観性の問題である。とりわけこの問題は，近代デモクラシーにおけるジャーナリズムの役割という問題に収斂する。すなわち近代デモクラシーが機能する制度的な前提と大きく関わってい

るのである。簡単に要約すると以下のようになる。近代の議会制デモクラシーの原理にあっては、主権者たる公衆は、常に政治情報に精通していること、そして入手した必要かつ十分な情報に基づき賢明な政治的意見を形成することを前提にしている。その上で公衆は、重要な論争や政策に関して公衆たるにふさわしい態度、判断そして行動をとることが要求される。賢明なる意見、態度、判断そして行動をとるために、こうしたデモクラシーの制度的枠組みの中では、公衆は正確で、バランスのとれた、フェアで、公正中立な情報を必要としている。誰がこの情報を提供するのか。こうして、デモクラシーを機能させるために、客観的な情報を公衆に絶えず供給する機関の存在は、デモクラシーの制度に組み込まれた制度的前提なのである。ジャーナリズムに帰せられる、権力のチェック機関あるいは統治の第4部門、番犬機能あるいは国民の知る権利への奉仕といった役割は、デモクラシーがその機能を十全に発揮するためのものといえるだろう。

　しかし、20世紀に入ってこうした楽観的なデモクラシー観は急速に幻滅に変わっていく。市場やビジネスは大きく変貌し、公衆は幻と化しデモクラシーの制度信仰が急速に薄れたとき、それら自体の成り行きは、ジャーナリズムの客観性にも衝撃を与えずにはおかなかったはずである。しかしすでに述べたように客観性は今なお命運を保っているのである。なぜか。この問題に性急に立ち入る前に、客観性の起源を巡る歴史的検証を通して、別の角度から問題の所在を見てみよう。

3．客観性の起源をめぐる論争

▌AP 起源説

　米国ジャーナリズム史においては，客観性の起源をめぐっていくつかの説が主張されている。第1は，AP などの通信社の報道スタイルに客観報道の原型を求める，AP 起源説とでもいうべき議論である。第2は，ペニー新聞のいわゆる「ニュースの革命」に遡源して客観報道の出現をみる，ペニー新聞説である。それぞれの主張を歴史的パースペクティブから検討してみよう。

　第1の AP 起源説は，ジャーナリズム史において少なくとも1980 年代まで，通説ともいうべき地位を占めていた。この見解は，米国社会の「工業化と都市化」にルーツを求めるブランケンバーグら（Blankenberg, W. & Walden, R., 1977: 591）の立場をはじめとして，とくに 19 世紀半ばの技術革新たる電信の発明にもとづき設立された通信社が客観性を発達させ，その方式は非党派的な，バイアスのない報道形態を目指す新聞に取り入れられた，といった解釈をとる[1]。それは，ジャーナリズム史によく見られる技術決定論といっていいだろう。また客観性に関して，複数の顧客に画一的なサービスを提供することによって，コストを軽減することができた，といった商業性に着目した主張もなされる。こうした立場の中で，比較的初期に影響力をもった議論は，シーバート，シュラムそしてピーターソンの『プレスの四理論』に見いだすことができる。共著者の一人シーバートは，自由主義論の中で，客観報道の理論は，「19世紀のある時にはじまり，20 世紀の最初の四半期に米国および英連邦において広く歓呼の中で迎えられた」と述べ，その起源はおそ

158

第5章　客観性原理の研究

らく「組合組織のニュース通信社」(Siebert. et al., 1956) にさかのぼることができるとしている。

　ある時は一体いつなのかをめぐっては，たとえば，ショー (Shaw, D. L.) はこの決定的な時期を1880年代のニュース・バイアスの衰退に求める。彼の調査したウィスコンシンの新聞のサンプルは，通信社ニュース依存を増大させていたことを示しているのである，(1967: 3-12)。他方バグディキャン (Bagdikian, B. H.) は，1914年から1940年の間の通信社の急速な成長の時期に起源をもとめ，ニュースの客観性の「商業的命令」に位置づけようとする (1971: 323-5)。ケアリー (Carey, J.) は「19世紀の後半に台頭し…客観報道は急速な産業化の時代にあって米国ジャーナリズムの物神となった」(1969: 32) と主張する。

　こうした立場は，歴史的に十分に検証されることなく，大学におけるジャーナリズムの教科書に踏襲され，通説的な位置づけを与えられるようになったのである。これにはやや若干の説明が必要であろう。すでに指摘したように，19世紀以来米国のジャーナリズムの史書は，多くの場合ジャーナリストを経験してから研究者に転じた史家によって書かれてきた。そのためそうした史書は部分的には教科書として執筆され，アプローチもジャーナリズム内部から構想される。その目的は，一つの産業，一つのプロフェッションの歴史的な起源をたどり，紆余曲折に満ちた長い進歩の結果として到達するに至った，現代的なジャーナリズムの基準を提示することで，適切なジャーナリストの行動を奨励する，といったことに置かれる (Nerone, J., 1984: 382)。ジャーナリズムの歴史と原理があわせてジャーナリズムスクールで講義されるケースも少なくないのであ

159

る。

さて，代表的な教科書を引けば，以下のようになるのである。た
とえば，ドフルール（Defleur, M. L.）らの『マス・コミュニケーショ
ンの理解』では，19世紀半ば，米国の主だった新聞は，AP通信を
はじめとする電信によるニュース・サービスにますます依存するよ
うになり，電信は記事の明晰性と正確性を要求したから，それに
よって記事の執筆のスタイルが変化していった，というように説明
される。たとえばワイヤー・サービスへの依存を強めた南北戦争の
取材にあっては，戦時特派員は，それ以前の大抵の新聞に共通して
いた華麗な文体や冗長な文章を用いる時間的余裕があまりなかっ
た。まもなく記者や編集者は，「電信」記事と「新聞」記事とを区
別し始め，このスタイルは最終的には有名なAPリード「誰が，何
を，どこで，何故，そしてどのようにして」に発展していった。
APは，さまざまな地域や政治信条の新聞に利用されることを期待
して，ニュースに関して自説に固執して論争をひきおこすような解
釈を避けた。こうして「事実，APは後に客観報道と称されるよう
になるものを開拓した」(Defleur & Dennis, 1981: 243-4) ことになる
のである。

┃ ペニー新聞起源説

AP起源説に劣らず有力なのは，ペニー新聞（penny press）起源
説である。従来からジャーナリズム史においては，ジャーナリズム
のさまざまな革新を生み出したと称されるペニー新聞の重要性はつ
とに指摘されてきた。1830年代に誕生したデイ（Day, B.）のサン
紙をはじめとする，いわゆるニューヨークのペニー新聞は，本質的

160

第5章　客観性原理の研究

な意味で現代の大衆的商業新聞の原型を作り出すことによって，米国のジャーナリズムの内容とスタイルに革新を引き起こしたというのである。ペニー新聞は多くの「米国初の～」を生み出したといわれる。ペニー新聞は，いわく，米国初の商業新聞，初の大衆新聞，初の政治的独立の新聞，初の「ニュース」新聞なのである。誤解を恐れずに言えば，これら全ての「初」に客観性の問題が関わってくるのである。従来の6セントのエリート紙と比べれば安価なペニーの値段の新聞は，その安価性の故に多くの大衆的な読者を獲得した。多くの大衆的読者は，さまざまな思想信条をもっていたから，彼らを離反させないためには，ペニー新聞は，従来の新聞のような党派的な議論をさけねばならなかった。そこで，わかりやすく無害の，非党派的で客観的なニュースを売り物にする（商業化する）ことで，大衆的読者を獲得し，維持した。従来の新聞と比べものにならない大発行部数は部数収入だけでなく大幅な広告収入増も意味したから，ペニー新聞は財政的な政党依存を脱し，政治的にも独立することができた，ということになる。

　ペニー新聞における，ニュースの問題を考えてみよう。たとえば，客観性の起源を実証的に研究したシラー（Schiller, D.）は，ニュースの客観性は，商業的なコンテクストにおいて生まれたと仮定し，ペニー新聞においてニュースが商品化したことが重要と考える（1981: 7）。同じコンテクストで，モットは，ペニー新聞によって引き起こされた読者層の変化は，「不可避的にニュース概念の変化を引き起こした」と述べ，地方ニュース，ヒューマン・インタレスト記事そして犯罪記事は，商業新聞の主要商品となった」（Mott, 1962: 242-3）と主張する。客観性の発展は，1830年代までに「よう

161

やく始まったにすぎない」(Emery et al., 1996: 170) にしても，客観性の初期の変形たるセンセーショナリズム，とりわけ犯罪ニュースは「簡単に販売できる消費者向けの商品」(Davison et al., 1976: 11) となったのである。こうして「ある新聞のニュース商品は，正確性，完全性，生気，時宜性について他紙と比較対照される」(Schudson, 1978: 25) ようになり，ニュースの正確性などの属性は，新聞の活動を評価する基準となっていく。抜け目のないビジネス戦略として，客観性は商業新聞の利益となるように機能した，というわけである。こうして新聞ははじめて「資本主義制度として確立」されることになるのである (Tebbel, J., 1974: 180)。そこでジャーナリズムにおいて客観性の発展を研究すべき時期は，19世紀後半の通信社の台頭の時期ではなく，1830年代に始まるペニー新聞誕生期ということになる。

　また政治的なコンテクストでも，1830年代に始まるペニー新聞の党派的なジャーナリズムの衰退と客観性の出現が結びつけられる。ニュースの客観性の起源を探るパイオニア的研究であると同時にジャーナリズムのすぐれた社会史でもある「ニュースの発見」において，シュドソン (Schudosn, M.) は，ジャーナリズムにおける客観性の理念を理解しなければならないとすれば，「ジャクソン時代のプレスの変化が検証されるべきであろう」(1978: 4) と述べているが，彼は1830年代の経済的だけでなく政治的な変化もペニー新聞の内容と形態の中に表現されていると見る。ところで，1830年代以前のジャーナリズムを政治的な党派的新聞の時代とする見方は，すでに19世紀のハドソン (Hudson, F.) の議論に見出すことができる。彼はすでに，新聞は「政治家の同意なしに，政党の金銭上

第5章 客観性原理の研究

の援助なしに，創刊され得ない，という信念で新聞記者や印刷人が教育されてきた」(1873: 410-1) と述べているのである。同様に今世紀になってもそうした解釈は力をもち，ブライヤー (Bleyer, W. G.) は，ペニー新聞以前の新聞は「主として政党の機関紙」(1927: 152) であったと見なしている。モットにいたっては，ペニー新聞誕生以前の新聞を扱う章の表題を「党派ジャーナリズムの暗黒時代」とし，ペニー新聞の時代を扱う章の表題を「ペニー新聞の日の出」としている。さてペニー新聞はというと，政治家や政党の支配・影響を脱し，政治的に独立していた，と見なされるのである。

　リップマン (Lippmann, W.) は，ベネットとともに政治的独立の革命が始まったことを指摘しているが (1931: 435)，多くの史家もそうした見解にたっている。ペニー新聞が政治的中立性をとったとき，ペニー新聞は客観性を発明したという立場をとるシラー (Schiller, D.) は，彼の想定する読者の主張する，財産同様知識も独占されるべきではないという信念が，「安価な，価値自由な情報—客観的事実—への献身として，ペニー新聞に表明された」と述べ，またジャーナリズムの客観性は，同時代の「実証科学や写真的リアリズムの受容」(1981: 10) からも支援されたと主張する。煩瑣になるのでこれ以上の議論を省くが，ペニー新聞は，政治的に独立した新聞であり，したがって米国ジャーナリズム史上最初の客観的な新聞，少なくとも非党派的な公平中立の新聞であるという見方は，今日にいたるも支配的といえるのである。

▌ 通説の批判的検証

　一見すると，AP 起源説もペニー新聞起源説もそれなりに妥当な

163

論点を指摘しているように思われるが，いくつかの問題点を抱えている。まず AP 起源説から考えてみよう。AP 起源説の標準的理解に従えば，電信は 1840 年代に発明され，ニューヨークの新聞は，電信の脅威的な伝達速度をニュース報道に利用しようとして，AP を組織した。そして AP は政治的思想・信条の異なる新聞のために，ニュースを取材し，配信しなければならないから，全加盟新聞社に受け容れられる客観的な報道をすることは，AP にとって重要な意味をもっていた。こうして AP の方式は，ジャーナリズム一般の報道の理想となった，と説かれる。

　こうした AP 起源説に，シュドソンは，二つの点から異議を唱える（1978: 4-5）。確かに，通信社という制度の存在にとって明らかに必要であったから，AP の記者は，非党派的に，つまりは客観的に，出来事の報告を組み立てる技能に習熟するようになったかもしれない。しかし第 1 に，もし AP の方式が新聞のモデルになったのだとすれば，新聞ジャーナリズムと AP のそれとの類似性が示されねばならない。ところが，AP にとって報道の制約と感じられていた客観報道は，熾烈な生き残りの競争をする新聞がこたえるべき至上命題に必ずしもならないのである。競争の結果として市場の独占が生じた場合，多様な利害関心をもつ読者を獲得維持していくために，AP 方式を採用することは十分ありえよう。しかし少なくとも 19 世紀の後半の米国の新聞の市場はそうした状況にはなかったのである。第 2 に，客観報道は AP が成長していった 19 世紀後半において，ジャーナリズムの主要な規範にも慣行にもなっていなかった，という指摘がなされる。この異議は，歴史的な概念としての客観性に関わる問題であり，後に検討するペニー新聞起源説とも無関

164

係ではない，歴史的研究の基本的な視座に関する重要な論点を含んでいる。

　すでに指摘したように，19世紀のジャーナリズム史書は，事実を記録し物語を語るものとして歴史を捉えていたが，それとほぼ同様に，19世紀後半の米国ジャーナリズムにあって，新聞は，事実の取材に力を入れるだけでなく興味深い話を取材して物語ることにジャーナリズムの活動の重点をおいたのである。言い換えればジャーナリストは，ニュースを取材するのと同時に文学を書こうとしたのである。こうした認識に立つと，AP起源説の根拠はさらに薄弱になってしまう。たとえばAP起源説をとるショー（Shaw, D. L.）は，新聞の客観性の発展に及ぼしたAPをはじめとする電信ニュースの影響を，内容分析から導き出しているが，分析に当たって現代のバイアス概念を19世紀ジャーナリズムのコンテクストに持ち込んでいる（1967: 64-86）。ショーは，現代の読者が19世紀のそれと異なることを知りつつも，いわば普遍的人間性を前提にしているのである。

　ガルシア（Dicken-Garcia, H.）は，ジャーナリズムの基準の発展をたどる研究において，ジャーナリズムの歴史的な概念をいかに評価するかの，ジャーナリズム史研究全体に関わる重要な指摘をしている。彼女は，過去のジャーナリズム概念は，時間の経過とともに，その内包的意味が失われてしまうため，研究者は，コンテクストからそして現代の用法の近似から意味を判読せざるを得ない状況におかれる，と主張する（1989: 98）。

　客観性という言葉は，19世紀末から20世紀初頭にかけて初めて登場した言葉であって，それ以前のジャーナリストは，今日的な客

165

観性へと発展していく中心的観念を表象する言葉としてむしろ不偏不党（impartiality）の言葉を使った。そして不偏不党は客観性に概念的に帰せられる全ての広がりを必ずしも含んでいなかったのである。明らかにショーは客観性の今日的概念を過去に読み込む誤謬を犯しているのである。さらに，シラーは，客観報道の起源をペニー新聞に求める立場から，AP 起源説に批判を加える。彼は，ナショナル・ポリス・ガゼット紙の紙面分析から，すでにペニー新聞は，事実を客観的に報道するニュース取材システムをもっており，APなどの電信ニュースはその取材システムの延長線上に位置づけられることを指摘する。したがって，客観性は AP のルーティンではなく，「客観性は，自律的な性格を保持していて，そのためニュース通信社の方がある程度それに従わざるを得なくなった」(Schiller, 1981: 4）と主張する。AP は確かに，事実を公平中立に報道したかもしれないが，それは事実を客観的に報道したという意味ではなかったのである。この点はペニー新聞起源説にも関わる重要な問題でもあり，後に論じることにする。

　他方，ペニー新聞起源説にも有力な批判が存在する。ネローン（Nerone, J. C.）は，ジャーナリズム史家がほぼ共通してペニー新聞に帰す特徴付けに疑問を投げかける。彼によれば，通説的理解は，ペニー新聞は，米国ジャーナリズムにおける最初の公平中立な新聞，あるいは最初の不偏不党の新聞であり，ペニー新聞は党派的利害から新聞を解放することで，米国の新聞を大きく変えた，という立場をとる。これに対して，彼は，新聞の党派性の質の評価が最も重要であり，ペニー新聞以前の6セント・エリート新聞は，焦点において政治的であったが，必ずしも党派的ではなかったと主張す

る。また彼はペニー新聞についても，党派性を拒否したということは決してなく，成功をおさめるにしたがい，明白に党派的になっていくと述べるのである。こうして彼は通説がペニー新聞に不偏不党性を帰すのはミスリーディングだと痛烈に批判し，たとえペニー新聞が論説意見の党派からの独立を達成したとしても，意見の独立は客観性や政治的中立性と同じものではなく，中立性や客観性を制度化しはしなかったと主張するのである（1984: 390-1）。

さらに，ペニー新聞の中立性と客観性をめぐっては，ガルシアは別の角度から異論を唱える。彼女は，ペニー新聞における中立公平性といわゆる「客観性」は，概念の中心は類似しているかもしれないが，同じものではないことを示唆し，それらの言葉の意味は，そうしたジャーナリズムの役割概念やそれらが生まれたときに支配的であった文化的諸価値，その後の用法によって運ばれる微妙な相違と結びついていると主張する。こうして19世紀の初期に，基準としてしばしば論じられた不偏不党性は，第一義的に議論されるジャーナリズムの問題であったが，その問題は対立する党派の平等な取扱いそしてこれが望ましいかどうかに関わっていたのであり，今日の客観性の概念を包含するような意味をもっていなかった，と主張するのである（Dicken-Garcia, 1989: 98）。以上の指摘から了解されるように，AP起源説もそれに劣らず有力なペニー新聞起源説も，それぞれ大きな歴史的問題点を抱えているのである。われわれは客観報道の起源をいかなる時期，いかなる状況に求めるべきであろうか。

4　客観性の神話

▌ 客観報道の誕生

これまでの議論から了解されるように，すべに述べた諸説の批判の意味するところは，客観性の起源を巡る別の解釈の必要性を示唆するものであった。そこでこれまでの批判を踏まえた上で，別のパースペクティブに立つ解釈を検討してみたい。第3の立場は，19世紀後半とりわけ南北戦争以後のジャーナリズムの理想の変化を視野に入れ，ジャーナリズムの職業のプロフェッショナル化に着目する主張であり，「プロフェッショナリズムの倫理」[2]説とでもいうべきものである（以下倫理説と略称）。つまりこういうことになる。特に19世紀末からのジャーナリストの自己規定の変化をうけて，20世紀初頭に，言葉の厳密な意味での「客観報道」が誕生した。この「客観報道」は，事実と意見は分離できるし，そうすべきという見解に立つもので，ジャーナリストは，現にある世界に関して自分自身の外側に立ち，あるべき世界に関する自分自身の主観的選好と現にある世界に関する言説とを分離しなければならないし，分離できる，と考える。そして「客観報道」の誕生は，ジャーナリズムにおけるプロフェッショナリズムの台頭と密接に関連していた，ということになる。

大半のジャーナリズム史家が指摘するように，19世紀末から20世紀初頭にかけて，米国のジャーナリズムは大きく変貌した。特に大都市の日刊新聞のそれは著しく，1880年代には最大でも20万に届かない部数が急増し，1890年代末には50万部に近づく新聞も現れた[3]（Emery et al., 1984: 228）。新しい産業−商業都市での商品の大

量生産への変化は，商品の全国的流通と広告のニーズをつくりだし，新聞と百貨店は理想的な乗物となった。たえず増加する都市人口をひきつけかつサービスを提供するため，新聞は以前にも増して優れた高速の印刷機，多くのスタッフそして大きな資本を必要とするようになった。新聞は，現代のビジネスになっただけでなく，ビッグビジネスとなり，新しいビジネス経営や共同のオーナーシップのもとで，チェーンやグループを形成していったのである。

こうしたジャーナリズムの世界の大きな変化の中に，記者という新しい職業の誕生，プロフェッショナリズムの台頭といった現象があった。1880，90 年代以降，ジャーナリズムの世界では大学出身者を記者として雇用する慣行がすすみそれがやがて原則となる。そうした新しい記者を対象にする業界専門誌がいくつかうまれ，また彼らの親睦団体プレス・クラブが誕生することになった[4]。さらに20 世紀にはいると，大学に設置される，プロフェッショナルジャーナリストの養成を主な目的とするジャーナリズムの学部・学科が増え始め，他方でジャーナリストのプロフェッショナルな組織もまた誕生することになった[5]（Marzolf, 1991: 69）。プロフェッショナリズムの高まりと同時に，こうした記者の地位向上は，着実な収入増加によって促進されることになった。彼らはもはや記事単位の売文業者ではなく，フルタイムのプロフェッショナルな記者であった。

当然こうした変化をうけて彼らの職業的アイデンティティはかつてとは異なるものになった。彼らのアイデンティティは，その伝記や回顧に容易に見て取ることができるように，事実の報道に献身するプロフェッショナルのそれであった。興味深いことに，新人としてジャーナリズムの世界に入ったときにうけた訓練に関するイメー

ジは，奇妙なほど共通しているのである。たとえば作家ステフェンズ（Steffens, L.）は新聞記者時代の苦い思い出を振り返り「記者は，機械のように偏見や色づけなしに，あるがままのニュースを報道しなければならない…記事に個性やユーモアの徴候が少しでも見つけられたら，譴責され記事は没になった」と述べ，また同様の経歴をもつメンケン（Mencken, H. L.）は「敬虔な事実だけを述べる」報道のスタイルを仕込まれたことを回顧し，ドライサー（Dreiser, T.）はピュリッツアーの編集室に「正確性，正確性，正確性！誰が？何を？どこで？いつ？どのようにして？　事実-カラ-事実」の標語が張り出されていたことを思い起こしている（Steffens, 1931: 179）。彼らの回想に共通しているのは，新聞記者は，事実に基づくインパーソナルな報道に徹しなければならない，ということであった。

19世紀末から20世紀初頭の米国の新聞記者は，現代社会の複雑な生活において，さまざまな事実を「リアリスティックに」発掘しようと試みた。彼らがそうした活動の際に依拠したのは，科学性であり専門性であった。科学，とりわけ社会科学が，不当な政治的，経済的，社会的制度を補強し，合理化するのに大きく貢献してきたといった今日のシニカルな科学観からすれば，理解しがたいかもしれない。しかし，科学は，当時のジャーナリストだけでなく米国人にとっても魔法的な，魔術的な力をもつ言葉であった。重要なことに，当時の記者の多くは，科学教育の洗礼を受けるか，少なくとも科学を賛美する，一種の科学信仰に染め上げられていた。ところで，科学的究明の手続は，先ず外部の現象を「観察」することから始まる。これはジャーナリズムにとっても同じことであり，当時の記者のお気に入りの言葉は「観察」や「レンズ」であり，彼らはレンズ

を通した観察の力を信奉した。ロマンティシズムが作家の発明の才を称揚するとすれば，こうした記者の姿勢は，ある意味で「観察の力を賞賛する」(Becker, 1963: 31) リアリズムの立場であった。

事実，米国のジャーナリズムは，19世紀の文学・芸術のリアリズム運動に影響されるだけでなく，その運動を主導した。ホフスタッター (Hofstadter. R.) の指摘するように，「米国のリアリズムの形成者の大半は，ジャーナリズムの観察法の訓練を受けた人びと」(1985: 198) であった。社会生活（自然生活ではなく）を構成するさまざまな事実を，レンズをつかって観察し報告する，こうして彼らは，いわば事実尊重に基づく科学信仰に寄り添って活動したのである。すなわち，彼らは，主観と客観の完全な分離を前提に事実が神聖視される世界にいたのであり，それは，専門家，科学者としてのジャーナリストの職業的アイデンティティであり自己規定であった。しかし，こうした事実観は，19世紀の大半を通じて支配的であった，事実を記録し物語を語るニュース叙述の方法で表現するのは難しかった。そうした文体は，冷厳な事実を託すにはあまりにも主観的に思われた。事実は「逆ピラミッド」に，5W1Hにその表現を見出すことができたのである。

倫理説に立つと，こうしたジャーナリズムの理想，ジャーナリストの自己規定の中に客観報道の誕生を，そしてその洗練化を見るのである。専門性について付言すれば，当時にあって，専門性と科学性がほぼ同義であり，いずれもプロフェッショナルの知識と権威を正当化する支配的な理想になっていたことを指摘すればいいであろう。残るはそうしたプロフェッショナルをいかに養成するかの問題である。冒頭に紹介したロスを別にすれば，客観報道の用語を紹介

し，客観的ジャーナリズムを最初に議論したリップマンは，「ニュースを客観的に提示する」能力は，種としての人間の生得的な本能ではないと考えた。そこで彼は，ジャーナリストを訓練するプロフェッショナル・スクールを，この新しい客観的ジャーナリズムにとって必要不可欠の存在と見なすのである（Lippmann, 1919）。彼によれば，「ジャーナリズムは，現代の客観的ジャーナリズムが成功のうちに創造されてはじめて一つのプロフェッションとなるのであり，この新しいプロフェッショナルジャーナリズムはただ真実のために献身する」(Lippmann, 1931: 439) ものであった。

┃ 客観報道の神話

　20世紀に入って，事実と意見を分離し，後者を論説頁に限定するジャーナリズムの慣行は，基準としての地位にあるように思われた。つまり客観的なニュース報道は，ジャーナリズム全体の基準として受け容れられるようになり，それはイエロー・ジャーナリズムを克服した理想的な新聞を求める批評家の勧告と調和するだけでなく，また当時の大衆的な科学的精神と合致し，出現しつつあるジャーナリズムのプロフェッションにある程度の敬意と廉潔性を与えたように思われたのである。しかし，こうしたジャーナリストの客観性志向，その基礎となっている事実信仰が大きく崩れる時代がやってくるのである。

　ハーバーマスに従えば，認識論や知識論などの用語は19世紀の知的産物（Habermas, J., 1971: 3）であるが，ジャーナリストの活動を支える，事実の認識に関わる問題が浮上してくるのである。シュドソンに従えば，1920年代以前のジャーナリストは，知覚の主観

性といった問題を深く考えなかった。彼らは自らが生きている世界の，現実の確かさを疑う要因がほとんどなかったのである。しかし，第1次世界大戦を契機に事実がいかに主観的かという認識が生まれてくるのである。ジャーナリストは，その大半が自ら関わった第1次大戦中のプロパガンダを経験することで，そして大戦後，彼らがその脅威を感じ取ることになったPRの発展を目撃することによって，これまで彼らが依拠してきた事実のありようを疑うことになった (Schudson, 1978: 141)。ジャーナリストは，「事実はひとりでに語り出すものではない」ことを認識し，自ら報道する世界は，当事者が報じようとして構成するものであることを確信するようになったのである。

　その意味で，すでに述べたリアリズムが「リアリティ」を外部の現象と見なしたことは重要であり，そこに19世紀末以前のジャーナリズムとは異なる客観報道ジャーナリズムの新しさがあった。しかし今や「リアリティ」は，観察者から離れた外部の現象ではなく，事実は「その外にある (out there)」ものではなくなってしまった。こうした事実に対する懐疑論は，1920年代以降さらに深刻化し，ジャーナリストは，事実それ自体が信頼され得ず，事実それ自体は幻想をつくり出すために容易に利用され，また事実の発見すら利害に関わるものと考えるようになるのである。非常に奇妙なのだが，「客観報道」という言葉は，それが最初の試練にあうこうした時代になってはじめて，米国ジャーナリズムの公的な議論に登場することになるのである (Marzolf, M., 1991: 119)。言い換えれば，客観報道は確立されたかに見えたその途端に深い懐疑に包まれてしまうことになったのである。

ジャーナリズムにおいて，主観と客観の完全な分離が不可能と認識されるようになったことの背景には，人間の理性や合理性に対する不信という思想的，文化的状況があった。心理学によって，人間の理性に不信がもたれ，さら理性の不信はデモクラシーへの懐疑をもたらし，かつて確信の大黒柱であった科学は，それ自身の不信を教えるにいたったのである（Schudson, 1978: 126）。またその背景には，より直接的には，ジャーナリストの，デモクラシーと市場社会の価値に対する懐疑論の芽生えがあった。すなわち，第1次世界大戦後デモクラシーと市場社会それ自体の価値がラディカルに問われ，その内的論理が，暴露されてはじめて，ジャーナリストは，デモクラシーと市場が奨励したことを疑うこと，懐疑論を経験するようになったのである。

米国のジャーナリズムは，こうした状況を背景に，事実の明白な主観化に対して二つの対応をとることになる。一つの対応は，ジャーナリズムにおける一つの要素として公然と主観性を認めた上で，プロフェッショナル化をさらに推進しつつ，署名記事や政治コラムを中心とした解釈的ジャーナリズムを導入することであった。解釈の導入の具体的な証拠は，さまざまな史料に見られるが，解釈を積極的に唱道するマクドゥーガル（McDougall, C.）のジャーナリズムの教科書の成功に，明白な証拠を見て取ることができる（1938: v）。彼によれば米国人が第1次世界大戦を理解できなかったのは，新聞と通信社が事実のみを報道しただけで，「なぜ起こったかの解釈を提供しなかった」からであった。しかし，当然のように，1920，30年代の米国の新聞の紙面が，署名記事やコラム，フィーチュアにおいて解釈で埋め尽くされたわけではなかった。相変わら

ず事実はニュースとして報道されたのであり，全ての記者やジャーナリストがバイライナー，コラムニストになった訳ではなかったのである。

　もう一つの対応は，解釈のもとになる事実をいかに取材し，報道するか，であり，ルーティン・ワークに自らの職業的アイデンティティを求めざるを得ないランク・アンド・ファイルの記者，ジャーナリストに関わる問題であった。すでに指摘したように客観性の理想は大きく揺らぎ，人間の能力をもってしてはその理想の実現は不可能であるという認識が強力になるにつれて，全面的にではないにしても，理想追求の努力は放棄されざるを得なくなる。しかし，プロフェッショナルに事実を報道することにアイデンティティを見いだしていた記者，ジャーナリストは，職業的アイデンティティ喪失の状態におかれることになる。こうして理想は理想としてしかるべき位置を確保しつつ，他方でランク・アンド・ファイルのアイデンティティを模索する課題が，米国ジャーナリズム全体に大きくのし掛かってくることになった。

　シュドソンに従えば，まさにこの時，難問を解決する一つの方法，ジャーナリストが依拠しようとする事実すらも信用されない現実のためにデザインされた，ジャーナリズムの方法が主張されたのである。すなわち，それは，不信にまみれた事実への忠誠に代わって，事実すらも疑問視される現実のため作られたルールと手続きへの忠誠を奨励することであった。こうして客観性は，現実に関する人間の言説は，専門家によって正当とされる既定のルールに従っているなら，信頼されうる，客観的と「見なされる」ことになっていく（Schudson, 1978: 7）。客観的と見なされるジャーナリズムの方法を

「外見的客観性」と名づけるとすれば，米国ジャーナリズムは，客観性の理想それ自体を追求するのではなく，外見的客観性を洗練化，精緻化していく道を歩みだしていくのである。言い換えれば，客観性の追求の，この方法論への転化によって，ジャーナリズムは，プロフェッショナリズムの外見を取り繕っていくことに精力を傾注することになり，他方で，客観性の理想は，その内実の大半を失いつつも，むしろそれがため，ジャーナリズムのキャノンに，倫理綱領に奉納されることになる。そしてこの基本的な枠組みは，今日にいたるも大きく変化していない。

　冒頭でロスの「記者の心得」を引用し，ジャーナリズムの基本的な原則は大きな変化を被らなかったように思われる，と書いた。しかし，これまで史的パースペクティブにおいて考察してきた客観性原理に典型的に示されるように，「ジャーナリズムの倫理原則はたえず変化」し，それは同じものに見えても「異なる場所や時代によって，非常に大きく意味が異なる」(Smith, 1980: 159) ものであった。その意味で，この客観性のジャーナリズムの基本原則は大きく変化したのであり，ロスの「客観性」は，現代の「客観性」と時代だけでなく，その意味も大きく隔たっていたのである。

　すでに述べたように，客観性は，客観性の理想の実現が実質的に放棄され，一方では外見的客観性の洗練化，精緻化の度合いを高め，やがてタックマン（Tuchman, G.）の指摘するような戦略的儀式になっていくが（1972: 4），他方で本質的な意味での客観性を実現することができないにもかかわらず，客観性は相変わらず理想として保持され続けた。こうして，事実としての客観性が価値としての客観性へと転化したという意味で，また客観性が根拠なく絶対として

信じられているという意味で，米国ジャーナリズムの客観性は，神話の道を歩みだしていくのである。この後，外見的客観性は，その陥穽に気づかされたマッカーシーズムという大きな試練に出会い，神話としての客観性は，1960年代，70年代のいわゆる「ニュー・ジャーナリズム」論争において，その意味が問い直されることになるのである。

註

1) Schwarzlose (1989) は，*The Nation's Newsbrokers*, vol. 1, Northwestern University Press. : 181 において，通信社の記事ははじめから客観的であったことを指摘する。

2) 倫理説は，特定の論者の主張とはいえないが，その輪郭はジャーナリズム史家 Frank Luther Mott によって提示された。Mott (1942) "Development of News Concepts in American Journalism," Editor & Publisher (28 February): 36.

3) Emery, Edwin and Michael Emery (1984) op. cit., 5 th ed. : 228. 1880 年代において，新聞の紙面にしめる記事と広告の割合は，7対3から，ほぼ半々か記事の比率が若干すくなるように変化した。他方，広告収入は，80 年代には総収入の 44% であったが 1900 年までに 55% をしめるようになった。cf. George Juergens (1966) *Joseph Pulitzer and the New York World*, Princeton University Press: 136.

4) Editorial (1900) "Our 17th 'Special,'" *The Journalist*, 28 (December 15). 米国初の週刊の業界誌 *The Journalist* は，1883 年の創刊。公式に設立されたプレス・クラブは 1873 年の New York Press Club である。

5) Marzolf, Marion Tuttle (1991), *Civilizing Voices*, University of Michigan Press: 69 によれば，1916 年の時点で 55 の大学に，学生 3,500 人，教師 175 人がいた。またジャーナリズムスクールの教師の団体（American Association of Teachers of Journalism=AATJ）は 1912 年に誕生し，新聞編集者の組織（American Society of Newspaper Editors=ASNE）は 1923 年に生まれた。

引用／参考文献

Bagdikian, B. H. (1971) *Information Machine*. Harper and Row. (岡村黎明訳『インフォーメーション・マシーン』サイマル出版会, 1973 年)

Becker, G. J. ed. (1963) *Document of Modern Literary Realism*. Princeton University Press.

Blankenberg, W. and Walden, R. (1977) Objectivity, Interpretation and Economy in Reporting, *Journalism Quarterly*, 54: 3.

Bleyer, W. G. (1927) *Main Currents in the History of American Journalism*. Houghton Mifflin.

Carey, J. W. (1969) The Communications Revolution and the Professional Communicator, *The Sociological Review Momograph*, 13.

Carey, J. W. (1974) The Problems of Journalism History, *Journalism History*, 1: 1.

Cohen, E. D. (1992) *Philosophical Issues in Journalism*. Oxford University Press.

クロネンウェッター, M. (1993)『ジャーナリズムの倫理』(渡辺武達訳, 新紀元社)。

Davison, W. P., Boylan, J. and Yu, F. T. C. (1976) *Media Systems and Effects*. Praeger.

Defleur, M. L. and Dennis, E. (1981) *Understanding Mass Communication*. Houghton Mifflin.

Dicken-Garcia, H. (1989) *Journalistic Standards in Nineteenth-Century America*. University of Wisconsin Press.

Dreiser, T. (1922) *Newspaper Days*. Horace Liveright.

Emery, E. and Emery, M. J. (1984) *The Press and America*, 5 th ed. Pretice-Hall.

Emery, E. and Emery, M. J. (1996) *The Press and America*, 8 th ed., Allyn and Bacon.

Folkerts, J. (1991) American Journalism History: A Bibliographic Essay, *American Studies International*, 29: 2.

Gerald, J. E. (1963) *The Social Responsibility of the Press*. University of Minnesota Press.

Habermas, J. (1971) *Knowledge and Human Interests*. Beacon Press.

Hofstadter, R. (1985) *The Age of Reform*. Greenwood Press. (清水知久他訳『改革の時代』みすず書房, 1988 年)

Hudson, F. (1873) *Journalism in the United States*. Haskell House Publishers.

Juergens, G. (1966) *Joseph Pulitzer and the New York World*. Princeton University Press.

Lee, J. M. (1917) *A History of American Journalism*. Garden City Publishing.

Lippmann, W. (1920) What Modern Liberty Means, in *Liberty and the News*. Harcourt, Brace & Howe.

Lippmann, W. (1931) Two Revolutions in the American Press, *The Yale Review*, 10: 3 (March).

MacDougall, C. (1938) *Interpretive Reporting*. Macmillan.

Marzolf, M. T. (1991) *Civilizing Voices*. University of Michigan Press.

McKernes, J. P. (1977) The Limits of Progressive Journalism History, *Journalism History*. 4: 3.

Mencken, H. L. (1941) *Newspaper Days*. Alfred Knopf.

Mott, F. L. (1962) *American Journalism*, 3 rd ed., Macmillan.

Nerone, J. C. (1984) The Mythology of the Penny Press, *Critical Studies in Mass Communication*, 4.

大井眞二 (1996)「ジャーナリズム意識の研究」『マス・コミュニケーション研究』第48号。

Payne, G. H. (1920) *History of Journalism in the United States*. D. Appleton and Co.

Ross, C. G. (1911) *The Writing of News*. Henry Holt and Co.

Schiller, D. (1981) *Objectivity and the News*. University of Pennsylvania Press.

Schudson, M. (1978) *Discovering the News*. Basic Books.

Schwarzlose, R. A. (1989) *The Nation's Newsbrokers: The rush to institution, from 1865 to 1920*, 2 Vols. Northwestern University Press.

Shaw, D. L. (1967) News Bias and the Telegraph: A Study of Historical Change, *Journalism Quarterly*, 44: 1.

Siebert, F. S., Peterson, T. and Schrann, W. (1956) Four Theories of the Press. Univercity of Illinois Press. (内川芳美訳『マスコミの自由に関する四理論』東京創元新社，1959年)

Smith, A. (1980) *Goodbye Gutenberg*. Oxford University Press.

Steffens, L. (1931) *The Autobiography of Lincoln Steffens*. Harcourt, Brace.

Stensas, H. S. (1986-87) Development of the Objectivity Ethic in U.S. Daily Newspapers, *Journal of Mass Media Ethics*, 2 (Fall/Winter).

Shaw, D. L. (1971) Technology: Freedom for What? in Farrar, R. T. and Stevens, J. D. eds., *Mass media and the National Experience*. Harper and Row.

Tebbel, J. (1974) *The Media in America*. New American Library.

Thomas, I. (1810) *History of Printing in America*, 2 vols. American Antiquarian Society.

Tucher, A.（1994）*Froth & Scum*. University of North Carolina Press.

Tuchman, G.（1972）Objectivity as Strategic Ritual: An Examination of Newsmen's Notions of Objectivity, *American Journal of Sociology*, 77（4）.

Tuchman, G.（1978）*Making the News*, Free Press.（鶴木眞・桜内篤子訳『ニュース社会学』三嶺書房，1991 年）

第6章　ジャーナリズムの倫理規範
　　　　　―センセーショナリズムを考える

1　問題の所在

　歴史的に見ると，センセーショナルな報道に対する批判は，絶えず繰り返し浮上してくるテーマであり，暴力，犯罪，セックス，スキャンダルなどに対する人間の興味・関心は，どうも普遍的なようである。確かに，暴力やセックスなどに関するニュースは，それが人間の生死の問題をはらむだけに，強烈なインパクトをもち，従って抗し難い魅力をもっている。そうした側面をもつが故に，センセーショナリズムに対するわれわれの態度も曖昧にならざるを得ない。そのため，センセーショナリズム批判は数多くなされてきたけれども，その実，定義を含めて問題の真剣な究明は意外になされていないのが現状のようである。

　基本的な問題を取り上げただけで，そうした事情は歴然となる。センセーショナリズムは，ジャーナリズムの規範からの一時的な逸脱現象なのか，ニュースに本質的に内在するものなのか。センセーショナルと指弾される記事の題材がセンセーショナルなのか，あるいは扱い方によって，センセーショナリズムの問題が生じるのだろうか。いかなる理由でセンセーショナリズムが批判の対象となるのか。果たして社会的効用はあるのか。この疑問のリストはまだ続きそうだが，残念ながらわれわれは直ちに疑問にこたえる回答を持っていないのである。もちろん，広く社会科学の領域では，犯罪，暴力，セックスなどの描写が与える効果を中心にかなりの問題関心と

181

研究の蓄積があるが（Haskins, J., 1984），少なくとも歴史的パースペクティブをもった問題の究明はあまりなされてきていないのではないだろうか。

　ジャーナリズム史研究者は，自戒を込めて言わざるを得ないが，木を見て森を見ない場合が往々にしてある。専門の細分化が急速に進行し，また扱うテーマが複雑・難解なものになってきていることもあろうが，史上初の事実や現象探しに熱心で，関連性や継続性を見逃しがちであり，また，長期的な変化に気が付かなかったりする。大きな流れを理解していなければ，一時的な逸脱現象に見えるものに潜む重要な側面を見落としてしまうし，変化の意味を十分に把握することができなくなる。

　たとえば，ジャーナリズム史研究者は，センセーショナリズムといえば，19世紀の前半のペニー新聞のジャーナリズム，19世紀末のハースト（Hearst, W. R.）とピュリッツァー（Pulitzer, J.）のイエロー・ジャーナリズム，あるいは1920年代の英米のタブロイド・ジャーナリズムをすぐ想起するが，それらを相互に関連付けた議論は意外に少ないのである。繰り返し出現する現象であれば，歴史が取り上げるべきテーマであろうし，歴史がかなりの回答を用意できるはずなのである。

　本章では，主として米国を題材に，センセーショナリズムの系譜をたどり，歴史的文脈から問題への接近を試みようと考えている。すでに指摘したような問題の広がりと深さの故に，限られた題材を扱う予備的な考察にならざるを得ないことを予めお断りしておきたい。

2 起源をめぐって

　米国では，センセーショナリズムの起源を，世界的に大衆向けの新聞の嚆矢とされる1830年代のペニー新聞に求めるのが一般的である（たとえば，Bleyer, W. G., 1973: 183）。それ以前には存在しなかったということである。しかし，米国以外のジャーナリズム史に若干でも目を転じれば，こうした考え方はジャーナリズムの歴史を自国に限定して考える米国の通弊といえそうなことがすぐ了解されるだろう。自国に限定した場合でも，米国最初の新聞に掲載された記事「フランスの国王が息子の嫁を寝取り，それがもとで王子が国王に反旗を翻した」という皇室スキャンダルや「妻に先立たれ気落ちした老夫が首吊り自殺した」事件の記事は，センセーショナルとは言えないのだろうか。

　少なくとも欧米においては，センセーショナリズムへの不満は，古代ローマの『アクタ・ディウルナ（Acta Diurna)』（紀元前59年〜紀元後222年頃）にまでさかのぼることができる。ローマ時代のジャーナリズム研究で知られるギフォード（Gifford, C. A.）によれば，この最古の手書き新聞は，それほど重要でもないニュースも扱っていたという（1976: 76）。キケロがシリアに総督として赴任した折，友人の送ってくれたニュースの手紙の内容が下らぬものばかりと不満を述べる有名なエピソードを持ち出すまでもなく，『アクタ・ディウルナ』は政治の重要情報だけでなく，闘技場の話題や，裁判のニュース，結婚（離婚）や誕生・死亡記事，犯罪やゴシップをも掲載した。こうした手書きによるニュースレターは毎日発行され，公共の場に張り出された。それを筆記者たちが手書きで写し取

り，わざわざ見に出掛けたくない人や，シリアのキケロのようにそれを見に行けない人に販売した。

　近代以降を対象に考えてみよう。印刷機の発明以後の段階で新聞誕生前の時代においても，ヨーロッパにおいてセンセーショナルなジャーナリズムの例はいくらでも見つけることができる。たとえば，本格的な新聞のいわば前段階の発行物とされるニュース・ブックは，犯罪，セックス，暴力，ゴシップを格好の題材とした。これら 16，17 世紀の単発のニュース刊行物は，通常たった一つの記事しか掲載していなかった。結果的に収録される記事は，その記事自体で読者を引き付けなければならなかった。記事はしばしば，センセーショナルな主題を扱った。シャバー（Shaaber, M. A.）によれば，これらのニュース・ブックやバラッドは，裁判，殺人などの犯罪，奇跡，摩訶不思議な出来事，異常出産，怪獣，魔法，疫病，水害や火災などの天変地異，気候，スポーツなどを中心的なテーマにしていた（1966: 138）。

　17 世紀初頭，これほどニュース・ブック向きの題材はない，という事件が起きた。ドラマは，エセックス伯爵夫人が，ジェームズ 1 世の宮廷の寵児ロバート・カー卿と結婚するため離婚を決意したところから始まる。そこに主人公のオーヴァーベリー卿が登場する。彼はカー卿の結婚の相談に反対して関係者全員を敵に回すことになり，結局ロンドン塔に幽閉される。そして彼は幽閉中に毒殺され，エセックス伯爵夫人はめでたく離婚して，カーとの結婚を果たす。これが話の前段で，この後毒殺犯として 4 人が処刑されることになる。この事件は当時の出版業者の相当な関心を引いたようで，殺人犯の一人ターナー夫人の不貞を絡めた懺悔の話，殺されたオー

ヴァーベリー卿を含め4人の犯人の幽霊にことの顛末を話させるものなど，シャバーによれば15点のニュース・ブックが発行されたという（前掲：142-3）。たしかに，この事件は，読者のセンセーショナルな関心を引く道具立てが見事にそろっていた。

ところで，これらのニュース・ブックの取り上げるセンセーショナルな事件の報道には，現代の読者から見れば，滑稽かつ奇妙な結語がほぼ共通してつけられていた。実際にはさまざまな形式がとられたが，これなしにニュース・ブックのセンセーショナリズムは成立しなかったといえるほど，厳格な道徳的説教という結論がつけられていた（Stephens, M., 1985: 93）。たとえば，『リンカーンシャーでおきた二人の夫による恐ろしくも非人間的な2件の妻殺し，1件は病気の妻の絞殺，もう1件は殺人及び死体遺棄のための放火』（前掲：94）と題するニュース・ブックは，「邪悪な意図をもつ人間に対して，神の意志を示すために，以下の悲しむべき話を書き留めた」と前置きして，最後に「夫は誠実な妻を立腹させないよう特別の注意をはらう」べきと忠告し，妻に対しては「大胆あるいは口汚く夫を罵ってはいけない」と警告している。また愛人ができた女性が夫を殺し，愛人との結婚を拒否する父親を更に毒殺し，さらに厄介になった妹と二人の小さな甥まで殺してしまったナポリの女性を扱うニュース・ブックでは，犯人自身に「常に目の前の神を畏れ，両親と友人に従わねばならない。そして…この哀れな私の有様を絶えず思い出さねばならない」（前掲：93）という告白までさせている。センセーショナリズムと道徳的説教とはどうも相性がいいようで，ダーントンは，奇妙なカップルの同棲生活（Darnton, R., 1982: 204）を18世紀フランスのアングラ出版に見いだしているし，どうも「絞

首台の告白は，すべての時代，すべての国において，犯罪に関する
パンフの本質的でほぼ必須の要素」(Seguin, 1964: 56) だったようで
ある。

　以上は確かにヨーロッパの事例であるが，事情は米国でも同じで
あった。新聞誕生前の事例を引けば，1674 年ベンジャミン・ゴー
ド（Benjamin Goad）という人物が獣姦を犯したためボストンで縛
り首に処される事件があった。サミュエル・ダンフォース（Samuel
Danforth）は事件の概要を説明して，「人に尋常ならざる天罰を下
す神の目的は，他の全ての人々への注意と警告のためである…この
淫らで邪悪な青年に下された天罰の執行をよく見よ。神は彼を太陽
の前で絞首刑にし，全てのニューイングランド人に御業と戒め，教
訓と警告を与えた」(Olasky, M., 1991: 29) と書いた。これをボストン
の印刷屋マーマデューク（Marmaduke）は『驚くべき罪業について，
ベンジャミン・ゴードの審問と非難に際して，問われたソドムの訴
え』と題するニュース・ブックを出版した（Thomas, 1874, Vol. I:
83)。ヨーロッパの例に負けずにセンセーショナルなジャーナリズ
ムといえようが，ノード（Nord, D.）によれば，米国のピューリタ
ンたちは「事件つまりニュースの虜になっていた。彼らは自分の周
囲すべてに神の意思を見ることができた。天上のそして人間の世界
の歴史の偉大な運動はもっとも重視すべき事柄であったが，同様に
意味を持たないことがらは殆どなかった」(Olasky, 1991: 32) と考え
るからこそ，犯罪，性といったセンセーショナルな題材の報道が許
容される，というのである。

3 ペニー新聞のセンセーショナリズム

こうしたセンセーショナリズムと道徳的説教の共存は，のちの1830年代以降のセンセーショナリストの代表者の一人と目されるベネット（Bennett, J. G.）に容易に見いだすことができる。彼は人間の罪深さを強調し，1836年「私は，骨の髄まで人間の堕落をこれまで見てきた―わたしは毎朝，思考と知性をもつ1万5千部の新聞において，我々の社会を覆う深い罪を公表する」（*The New York Herald*, July 27, 1836）という立場から，ペニー新聞だけでなく6セント新聞も大きな関心を示したロビンソン−ジュエット（Robinson-Jewett）事件に際して，「大衆の前の問題は，一個人が有罪か無罪かということ以上のものを含んでいる。それは社会の制度の罪―極めて嘆かわしい道徳の状況に関わる問題である」（前掲: April 13, 1836）と，まずセンセーショナルな報道の正当化を試みているのである。つまり社会の罪なら「我々もみな同様に有罪」（Schiller, 1981: 59）となるわけである。

ところで，ロビンソン−ジュエット事件は，社会的地位を持たない売春婦が殺害されただけの事件であったが，ペニー新聞のセンセーショナルな報道で，あたかも著名人士の事件のような格好になった。この事件で名を馳せたのは『ヘラルド』のベネット（Bennett, J. G.）であった。彼は被害者の売春婦ジュエット（Helen Jewett）殺害現場を自ら取材し，彼女の素姓を調査し，売春宿の女主人にインタビューを試み，読者の異常な関心を刺激した。彼によれば，最初に訪れた現場のベッドにまだ横たわっていた遺体は「表情は穏やかで，激情のあとはなかった。そこには感情を示すものは

まったくなかった。片腕は胸の上にあった…数秒の間記者はこの異常な光景—古代のもっとも優れた彫刻にも勝る美しい女性の死体—に見惚れていた。彼女を即死させたに違いない右のこめかみの血だらけの恐ろしい切り傷を見て，彼女の忌まわしい運命に呼びかえされたのである」(*The New York Herald*, April 12, 1836)。こうした記事は確かにセンセーションを呼んだであろうが，驚くべきことに，この事件報道の間『ヘラルド』の発行部数は日頃の３倍に跳ね上がったのである（Bleyer, 1973: 181）。

　確かに，ペニー新聞の大きな呼び物になったのは犯罪や性に関するセンセーショナルな報道であった。ペニー新聞の嚆矢『サン』は新鮮なニュースと軽い文体で読者をつかんだが，読者を急増させたのは警察裁判所からの報道であった。逐語的な証言付きの犯罪裁判の詳報は『サン』をはじめとするペニー新聞の呼び物となったが，英国では，とくに日曜新聞では18世紀中頃から一般的であった。従って，この種の報道は米国ジャーナリズムが開発したものではなく，イギリスがモデルであった。ロンドンの新聞『ヘラルド』(*The Morning Herald*) が，中央警察裁判所にあつまる悲喜劇を売り物にして大きく発行部数を伸ばしたことはジャーナリストの間で知られている事実であった。『サン』は，この警察裁判所のニュースを全面的に採用する最初の新聞であった。

　同紙の編集者デイ (Day, B. H.) は，この取材のため失業中の若い印刷屋ウィスナー (Wisner, G. W.) を記者として雇った。ウィスナーは，かつて伝統的なキリスト教新聞で働いたことがありピューリタンの先輩達と同様，彼はセンセーション，暴露，明快，正確そして詳細を重視した。彼によれば，ニュース記事は「一般的に，戦争や

戦闘，死や流血の行為，負傷と異端，砕けた頭と失望と砕けた骨，火事や洪水の偶発的事件つまり荒らされた所有地，盗まれた財産，の加えられた悪事について語らねばならない」のであり，「ニュースの豊富さは一般に驚くべき悲惨の証拠であり，我々が時折見聞きする博愛・慈善の私心のない行為ですら，我々同僚の欠乏や悲嘆や被害にその存在を負うている」(Bradshaw, 1980: 118) のであった。

　ウィスナーはまた，天は神の栄光を示し街頭は人々の罪深さを示すという宗教改革派の見解に従い，読者を獲得するためにも，新聞を道徳的に有益にするためにも詳細性が重要と信じた。そこで批判をものともせず，彼は全ての犯罪者の名前を掲げ，こうした掲載が悪事に走りがちな他の人の抑制になると考えたのである（New York Sun, July 4, 1934)。軽微な犯罪にも適用された実名報道は『サン』だけのものではなく，『トランスクリプト (The Transcript)』は，違反者の氏名を公表することによって，同紙の警察裁判所報道は事件の数を減少させており，「警察に持ち込まれる事件の数が最近著しく減った。『トランスクリプト』の発行以前には，日曜日だけで，50～60 の事件があった―最近の 2 回の日曜日では 6 ないし 7 件である…」(The Evening Transcript, April 7, 1834) という治安判事の発言を引用した。

　もちろん，こうしたセンセーショナルな報道に対する批判は，すでに述べたように，古代ローマの時代からあり，当然この時代にもあったが，現代にも通じる批判なので長文にわたるが，一つ紹介しておこう。批判の主はマサチュウセッツ州議員エイムズ（Ames, F.)で，彼は「新聞に掲載されるぞっとするような記事はみなショックを生み出すが，しばらくするとそのショックは小さくなっていく。

結局こうした記事は少しも苦痛を与えるものではないから，好奇心をかき立てる」ことが主たる狙いとなる，とセンセーショナルな記事の特徴を指摘し，さらに「われわれは，悲劇や犯罪の詳細を少しも望んでいないのである。いったいこの際限なき驚異の中にどんな教訓があるのだろうか。そんな記事で誰かが幸福になったり，賢くなったりするのだろうか」と記事内容の無意味さを指摘し，最後に「それとは反対にこれらの記事は優しい心にショックを引きおこし，浅はかな頭脳を混乱させることはないだろうか。もっとひどいことに，何人かのエキセントリックな心の持ち主にこうした記事の悪影響が及ぶことになる。模倣の精神は伝染する。子どもたちは大人のすることをまねする」(Dicken-Garcia, 1989: 123) と悪影響を糾弾する。

これに対して，擁護論は決して見事なものとは言えないが，デーナ (Dana, C. A.) は，犯罪とスキャンダルの報道批判に対して，「私は，神の摂理が発生を許した事件であればなんであろうと，報道するのに誇りが許さないなどと決して思ったことはない」(Mott, 1962: 386-7) と開き直ってみたり，「おこった事がらを正確に力強く報道する熟練の忠実なジャーナリストは，人びとに話しかける神の摂理である」(*The North American Review*, April, 1866 (Vol. CII: 378) と逆に使命であることを強調した。

ところで，ペニー新聞はすでに述べたセンセーショナリズムを特徴とするだけでなく，他の側面でも新しい要素を含んでいた。モット (Mott, F. L.) は，ペニー新聞は，第1に，一般庶民に現実主義的なものの見方を与え，第2に，彼らにとってとかく障害になりがちな既存の制度（教会，法廷，銀行，株式市場）の弊害を暴露し，第

3に，ニュースの提供を新聞の第一義的義務と考え，第4に，地方ニュースやヒューマン・インタレストを重視する，といった傾向をもつとする。さらに，改良主義的なキャンペーン志向も加えていいだろう（Mott, 1962: 242）。既存の6セント紙にないこうしたペニー新聞の特徴は，おりからのいわゆる「ジャクソニアン・デモクラシー」に並行して産声をあげた民主的市場社会の担い手たる，中流階級や職工・職人の労働者階級を読者として，未曽有の発行部数を獲得することになったのである（Schudson, 1978 を参照のこと）。

ペニー新聞の成功の基礎は，明らかに大衆が望むもの─センセーショナルなヒューマン・インタレスト記事─を大衆に与えたことに見いだされるが，ペニー新聞は，成功の秘訣は大衆の知性よりはむしろ情緒に訴えることにあることを発見したのである。彼らを楽しませ，喜ばせ，そしてショックを与える，そして当時の道徳的害悪に対して彼らに訓戒を与える，といったところにあったのである。

しかし，同時に重要なことに，この時期にはセンセーショナリズムと道徳的説教の図式に微妙な変化が生まれたのである。つまり，センセーショナルな事件に神の摂理を見るべきところに社会の問題を見る，言い換えれば，人間の罪深さを前提にした個人の変革という考え方から，人間は本来的に善であるが，社会システムによる抑圧から個人の問題が生じる，という思考方法への変化の芽が生まれたのである（Olasky, 1991: 77-8）。従って問題は社会の変革にあることになる。この態度はセンセーショナリズムに対してだけでなく，グリーリ（Greeley, H.）のコミューン運動への傾斜や後の世代のピュリッツアーのキャンペーンに明確に表れてくることになる。

4 1880〜90年代のセンセーショナリズム

　南北戦争の終了に続く15年の間で，ジャーナリズムの戦前の
リーダーのすべてがそのキャリアを終えた。レイモンド（Raymond,
H. J.）は1869年に死に，グリーリとベネットは1872年に，ボウル
ズ（Bowles, S.）は1877年，ブライアント（Bryant, W. C.）は1878
年に死んだ。そうして1880年代に入ると米国ジャーナリズムは新
たな時代に入って行くことになる。この時代の先駆けとなり，主導
力となったのはピュリッツアーであった。ピュリッツアーによって
新しい命を吹き込まれた『ワールド（World）』はペニー新聞時代の
偉才ニューヨーク『トリビューン（Tribune）』のグリーリによって
示された攻撃的な論説のリーダーシップだけでなく，ペニー新聞に
とって当たり前のニュースのセンセーショナルな取扱いを復活させ
ることになった。

　ところで，ピュリッツアーの活動の舞台となった当時のニュー
ヨークは，1880年代，1990年代に移民の町となった。50万人以上
の移民が米国にやってきたのは1881年であり，ピュリッツアーの
出身たる南東ヨーロッパの移民が北西ヨーロッパ移民をはじめて上
回ったのは1896年であり，「1900年までに，アメリカ合衆国は両
親が移民の出自をもつ人口が2600万人，自身が移民である人口を
1千万人抱え，それは米国の人口の46％」（Faulkner, H. U., 1962: 4-
5）を構成するに至った。移民は都市に身を落ち着け，多くは
ニューヨークに定着したから，「1880年にはニューヨークの外国生
まれの人口47万9000人は，1890年には64万人に増え，その時ま
でにニューヨーク総人口の約40％となった」（Juergens, G., 1966: 239）

のである。『ワールド』のイラスト，カーツン（cartoon），大きな見
出しの利用に加えて，比較的やさしい単語，内容，文章構成は，膨
大な数の移民に大きくアピールすることになった。従って，ある程
度においてピュリッツァーが開発した大衆ジャーナリズムは日常生
活への注目においてペニー新聞のジャーナリズムを拡大したもので
あったが，ニューヨークの日常生活は，ペニー新聞の時代とかなり
違ったものになっていた。それは「政治参加，読書，都市，米国，
そして社会的地理的モビリティの万華鏡に不案内な」人びとの日常
生活であり，彼らは他の人びとと同様，物語に道徳的忠告を求めた
が，「聖書や聖人の生活は新しい都市に相応しいものではなかった」
（Schudson, 1978: 106）のである。

　さて，ピュリッツァーの「ニュー・ジャーナリズム」は1890年
代に入ってハーストというライバルを迎えて「イエロー・ジャーナ
リズム」の新たな段階を迎えるのである。周知のとおりイエロー・
ジャーナリズムは，ピュリッツァーの手法をそっくり模倣したハー
ストが，『ワールド』の日曜版編集部員をごっそり引き抜いた際，
当時人気を博していた色刷りマンガの主人公イエロー・キッドまで
札束でもっていった故事に由来する言葉であるが，次のような特徴
をもっていた。

　第1に，大見出し（scare-heads）の使用であり，しかも大きな活
字で赤か黒で印刷され，しばしばそれほど重要でないニュースにつ
いての興奮をかきたて，したがって全体の紙面整理に甲高い虚偽性
を与えることになった。第2に，ヴィジュアル性を重視して，惜し
みなく視覚的工夫を利用した。そして多くは重要性に欠け，盗作や
「フェイクされた」挿絵の濫用を招くことになった。第3は，捏造

されたインタビュー記事，ミスリードの見出し，似非科学といった種類の詐欺，欺瞞行為であり，第4は色刷りのコミックや浅薄な記事を掲載する日曜版付録であった。第5は，多かれ少なかれ偽善的な，弱者救済のキャンペーンへのシンパシーである（Mott, 1962: 539）。多少酷にすぎる評価かもしれないが，若干の要素は現代の新聞に引き継がれる重要な革新であった。

　こうしたジャーナリズムの行き方は当然多くの批判を招いた[1]。ニュース報道という基本は共有したけれども，物語としてニュースを提示する『ワールド』やハーストの『ジャーナル（Journal）』とは違った情報志向のジャーナリズムに向かったニューヨーク『タイムズ』などはセンセーショナリズムの行き過ぎを激しく指弾した（Schudson, 1978: 106）。オックス（Ochs, A.）の下で再生なった『タイムズ』は第三者の批判を掲載することで，間接的に批判をすることが多かったが，たとえばある記念集会での牧師の演説に「ニュー・ジャーナリズムと悪弊」（ペニー新聞もニュー・ジャーナリズムと称された）と題する見出しを掲げて，次のように引用した。「この国の新聞は，今日互いの階級に対する恐ろしい闘争に関わっている。一方には上品さと真実を代表する評判の良い新聞があり，他方には，ニュー・ジャーナリズムを自称するが，現実には宗教上の罪と同じくらい古い新聞がある」（*The New York Times*, February 17, 1897）。またある時はニューアーク（Newark）の公立図書館がセンセーショナルな新聞の排除を決定したことを報じ，独自の改革方法を提案して，「新しい新聞の閲読を，幕の背後は別として，嘲笑と軽蔑をもって処罰可能な社会的犯罪者とすることが，改革の有益かつ十分な方法であろう」（前掲，March 4, 1897）と論及した。

こうした批判は，ニューヨークの新聞に限らず，地方の新聞にも反響した。たとえば，テキサスの新聞協会は，年次総会の折にイエロー・ジャーナリズム批判をいわば恒例のようにした。「（ニューヨークなどの）大新聞は，極めてけばけばしいスタイルで，横行する悪行の吐き気を催すような詳細を，例えば怪物を目もくらむようなイラストで，そして生活のあらゆるアブノーマルな側面を，生々しい叙述で提示しようと努力を競っている」(Olasky, 1985: 95) のであり，「上流・下流を問わず社会の下水」のような題材を「熊手でかきまわし」，次の頁も次の頁もこれでもかとばかりに「毎日犯罪と悪行を送り出し，センセーションを好む大衆の渇望を満たしている」(前掲) のであった。こうした批判の中にあって，ゴドキン(Godkin, E. L.) は『ネーション（*The Nation*)』において，「センセーショナルな新聞があまりにも多くの注目を集めていること」に不満を漏らしたが，社会のあらゆる階層から読者を集めている事実を指摘し，「邪悪な新聞に不満をいう人は，しばしばそのもっとも熱心な読者である」(Godkin, 1895: 195) と皮肉った。

こうしてイエロー・ジャーナリズムにさまざまな批判が浴びせられたが，もっとも重大な非難の一つは，これらの新聞が犯罪や悪行のニュースを大きく扱ったということだけでなく，もっと多くの新聞を売るために，合衆国をスペインとの戦争に導く対外強硬主義(jingoism)，言い換えれば「明白な運命（manifest destiny）のムードを入念に煽動し，結果的に不必要な戦争勃発の契機の一つとなった[2]」というものであった。

米西戦争の報道は，「ハーストの戦争[3]」と称されるように，当初から『ジャーナル』の主導で始まり，同紙のセンセーショナルな

報道を示す事例は枚挙の暇がないほど豊富である。ハーストによってキューバに派遣された挿絵画家レミントン（Remington, F.）が急迫した状況に程遠い現地の様子を目撃して，ハーストに打電した。「すべては平穏。当地に混乱なし。戦争もない模様。帰りたし」。これに対してハーストは「留まりたし。君は絵を用意しろ。私は戦争の準備をする[4]」と打ち返したという。当時の花形記者の一人クリールマン（Creelman, J.）の回想に出てくる有名な話であり，当の本人は否定するが，『ジャーナル』と戦争の関係を簡潔に表現したエピソードと言えよう（武市，1984: 112-3）。

　当時の花形記者ディヴィス（Davis, R. H.）の生気溢れる特別記事，レミントン描くところの，キューバ革命評議会議長の姪シスネーロス（Cisneros）の救出・凱旋劇，『ジャーナル』が名付けた「屠殺人」ことスペインの司令官ウェイレル（Weyler）の残虐な，さまざまな抑圧行動，さらにはスペイン公使の米国大統領批判の書簡暴露などは，戦争ムードを煽る明らかにセンセーショナルな報道であった。そして戦争報道は，米国の軍艦「メイン号」の爆破事件で，『ジャーナル』が犯人探しに5万ドルの懸賞金をつけるなど，センセーショナリズムは頂点に達する。紙幅の関係で詳細は省くが，こうした報道姿勢は程度の差はあれ，他のニューヨークの新聞に共通するものであった。

　たとえば，キューバで暴動が起きた1895年3月から両国が戦争状態に入った1898年4月まで，ニューヨークのどの新聞にもキューバ関係の記事が掲載されなかった日は，たった「20日」たらずであった（Wisan, J. E., 1934: 460）。またいわゆるイエロー・ジャーナリズムは，1898年には急速に他都市の新聞にも波及し，

その後下火になるが，ある研究によればそのピークである1900年においては，全米21都市の新聞の約3分の1がはっきりとイエロー・ジャーナリズムの性格を示していたのである（Wilcox, D., 1900, vol. XVI: 56–92）。

5　タブロイド新聞のセンセーショナリズム

1920年代に入って，米国ジャーナリズムは再びセンセーショナリズムの波に洗われることになった。この時代は，一般にジャズ・ジャーナリズムあるいはタブロイド・ジャーナリズムの時代と称されるが，いずれもタブロイド新聞であるパターソン（Patterson）の『デイリー・ニュース（Daily News）』，マックファデン（Macfadden）の『デイリー・グラフィック（Daily Graphic)』，ハーストの『デイリー・ミラー（Daily Mirror)』の間の激しい部数競争を中心に展開された。タブロイド新聞の試みは，1901年米国を訪問した英国の新聞人ハームズワース（Harmsworth, A.）によって，ピュリッツアーの『ワールド』において，「20世紀の新聞」(Mott, 1962: 677）という触れ込みで，1号限りの実験として行われたことがあったが，それが本格化したのは1920年代であった。

タブロイド新聞は，通常の8コラム幅の新聞の半分のサイズの紙型で，1面を含めて写真に大きなスペースが割かれ，センセーショナルなニュース，ヒューマン・インタレスト記事をコンパクトに提示することで非常な成功をおさめることになった（前掲）。日刊紙，特に大都市のそれは，混雑した地下鉄や路面電車の中で読むには，簡単に扱えないほど嵩張るものになっていた。しかし，タブロイド

新聞のサイズは既存紙の半分であり，窮屈な車内で読むのには便利であり，ポケットに簡単にしまい込めた。魅力的なニュース写真，コンパクトにまとめられたニュース記事によって，忙しい読者はひとめでその日のニュースにざっと目を通すことができた（Bleyer, 1973: 426）。タブロイド新聞先進国の英国では，モノを考えることが出来ない人びとのための日刊紙の発明の後，ついに今や新聞を読めない人びとのための日刊紙が発明された（前掲）と皮肉られるように，タブロイド新聞では，事件事故，犯罪，スキャンダルに見いだされるようなニュースの物語よりむしろ，ドラマに重要な位置づけが与えられ，あらゆるタイプのニュースの，ヒューマン・インタレストの側面が強調された。

1922年，こうしたジャーナリズムの新たな鉱脈が掘り起こされることになった。「ホール‐ミルズ殺人事件」である。ホール（Hall, E.）師は，ニュージャージー州，ブランズウィック（Brunswick）最大のエピスコパル教会の牧師であり，彼の妻も名士たる家系の出身であった。他方ミルズ（Mills, E.）は，教会合唱隊の歌手で，夫は寺男であった。二人の恋愛関係がかなり周知の話題になっていた折，彼らは遺体となって恋人たちが通う道で発見された。彼の腕の上には彼女の頭があり，彼らの愛のノートが二人の遺体の上にまき散らされていた。二人とも銃で撃たれ，彼女の喉は掻き切られ，大きな傷口を開けていた」[5]。密通，殺人，牧師そして別名「豚女（Pig Woman）＝豚を買っていたことから名づけられた＝筆者註」こと，奇妙な目撃者ギブソン（Gibson, J.），というミステリアスなお膳立てに大小問わず米国中の新聞がこの事件にとりつかれることになった。

198

第6章　ジャーナリズムの倫理規範

　要するに，「ミステリー・フィクションのあらゆる要素が」備わっていたので，ジャーナリズムは事件の関係者にキャスティングを試み，ミステリー解明に乗り出したのである。しかし事件自体は「豚女」の証言にも拘わらず，未解決のまま終わってしまった。ところが，事件に関する人びとの記憶も薄れた1926年，『デイリー・ミラー』のスクープ（*The Daily Mirror*, July 14, 1926）で事件は再燃する。ホール家の元召使が以前の証言を取り消し，ホール家のかかわりを暴露し，ホール夫人が2週間後逮捕されるに及んで，ジャーナリズムは大きな熱狂に包まれることになった。

　『デイリー・ミラー』は記憶を新たにするために，事件の経緯を漫画で掲載する一方で，裁判の日が近づくと，遺体発掘まで試みることになった。墓のそばで祈るエリノア・ミルズの夫の写真があり，牧師，医者，精神科医の説明が加えられていた。さらに『デイリー・ミラー』では，ハーストの「特別特派員」であるミルズ夫人の不良娘の寄稿まで掲載されることになった。他方で『デイリー・グラフィック』は，50語以内で事件の解明を読者に要請するなど，ジャーナリズム全体が興奮をあおることになった。裁判の日には，約200人の記者と50人の写真記者が裁判所に押し寄せ（*Variety*, September 22, 1926: 26），続く1か月足らずの裁判の期間，『デイリー・ミラー』は裁判に全紙面の約3分の1を割いた（開始の日は14面）。全米の大都市の日刊紙のサンプリングでは，平均して1コラムから2コラム割かれており，通常は第1面に掲載された。また通信社頼みの多くの地方の小新聞でも，1日平均約1コラムの記事を掲載した。また裁判開始から2週間で約500万語の記事が書かれたという（Stevens, J. D., 1985: 56）。事件の方は，死んだと思われて

199

いた「豚女」が病院から運び込まれて，錯乱しているとしか思えないような法廷証言でクライマックスを迎えることになるが，結局また未解決のまま終わってしまったのである。残ったのは，派手な名誉棄損の対象となった事件関係者の文書名誉棄損訴訟であり，『デイリー・ミラー』は和解で100万ドル弱を支払う，おまけまでついたのである（前掲）。

　この1920年代は離婚もセンセーショナルな取り扱いをうけた。中でもブラウニング事件は，マンハッタンの大金持ちの不動産屋ブラウニング（Browning, E. W.）と15歳の若い女性「ピーチ（Peaches）」ことヒーナン（Heenan, F.）の離婚訴訟であり，センセーショナルなジャーナリズムに格好の話題を提供した。ブラウニングは『デイリー・グラフィック』に「シンデレラたちを飽きるほど食べている」と書かれるような人物であった。相手は金目当ての女性とあって，センセーショナルな話題性にことかかず，ジャーナリズムの餌食となった。ブラウニング事件の審問には100人を超える記者が取材にあらわれ，寝室のアブノーマルな出来事が暴露されるに及んで，さすがに多くの新聞は露骨な描写を避けた。しかし『デイリー・グラフィック』は悪名高き合成写真「Composograph」を使い，GraphicではなくPornographicだという非難を浴びることになった。同紙はスタジオでモデルを使った場面の再現をはかり，その写真に本物の顔を埋め込む離れ業をしてみたのである（Cohen, 1964: 95-131）。

　こうした報道に非難が起こるのは当然であって，おそらくもっとも共通した非難は「センセーショナルなもの，病的なこと，淫らなこと，そして際どいものの恒常的な掲載によって『イエロー・プレ

ス』は社会の道徳的性格の積極的な掘り崩しをもたらしている」
(United States Publisher, May, 1927: 25) といった視点からのもの
だった。またさすがにこうした報道の行き過ぎには，ジャーナリズ
ム界でも非難の声が上がり，米国新聞編集者協会（ASNE）の会長
ホップウッド（Hopwood, E.）は，ブラウニング報道を越えてはなら
ない限界を越えたものとして報道の自制を訴え，また業界誌『エ
ディター＆パブリッシャー（Editor & Publisher)』も，政府検閲を
回避すべきなら，自己検閲が必要なことを指摘した（Editor &
Publisher, February 5, 1927: 34; July 9, 1927: 11)。こうしたジャーナ
リズム界の動きは，その他の事情も絡んで米国新聞編集者協会の
Canons of Journalism のような倫理綱領の制定へと結実していくこ
とになるのである。

6　センセーショナリズムを考える

　これまで主としてペニー新聞のジャーナリズム，イエロー・
ジャーナリズムそしてタブロイド・ジャーナリズムを通してセン
セーショナリズムの流れをたどってきた。冒頭で既に述べたよう
に，センセーショナリズムを取り巻く問題は大きな広がりと深さを
もっている。そこで既に述べた系譜の中から浮かび上がってきた問
題を前提にしながら，いくつかの論点について若干の考察を加えて
みたい。

　日米のセンセーショナリズムを検討した武市英雄は，センセー
ショナリズムの要素を，見出し，挿絵，記述内容に見いだしている
が（前掲：122)，第1に題材か扱い方かの問題を検討してみよう。

現代の研究者は一般的に，記事をセンセーショナルと判断する際に，記者が評価する決定的な構成要素は報道や執筆のスタイルである，という判断を下す。たとえばタンネンバウム（Tannenbaum, P. H.）らは，読み易さの構成要素がセンセーショナルの評価を受け易いことを指摘しているし（Tannenbaum & Lynch, 1960: 381-392; Tannenbaum & Lynch, 1962: 317-23），またスミスとマコームズ（Smith, J. M. & McCombs, M. E.）も，同様に同じ記事であっても提示の方法で異なる読者の評価を生み出すという知見を明らかにしている（Smith & McCombs, 1971: 134-6）。

これに対して，歴史実証でも，フランク（Francke, W.）は，スタイルとセンセーショナリズムの関係を明らかにしている。彼は，文書，観察，インタビューといったジャーナリズムの取材方法の発展と，1890年頃までに出来上がった現代的な編集組織における記者の地位を絡めて考察し，記者の地位の低さ・不安定さとセンセーショナルな報道の興味深い関係を指摘している（Francke, 1985: 3, 80-5）。しかしその他の歴史実証では，現代の研究者の指摘はあまり妥当性をもつようには思えないのである。タンネンバウムらの知見の検証を試みたショー（Shaw, D. L.）とスレイター（Slator, J. W.）は，スタイル説を必ずしも支持しないことを発見しているのである（Shaw & Slator, 1985: 3-4, 86-91）。

また歴史研究の分野で，ジュルゲンス（Juergens, G.）は，センセーショナリズムを「時代を越えた訴求を持つ記事—セックス，犯罪，悲劇—に焦点を絞ることで，多くの読者を引き付ける戦術」（1966: 28）と定義したうえで，戦術の原則三つを指摘している。第1，第2は題材に関するもので，第3は，スタイルに関わるとしている。彼はセン

セーショナリズムを題材・スタイル双方に関わらせている。どうもセンセーショナリズムは題材か扱い方かについては，明確な回答がないように思われる。また現実にも，読者が望んでいるから式の，読者のニーズによりかかる弁明を別にしても，もしセンセーショナリズムを積極的に擁護する議論がないとするなら，何をもってセンセーショナリズムとするかの定義的次元は曖昧なものにならざるを得ず，批判者は現実に題材それ自体に不快感をもつのか，扱い方が不満なのか，依然として不分明にとどまらざるを得ない。

戦争あるいは殺人のような犯罪は，本質的にセンセーショナルであろうが，既述のような離婚訴訟はどうであろうか。それが性的な問題に関わることになれば，扱い方によってはセンセーショナルになる可能性をもっている。扱うニュースによって大衆的なジャーナリズムと高級なジャーナリズムの境界線を引こうとする意外に困難な作業にも似て，結果的にニュース論（史）研究の欠落といった問題が浮上してくることになる。ニュース論（史）の研究はまた，センセーショナリズムはニュースに本質的に内在するものなのか，規範からの一時的な逸脱なのか，といった問題にも大きな示唆があるように思われるのである。

次に，いかなる理由でセンセーショナリズム批判が行われるかについて考えてみたい。センセーショナリズム批判は一般的に，センセーショナルな報道は大衆の嗜好や道徳を堕落させ，結果的に非行に走らせる，といった理由付けで行われることが多いが，ここではセンセーショナリズム批判に潜むエリート・バイアスを指摘しておきたい。センセーショナリズムに影響されたことを告白する批判者はほとんどいない，という事実に示されるように，批判者は自分

よりも知的にも情緒的にも劣る人びとへの影響を懸念するのである。たとえば英国では，ポルノグラフィーはリテラシーが中産階級や女性に広まった17世紀に初めて規制されるようになった。ポルノグラフィーが上流階級の男性の間でのみ流布している時には，規制論にみられるような懸念はほとんど語られなかったのである（Stevens, 1985: 3-4, 79）。20世紀になって生まれた，猥褻なあるいは暴力的な題材を規制しようとする大半の試みは，子どもの保護として正当化されてきたのである。

これまで述べてきたように，歴史的にはセンセーショナリズムは普遍的な現象のように思われ，人びとはその抗し難い魅力に引きずられてきたように思われるが，その中でも，センセーショナリズムと道徳的（初期は宗教的で，のちに社会的なものになった）説教との，奇妙な共存を歴史的に広範に指摘できることの重要性を最後に考えてみたい。いわばセンセーショナリズムの社会的効用はあるか，という問題設定である。

たとえば，スティーヴンス（Stevens, J. D.）は，共存の理由を四つに分類しており，それに従うと次のようになる。第1は，ジャーナリストが報道に道徳的外見をつくろうとするプラグマティックな偽善である。第2は，読者が怖くて直視できない奇怪でどう解釈していいか分からない事件を，日常性の枠に押し込む手助けをする，という理由である。第3は，逸脱者は必ず処罰されるという政治・社会システム維持の側面である。第4は，最悪の事例がもつ教訓性である（Stevens, 1985: 94-95）。スティーヴンスの指摘はさらなる考察を進める際の重要な論点を含んでおり，ここではとくに第3と第4の理由を中心に議論を深めたい。

逸脱論の見地から考えれば，社会というものは成員間の調和を追求するものである，ということを仮定し，内的均衡を維持し，変化に抵抗し，そして境界線を維持するようにそのシステムをデザインする。システムは中心的な力と見なされ，基本的な規範に向かってアクターの行動を引き寄せる。その引力に抵抗する人には「逸脱者」のレッテルが貼られる。逸脱者は，多数派の受容可能な基準と行動が異なることを意味する。こうした視点に立つエリクソン（Ericson, K.）は極めて興味深い論点を提示する。彼によれば，「過去においては，逸脱的な違反者の裁判はもちろん，処罰までが公開の市場で行われ，群衆に対して直接，活動的な参加の機会を与えた」。ところが今日そうしたことはもはや行われないが，公開処刑の禁止といった刑事政策の改革が「大衆的情報のメディアとしての新聞の発展とほぼ正確に軌を一にしていること」に注目し，「歴史的な偶然に過ぎないだろうが，にもかかわらず，新聞（そして今やラジオとテレビ）はかつて公開処刑や晒し刑によって供給されたのと同じ種類の娯楽を読者に提供している」（Erikson, 1964: 9-21）と考える。現代のニュースの多くが逸脱的な行動とその処罰に割かれているのは確かである。

こうしたニュース記事は，いかなる理由でニュース価値があるとされるのか，あるいはいかなる理由で大きな関心をひきつけるのだろうか。この問題について，彼は，センセーショナルなニュースが，大衆的受け手の間での心理的な非行に満足を与えると同時に，社会的規範の輪郭についての主要な情報源となっている，と考えるのである。従って，犯罪と社会的逸脱に関するメディアの描写は，社会的利益に積極的に奉仕する可能性は十分あることになる。逸脱者

は，受容可能な行動の限界を示すことで，社会に対してその基準の再評価を強制する。そしてこの参加の大半は代理的なものとなるのである。こうした議論が妥当性をもつとするなら，代理的参加は現代のセンセーショナリズムの問題解明にもかなり貢献することになろう。

註

1）1880年代には，プライバシー侵害という批判も一般化するようになり，それがセンセーショナリズム批判と微妙に絡むようになった。Samuel Warren と Louis Brandeis の古典的論文「プライバシーの権利」が公表されたのは1890年であった（"The Right of Privacy," *Harvard Law Review,* 4（December, 1890): 193-220）。

2）こうした議論については，Wilkerson, Marcus M., *Public Opinion and the Spanish-American War*（Baton Rouge: Louisiana State University Press, 1932）や Wisan, Joseph E., *The Cuban Crisis as Reflected in the New York Press*（Columbia University Press, 1934）を参照のこと。

3）たとえば，ハーストのある伝記は，米西戦争を扱った章に「米西戦争のオーナー」という標題を付けている。Carlson, Oliver and Bates, Ernest Sutherland, Hearst: *Lord of San Simeon*（Westport, Conn.: Greenwood, 1970): 92-109.

4）このエピソードはさまざまな文献で紹介されているが，たとえば Emery Edwin and Emery Michael, *The Press and America,* 5th ed.（Englewood Cliffs, NJ: Prentice-Hall, 1984): 290 を参照。なお原文は以下の通り。"Remington, Havana. Please remain. You finish the pictures and I'll furnish the war. W. R. Hearst".

5）この事件の詳細については，Kuntstiler, William, *The Minister and the Choir Singer*（New York: William Morrow, 1964）を参照のこと。

引用／参考文献

Bleyer, W. G.（1973）*Main Currents in the History of American Journalism.* Da Capo Press.

Bradshaw, J. S.（1980）George H. Wisner and the New York Sun, *Journalism History,* 6: 4（Winter, 1979-80）.

Cohen, L. (1964) *The New York Graphic: The World's Zeniest Newspaper.* Chilton Books.

Darnton, R. (1982) *The Literary Underground of the Old Regime.* Harvard University Press.

Dicken-Garcia, H. (1989) *Journalistic Standards in Nineteenth-Century American.* University of Wisconsin Press.

Erikson, K. (1964) Notes on the Sociology of Deviance, in Becker, Howard S. ed., *The Other Side.* Free Press.

Faulkner, H. U. (1962) *The Decline of Laissez Faire: 1897-1917.* Holt.

Francke, W. (1985) Sensationalism and the Development of the 19th-Century Reporting: The Broom Sweeps Sensory Details, *Journalism History,* 12: 3.

Gifford, C. A. (1976) Ancient Rome's Daily Gazette, *Journalism History,* 2: 106-109.

Godkin, E. L. (1895) Journalistic Dementia, *The Nation 60* (March 14, 1895): 195.

Haskins, J., ed. (1984) *Morbid Curiosity and Media.* University of Tennessee School of Journalism.

Juergens, G. (1966) *Joseph Pulitzer and the New York World.* Princeton University Press.

Mott, F. L. (1962) *American Journalism: A History: 1690-1960.* The Macmillan Company.

大井眞二 (1985)「ニュースの革命とペニー新聞について」『政経研究』29 巻 2 号。

Olasky, M. (1991) *Central Ideas in the Development of American Journalism.* Lawrence Erlbaum Associates.

Olasky, M. (1985) Late 19th Century Texas Sensationalism: Hypocrisy or Biblical Immorality ? *Journalism History* 12 (Autumn Winter, 1985).

Seguin, J. P. (1964) *L'Information en France Avant le Periodique,* Editions G. P. Maisonneuve et Larose.

Schiller, D. (1981) *Objectivity and the News.* University of Pennsylvania Press.

Schudson, M. (1978) *Discovering the News.* Basic Books.

Shaaber, M. A. (1966) *Some Forerunners of the Newspaper in England, 1476-1622.* Octagon Books.

Shaw, D. L. and Slator, J. W. (1985) In the Eve of the Beholder? Sensationalism in American Press News, 1820-1860, *Journalism History,* 12: 3-4, 86-91.

Smith, J. M. and McCombs, M. E. (1971), The Graphics of Prose, *Journalism Quarterly,* 48 (Spring 1971).

Stephens, M. (1985) Sensationalism and Moralizing in 16th and 17th-Century

Newsbook and News Ballads, *Journalism History*, 12: 3 – 4 .

Stevens, J. D. (1985) Social Utility of Sensational News: Murder and Divorce in the 1920's, *Journalism Quarterly*, 62 (Spring, 1985).

Stevens, J. D. (1985) Sensationalism in Perspective, *journalism History*, 12: 3 – 4 .

武市英雄 (1984)『日米新聞史話』福武書店。

Tannenbaum, P. H. and Lynch, M. D. (1960) Sensationalism: the concept and Its Measurement, *Journalism Quarterly*, 37.

Tannenbaum, P. H. and Lynch, M. D. (1962) Sensationalism: Some Objective Message Correlates, *Journalism Quarterly*, 39.

Thomas, I. (1874) *History of Printing in America*, 2 nd ed., 2 vols., Joel Munsel.

Wilcox, D. F. (1900) The American Newspaper: A Study in Social Psychology, *Annals of the American Academy of Political and Social Science*, July 1900 vol. XVI.

Wisan, J. E. (1934), *The Cuban Crisis as Reflected in the New York Press 1895 –1898*. Columbia University Press.

第7章　グローバルリスク時代のジャーナリズム

1　グローバルな危機とメディア

▌1755年のリスボン大地震

　2005年11月リスボン市民は，同市の歴史における大きな出来事を想起することになった。250年前の11月1日万聖節の日，リスボンはサン・ヴィンセンテ岬の西南約200kmを震源とする大きな地震とそれに続く津波そして火災に見舞われ，町は灰燼に帰した。当時27万5千の人口を擁するリスボンを中心に，地震，津波及び火災による犠牲者は6万人にも達した。この大地震は，ポルトガルにとどまらずヨーロッパの国々に大きな衝撃を与えた。このグローバルなリスボン大地震はいわば世界史上「初の大きなニュースイベント」(Murteira, H., 2004)であり，また「初のメディア災害」(Salmi, H., 1996)でもあった。

　ヨーロッパの新聞はリスボン大地震を数か月にわたって報道し続けた。他方でリスボン大地震はそれにとどまらず，その後数十年間にわたって議論される公共的議論の話題ともなった。こうしてヨーロッパでは，リスボン大地震の情報は文字通りのニュース報道だけでなく，イラストレーションや劇的な説明によって初め新聞や公的書簡で流通し，次いでブロードサイドのバラッド，覗き小屋や劇場の見世物のような大衆的なメディアテクストにおいても流通することになった（Murteira, H., 2004; Salmi, H., 1996)。

　スペイン，フランス，イギリス及びドイツ諸邦など多くのヨー

ロッパの国々は，金や食料，建物といった救援のための物資だけで
なく労働力をポルトガルに送り，新聞は今日のニュースメディアと
変わることなく，さまざまな角度から救援活動を報道した（Pantti
et al., 2012）。たとえば *The London Gazette* はハンブルク及びダン
ツィヒからリスボン再建のため建設資材が送られたとして，
「Dantzick 発 3 月 10 日」のクレジットで救援船が送られたことを
報じ，*The Scots Magazine* は，「リスボン発 2 月 1 日」のクレジッ
トでアイルランドの輸送船 5 隻が到着し，積み荷の牛肉やバターの
救援物資がリスボンの貧しい人びとにどのように配られるかを報じ
た（Murteira, 2004）。リスボン大地震に国際的な救援活動と広範な
メディアの関心が向けられたのは，リスボン大地震で多くの人命が
失われ，リスボンが廃墟となったためだけではなかった。強力な救
援のネットワークが形成され，メディアの関心を引き続けたのは，
これらヨーロッパ諸国は，ポルトガルに商業的・政治的利害関係を
もっていたからであった。

　リスボン大地震はまた，自然災害とは何か，その原因は何かの解
釈に大きな転換を記すことになった。ポルトガルは敬虔なカトリッ
ク国として多くの教会を援助し，海外植民地にキリスト教を宣教し
てきた。あろうことか，そのポルトガルの首都リスボンが，万聖節
の日に地震の直撃を受けて多くの聖堂もろとも破壊されてしまった
のである。この災厄は，18 世紀の神学，哲学に難問を突き付ける
ことになった。正統な宗教的解釈によれば，地震のような災厄は人
間の罪に対する神の処罰のしるしであり，18 世紀にあって自然災
害は神の怒りの現れであった。印象的な教会，修道院そして敬虔な
市民でヨーロッパに知られるリスボンは，神の怒りを買ういかなる

罪を犯したのか。リスボンは邪悪で，物質主義的でかつ不道徳だったのか。

　リスボンの悲劇は当時の多くの啓蒙思想家に大きな衝撃を与えた。彼らのリスボン大地震に関する説明は多種多様であったが，宗教に対抗するものとして科学に向かった。つまり彼らは，リスボン大地震のような災害は自然の一部と見なされるべきであり，それゆえ異常事態ではなく通常に起こりうるものという立場を採った。実際リスボン大地震はモダニティをめぐって，ヴォルテールとルソーの知的な論争のトピックともなったのである（Pantti et al., 2012）。ヴォルテールは，リスボン大地震を主題とする『リスボンの災害に関する詩』(1756 年) や『カンディード』(1759) においてリスボン大地震をライプニッツの神義論や楽観論を攻撃する手段として使い，大地震を自然に帰した。

　他方でルソーがヴォルテールのこうした解釈に挑戦したことはあまり知られていないが，彼は究極的には災害は，われわれの脆弱性を作り出す人間的作用の産物と論じた（Dynes, R., 2000）。ルソーは「もし地震がリスボンではなく荒野の真っただ中で起こったならば，われわれはそれについて何等の言及もしないだろう」(Masters, R. D. & Kelly, C., 1992: 110) と述べ，災害は社会的に構築されること，災害の意味は，どこで起こるか，だれが被害を受けるか，という文化的なコンテクストに依存することを指摘したのである。ルソーの見解に立てば，リスボン大地震は「最初の現代的災害」(Dynes, 2000: 113) であったのである。

▌ グローバルな危機

われわれは 1755 年のリスボン大地震の時代とは異なるが，同じ「グローバルな危機の時代に生きている。相互に連結され相互に依存する世界に，またメディアの構成と流れに従ってコミュニケーションが行き交う世界に暮らしている。この同じ世界がまた増殖し，しばしば相互に浸透する『グローバルな危機』を生み出している」(Pantti et al., 2012: vii)。グローバルな危機は，現代のグローバル化した社会に特有のものであって，その中に深く織り込まれ，インパクトは主権国家の国境を超え，かつ世界のメディアの存在とそのありように左右される。

こうして今日のグローバルな危機や災害は，単にその規模やリーチの観点から「グローバル」や「脱国家的」として特徴づけられるだけでなく，それ自体のグローバルな性質と要求される反応のグローバルな形態によっても特徴づけられる。たとえば，バウマン (Bauman, Z.) は「ネガティブにグローバル化された惑星」に深く根ざすものとして，今日のグローバルな「メタ問題」に言及した。バウマンによれば，こうした惑星における他のすべての問題の取り組みを条件づけるメタ問題は，ますますグローバルとなり，そしてグローバルであるために地方的な解決の余地が全く存在しない。つまりグローバルな起源でグローバルに活性化された問題にはローカルな解決策が全く存在しないし，存在しえないのである (Bauman, 2004: 25-6)。

グローバル時代にあって，災害や危機はごく日常的なものとなり，しばしばより悲劇的になるのに加えて，可動性をもち，地理的境界を超え，インパクトや情緒的，人道的及び政治的反応の観点か

ら，ますます世界的な反響を呼ぶ。ますますグローバル化する時代，すなわちローカル及びグローバルなコミュニケーションの流れ，重層的に絡みあうニュースの構造的編成，増殖するソーシャルメディアによって媒介される時代において，災害はほぼ瞬時に，リアルタイムに，世界のますます多くの人びとに衝撃を与え，感情のグローバル化や「想像の連帯」のような反応を引き起こす（Pantti et al., 2012: viii）。

　気候変動からテロ戦争，感染症の世界的流行，世界の貧困から非人道的な災害，そして経済の崩壊に至るグローバルな危機は，グローバル化された地球の暗黒面を表象する。国際赤十字・赤新月社連盟によれば，過去10年間で自然災害による被災者の数は4倍に増加して20億人となり，毎年平均して地球上の2億人が被害を受けていることになる（Glenn, J. & Gordon, J., 2007）。工業化社会にあって，工業火災，大規模な交通事故，産業爆発そして汚染の大きな事件のような，人工火災（man-made disasters）の頻度も増加した証拠が存在する（Pantti et al., 2012: 1）。さらに今日の相互に連結し依存する世界にあって，気候変動，汚染の増加，都市の人口移動そして悪化する資源の欠乏を含む，強力な世界的な規模の統合の過程が，すべて「災害」の可能性の原因ではないにしても悪化させている。こうして脆弱性が増大し，人間存在の不安定に向かう傾向がこの先も続くことは不可避と思われる（Abbott, C., Rogers, P. & Sloboda, J., 2006; OECD 2004）。

「不」自然災害，自然の復讐

　先に述べた自然災害の被害の大半は，洪水，サイクロン（ハリケー

ン，台風）及び暴風雨によるもので，地球温暖化がもたらす気候変動の「自然」災害と称される。こうした「自然災害」の増加はグローバル化の結果，そしてギデンズ（Giddens, A., 1990）が指摘するグローバルに「社会化された自然」やベック（Beck, U., 2009）が主張するグローバルなリスク社会の「生産された不確実性」が招来した「後期近代」の意図せぬ結果であり，さらには「製造された不安」を創出するのである。

　周知のようにベックは，他の社会理論家にもまして，グローバルな脅威や危機をグローバル時代の理論化の中央舞台に据え，「リスク社会」（Beck, 1992）の理念を「世界リスク社会」（Beck, 2000）へと拡張し，世界の危機の三つの異なる軸を差異化する（Beck, 2006）。それらはエコロジカル，経済的及びテロリズムの相互依存的危機，と称される。こうしてベックはグローバルな危機特有の性格の理論化に貢献するだけでなく，新しいグローバルな「運命の文明共同体」（Beck, 2006: 13）にグローバルな危機を位置づけ，コスモポリタン的展望の必要性を強調する。この概念はデヴィッド・ヘルド（David H.）の「運命の重複する共同体」（2004）に基づき発展せられたもので，気候変動，トランスナショナルなテロリズム，世界的な金融のクラッシュのような今日のグローバルな脅威は，自然の結果ではなくグローバル化する世界社会の望まれない結果となる。こうした世界の「相互依存的危機」によって，われわれは共通の苦境やグローバルなコスモポリタニズムや協力的反応の敏速な形態を認識せざるを得なくなる（Cottle, S., 2009）。こうしてベックは，文明によって作られたグローバルな危機や危険において，内部と外部，ナショナルとインターナショナル，われわれと彼らの間の古き境界はその妥

214

当性を失い，新しいコスモポリタン的リアリズムがわれわれの生存に不可欠となる（Beck, 2006: 14）と主張する。

グローバルなリスク社会では，環境問題，テロリズム，戦争及び災害は，たとえそれらが決定的にローカル化された事件やリスクに位置づけられるとしても，国民国家を超えた新しい政治のビジョンを要求する。それ故，重要なことは環境問題，テロリズム，戦争及び災害は「世界」の問題であるという認識であり，その起源や結果においてナショナルな政治のスキームよりも大きくなったからだけではなく，「まさにその具体性において，その地理的所在において，そして今やこの町やこの政治組織において，『世界の』問題なのである」(Beck, 2006: 15)。

先の問題に戻って気候の人為改変的変動のコンテクストから省察すると，いわゆる「自然災害」は決して「自然」が生起させるものではなく，むしろ「不」自然な現象と思われる。事実，後期近代に生まれた「自然災害」の多くは，ますます「不」自然災害と称すべきものになった。いわゆる「自然災害」は人間の世界に複雑に依存し，ますますそれによって決定されるようになっており，そうした意味においてしばしば「不」自然，いわば「第2の自然」と解されるのである。

さらに，ニュースメディアにおける社会的構築の観点からは，災害はまた社会的に生産された現象でもある（Cottle, 2009: 44）。メディアによる災害の取材・報道は非常に選択的で恣意的であるから，最も重要な意味において，メディアが災害の取材・報道を決定したとき，メディアは災害を作り出すのである。より正確にいえば，メディアはさもなければ犠牲者が地方的に限定されるリアリティし

かもたない災害に，制度的保障つまり制度的に注目を与えるのである。こうした保障は，外部の救援の組織や復興活動の前提条件となる（Benthall, J., 1993: 11-12）。一人ひとりの命は平等な価値をもつことは言うまでもないが，メディアの世界では命の価値は不平等な取り扱いを受ける。プロフェッショナルな「死の計算法」は，世界中の死，破壊，災難／苦難の異なるニュース価値についてなされる，プロフェッショナルでルーティンな判断である（Cottle, 2009: 45）。この計算法によって算出される数値が，災害や危機に地方性を超えるリアリティを与えられるかどうかを左右する。

　こうしてある種の災害は単にリレーされ，報告される。つまり「媒介される」だけでなく，現実にそれらの災害は，公共的なものとされて，メディアによって推進される，つまり「メディア化（mediatized）」されるのである（Cottle, 2009）。

　現代社会は，メディアと災害によって定義されるような時代となった。人びとが世界中の災害に遭遇し，苦難を証言するのはメディアを通じてであり，われわれは近年一連の大規模な災害を目撃した。2004 年のインド洋の津波，2005 年の米国のハリケーン・カトリーナ，2008 年のビルマのサイクロン，中国四川の大地震，2010 年のハイチ大地震，そして 2011 年の日本の大地震が続いた。日本の地震はそれに続く津波と，フクシマにおける原発のメルトダウンが続いた。これらは未曽有の生命の喪失，大規模な社会的混乱及び経済的打撃をもたらした（Pantti et al., 2012）。

　今日の複雑なメディア環境において，異なる災害はどのように構成されるのか。われわれはさまざまなメディアによって災害をどのように目撃し対応するように促されるのか，とりわけニュースメ

ディアは，どのようにして災害を文化的に意味のある，政治的に重要な問題へと構築していくのか。これらの課題は非常に価値ある問いかけであり，ジャーナリズム・スタディーズの重要な課題である。

2　グローバルな危機としての東日本大震災

▌多元化，複合化するリスク

　すでに措定した問題の射程から了解されるように，東日本大震災という未曾有の災害・危機はグローバルな視点から，グローバルな危機の現象ととらえる必要がある。以下そうした視座から東日本大震災という災害・危機を考察してみたい。

　すでに指摘したように，今日の「自然災害」は「不自然災害」でもあるが，東日本大震災は前期近代的リスク（地震・津波，台風［ハリケーン，サイクロン］，竜巻など）と後期（再帰的）近代的リスクが複合化して発現した災害・危機ととらえることができる。後期近代的リスクは，ベックやギデンズが述べるように，近代化の技術が生み出した製造業，エネルギー生産，交通輸送によって惹起されるリスクであり，また環境汚染，機械化された農業生産，食生活やライフスタイル，都市における暴力的犯罪，感染症，経済的リスクを包含する（Priest, S. H., 2005）。こうして3・11の地震・津波及びそれらが惹起した原発事故は，複合化した災害（complex catastrophe）であり，国内はもとよりグローバルにさまざまな影響をもたらした。グローバルなリスク社会は，ベックによって診断された問題を抱える「暴走する世界」(Giddens, 2000)であり，こうした複合的リ

217

スクを回避することが日々の生存のための態度であり，行動の原理であること，そしてあらゆる制度・組織の制度化・組織化の原理となっていることを，われわれは改めて思い知らされた。

　一般的に「イベントが地理的に大きく広がり，展開に時間がかかるようになればなるほど，その結果は深刻になる可能性が高くなる」(Vultee, F. & Wilkins, L., 2012: 16) という命題を例証するように，東日本大震災は，災害として広域化し，深刻な被害をもたらした。一般にリスク報道やリスク・コミュニケーションの観点から，災害や危機は分析的に以下五つのステージから構成される。警報段階 (warning)，発災段階 (impact)，発災直後段階 (immediate post-impact)，復旧段階 (recovery)，減災段階 (mitigation〉である。こうしたサイクルから東日本大霊災を捉えると，発災は確かに 2011 年 3 月 11 日午後 2 時 46 分であった。しかしいま，われわれはいかなる段階にいるのだろうか。「被災」地域は拡大し，モザイク化するだけでなく，減災段階も見えず長期化した災害であり，危機であった。その意味で大震災，後に述べるように「災害マラソン」(Liebes, T., 1998) でもあった。

　すでに指摘したリスクの日常化の裏側で進行しているのは，科学・技術への信頼性の揺らぎを含めた既存の社会制度に対する不信感の醸成である。東日本大震災の地震を例にとれば，発災前に予知・早期警戒システム，耐震技術（建造物・橋），防潮壁，ハザードマップなどが整備され，リスクは最小限に抑えられ制御される「はず」であった。しかし地震は，液状化のような新しいリスクだけでなく，「想定」を超えるリスクを生み出し，結果としてさまざまな制度は壊滅的な打撃に見舞われブレークダウンし，制度の信頼を根源から覆す事態がもたらされた。現代の社会は技術革新や正しい知

識に基づく公共政策を通して，リスクの減少につとめてきたが，これまで知られていなかった感染症の流行，地球温暖化，環境汚染などの新たな側面が露わになった。こうしたリスクの減少と創出のパラレルな動きは，さまざまな社会セクターを超えた重大な問題となっている（Waisbord, S., 2009）。

▎ グローバル化するリスク

　現代社会を「グローバルなリスク社会」として概念化したベックらは，東日本大震災を「グローバル化するリスク」の視点から極めて興味深い指摘をする。グローバルなリスク社会における人間が生み出した危険は，空間的・時間的・社会的に限定しえず，国民国家や階級の区別を超え，それぞれの方法で制御しようとする制度に対するまったく新しい挑戦となる（Beck et al., 2011: 2）ことを前提として，東日本大震災における災害の因果関係は錯綜し，有責性の明確性は消失してしまったことを指摘する。さらに原発事故の被害・影響が国境を超える潜在的可能性をもち，現に国境を超えていく事態をもたらしたにもかかわらず，「建設を決定する際に国民国家が主権を持っているのは矛盾である」（Beck et al., 2011: 8）と，グローバル化するリスクの問題を的確に指摘している。

　国民国家とメディアの関係性は，かなり以前からメディア学者の中心的な関心であった。個々の市民が集まって，政治権力から独立して（かつしばしばそれに対抗して）公衆を形成し，国家と市民社会の間の空間として公共圏が形成される，というハーバーマス（Habermas, J., 1989）の公共圏の説明は，存在論的枠組みとして国民国家に依存する。他方でアンダーソン（Anderson, B.）にとって，

出版ジャーナリズムの台頭は国民国家を可能にする。彼は，新聞を読むことで，個々の市民は自分自身を「想像された共同体」のメンバーと見なすようになる。しかし個々のメンバーは「大半の同僚メンバーのことを決して知らず，会ったこともなく，話を聞いたこともないが，それぞれの心の内に，彼らの聖餐のイメージが存する」と論じる（Anderson, 1991: 1）。

ナショナリズムのメカニズムを通してメディアの災害や危機の報道は，国民国家に向かうが，それは単にメディアがナショナルに組織され，焦点もナショナルだとか，他国を無視する，ということではないことを，グローバル化は示唆する。その代わりにグローバル化された権力関係は，国民国家の見解を方向づける。現代の災害のグローバルな性格のため，メキシコ沿岸の石油流出，パキスタンの洪水そして日本の地震は，グローバルなインプリケーションをもつのである（Pantti et al., 2012: 40）。

▌ 媒介，メディア化されるリスク・災害

相互に連結しグローバルに媒介された世界において，災害はしばしばそれ自身，後期近代と現代のグローバル化された無秩序として発現するから，災害は潜在的に包含的なグローバルな危機との関係で概念化され，かつ理論化されてきた。前期近代の災害であれ，後期近代のそれであれ，災害と危機はすべて，それがどのように知られどのように対応されるかに関して，メディアとコミュニケーションにますます依存するようになった。今日災害と危機は主として，メディアとコミュニケーションにおいて，そしてそれらを通して，定義され，ドラマ化され，かつ構築される（Pantti et al., 2012: 33）。

220

今日，災害はしばしばメディア化される。すなわち，メディアが
しばしば災害というイベントを単に報道するだけでなく，たとえば
パーソナルな物語を振り付け，演出する，官僚らによる公共的活動
を奨励する，トラウマや深い悲しみを含む，公衆の情調の流れを指
揮する，といった活動によって，積極的かつ遂行的に災害というイ
ベントを，公共的舞台で上演する。メディア化された災害は，しば
しばメディアにおいて，またメディアを通じて，非常に儀式化され
た仕方で表象され，集団的アイデンティティだけでなく想像の連帯
を支持・確認する。たとえば権力保有者や当局は公共的批判やより
広範なメディアの流れの対象となり，批評家はこの機会をとらえて
社会に深く根ざす問題に焦点を当てるので，これはまたより破壊的
な方法で流通しうるのである（Cottle, 2009: 175）。しかしながら，そ
の一方で悲劇，死者及び破壊の規模や，事実上現在地球上のどこか
らもコミュニケートできるポータブルなコミュニケーション技術の
利用可能性にもかかわらず，ニュースメディアのスポットライトを
浴びることなく，また公共的認知や政治的対応を引き付けることが
できなかった人道的災害ともいうべき，「忘却」の災害の存在も忘
却してはならない（Cottle, 2009: 173）。

　他方で，儀式的，統合的イベントと対照的に，テレビにおける災
害を含めた破壊的なイベントのライブ放送の台頭がますます注目さ
れるようになった。とりわけリーブス（Liebes, T., 1998）は「災害
マラソン」の概念に基づいて，媒介されメディア化された災害の文
化的，政治的インプリケーションについて極めて興味深い考察をし
ている。彼によれば，「メディア・イベント」（Dayan, D. & Katz, E.,
1992）と対比して，メディア・イベントがセレモニーの原理として

感情と連帯を重視するのに対して,「災害マラソンはコミューン的な公共的フォーラムであり,そこでは悲劇が情調的モーターとなり,対立とともに不快な音を発して,不安,主張,意見の相違を強調する」(Liebes, 1998: 75-6) リーブスの考察は,ライブの災害「イベント」の文化的な読みに基づくものだが,以前に議論された理論的形成とはラディカルな逸脱を提供する。それは,大災害の進行する報道が時間を超えて,いかにして公衆の見解に向けられ,相争う政治的意見や問題を停止するよりむしろ,活発にするかを示唆する。

今日の複雑なメディア・エコロジー,すなわちグローバルに拡大し,互いに浸透する,マルチメディア的なニュースの流れは,主流のニュースメディアによる伝統的なフレーミング,すなわち議題設定,ゲートキーピングを動揺させ,影響を与え,単に出し抜く,あるいは妨害するといった事態を生みだしている (Cottle, S. & Lester, L., 2011; Gowing, N., 2009 など)。また新しいソーシャルメディアの急速な受容とカスタマイズは,現代社会における「可視性の変容」(Thompson, J. B., 1995)をもたらした。それは危機における情報の権力をシフトさせ,結果として生まれた情報の「市民的うねり (civilian surge)」は,伝統的な権力構造に,非対称的なネガティブなインパクトを及ぼすようになった (Gowing, N., 2009)。これらの指摘の中で,特に興味深いのはガウィング (Gowing) の見解である。彼の見解は,災害コミュニケーションのコンテクストやコミュニケーション権力の伝統的な関係の再構成において,特に現実的な意味をもつ。すなわち危機においては,情報の一層の透明性へ向かう不断の,容赦なき傾向が生まれ,「何億という電子の目と耳が監視の能力と

アカウンタビリティへの新たな要求」を生み出す。それは，伝統的なメディアの能力そして表面的な権力と影響力をはるかに超え，結局のところ「市民的うねり」は，危機・災害時のエリートによる伝統的な情報とメディアの独占を不安定にすると，ガウィングは主張する。

3 社会的危機とメディア

コミュニケーションの機能

　東日本大震災をメディアやコミュニケーションの観点から考察する時，「社会におけるコミュニケーションの構造と機能」という古くて新しい問題が浮上する。リスクはいかに報道されるべきか，リスクをセンセーショナル化することなく報道し，なおかつ読者，視聴者を引き付けることは，可能だろうか。ジャーナリストの間にも，この問い掛けにコンセンシュアルな回答はほとんど，あるいは全く存在しないとしても，潜在的なリスクを市民に警告することは，現代社会におけるニュースメディアの仕事の一部であることに同意する。

　かつてラスウェル（Lasswell, H. D., 1948）は社会におけるコミュニケーションの機能について以下の古典的リストを提示した。それらは，「環境の監視（surveillance of environment）」，「社会的反応の相互関連づけ（correlation of societal response）」，「遺産の継承（transmission of heritage）」からなる。

　人びとが危険や脅威と認識する状況に警告や警報を発すること，こうしたリスクの報道が「環境の監視」を構成することに異論はな

かろう。しかし環境の監視はそれ以上のことを意味する。メディアにおいて何らの警告や警報も発せられないことは，われわれの暮らすコミュニティにとりあえず現存するリスクは存在しないこと，重大なナショナルあるいはグローバルなカタストロフが切迫していないことを暗示するのである。「社会的反応の相互関連づけ」と「遺産の継承」はもっと複雑である。たとえば地震やハリケーンに対して政府機関は何をしているかのニュースや情報は，災害や危機の報道においてきわめて重要かつ顕著である（Hornig〔Priest〕et al., 1991）。これらのニュースは社会が事態にどのように対応しているか，を人びとに知らしめ，そしてすべてが統制下にあることを間接的に示唆するのである。われわれが一つのリスクを理解し解釈する際に行使する価値観を含めて，リスク情報を解釈し，一つのリスクの容認／許容可能性を評価する際に，使用する（すべき）価値観は，明示的によりむしろ暗黙的に伝えられる可能性がずっと高いのである（Priest, 2005）。ラスウェルのパラダイムは，災害や危機の報道を考察する際に，再検討すべき重要な示唆を含んでいる。

▌メディア生産の構造

ニュースの社会的構築は，「ニュース」は生まれるのではなく，作られるという立場をとる。ニュースの社会的構築の視点は，メディア生産とりわけその生産の過程に焦点を当てる研究と密接な関係をもつ。メディア生産とりわけジャーナリズムの生産に注目する研究の中で，災害や危機の報道にとって重要なインプリケーションをもつのは，タックマン（Tuchman, G.）の一連の研究である。彼女によれば，ニュースを取材・報道する過程は，「予想されないこ

とのルーティン化」として分類／カテゴリー化されてきた（Tuchman, 1978）。タックマンは，ニュースはフレームであり，つまり世界に向けられた窓であり，人びとはフレームを通じて自身及び他者を，自身の制度と他の制度を学習する，と主張する。しかしニュースは，ある種の出来事に公共的性格を与えるが，他方で他の出来事は公共的情報となるのを阻止される。いかなる出来事が選択され，ニュースとして扱われるのか，このメカニズムの解明はジャーナリズム・スタディーズの重要な課題である。

　近代以降の歴史的過程で，ジャーナリズムは他のテクストと比べて明白に異なるスタイルとナラティブを発展させ，その過程で他の文化的な形態にはない特権的な地位を獲得する一方で（大井，2004: 42-43），商業化とプロフェッショナル化を進めてきた。19世紀前半までの政治・商業エリートを読者公衆とし，公共圏を実質化する機能を果たしたジャーナリズムは，啓蒙の領域たることをやめて「娯楽」領域へとシフトしただけでなく，取材・報道の合理化／効率化を進めてきた。予想されない事態に関する情報をニュースと定義するならば，予想されないことを予想する制度化は，ジャーナリズムの商業化とプロフェッショナル化が目指す目標であった。換言すれば，制度的にニュースメディアは官僚制的制度化（ニュース取材・報道の集権化）を推し進め，商業的競争，生存のため組織の専門化をはかった。また空間的には，経験則に従ってカバレージを地域割りし，重要なニュースが発生し，将来も発生する可能性のあるところにニュース取材・報道のネットやブランケットを張り，必要とされるトピックス領域を拡張するだけでなくその専門化をすすめ，仕事をルーティン化することで，商業化の目的を達成したのである

（Tuchman, 1978）。

　予想されないことをルーティン化するのがニュースの過程であったが，東日本大震災は「想定外」の言説を安易に流布させたことと軌を一にするように，メディアの「予想されないことを予想する」ルーティンを打ち砕くことになった。メディアは，大震災を機に組織化の原理を再点検する課題に取り組む際に，タックマンの指摘を改めて問い直す必要があるだろう。

　かつてワックスマン（Waxman, J.）は「通常活動の間，ニュースは新聞記者が作るものだが，地方の災害の間，ニュースは公衆が作るものである…通常活動の間，公衆とＴＶ局の間にはほとんどフィードバックはないが，地方の災害の間，大量の即時の公衆のフィードバックが存在する」(1973: 751-8) ことを指摘した。東日本大震災では，ソーシャルメディアを含めて公衆からの大量のフィードバックが重要な役割を果たした。ジェンキンス（Jenkins, H.）は『Convergence Culture』(2006) において，パーソナル・メディア，ソーシャルメディアと既存のマスメディアの「convergence」の問題に非常に興味深い分析を加えている。単一の著者の権威やテクストの固定性が変化したといった指摘は，リスク報道の将来を考えるうえで極めて有益であろう。

ジャーナリズムとフィールド理論

　タックマンは，ニュース生産過程へのジャーナリズムの学問的な焦点化をはかった開拓者といえるが，近年ニュースだけでなくジャーナリズム，ニュースメディアの生産過程に関する研究は，大きな成果を生み出してきた。たとえばシューメーカー（Shoemaker,

P.) の「ゲートキーピング」(1991)，シューメーカーとリース（Reese, S. D.) の「メッセージの媒介」(1996) に関する研究などは，ゲートキーパーからゲートキーピングへの，個人から組織へのパラダイム転換をもたらす，極めて重要な意味をもったが，ここでは，本章の射程からブルデュー（Bourdieu, P.) の「フィールド理論」を検討してみたい。

　ブルデューによれば，現代の社会空間には程度の差はあれ自律的な小宇宙ともいうべき社会空間が存在し，それぞれの空間の関係性が重要な意味をもつ。たとえば現代の社会空間には，ジャーナリスト，政治家，官僚，学者，専門家などがいる。ここには，可視的な認知できる行為者がおり，彼らは互いに会い，互いに闘い，互いに競争するといった関係性をもつ。この行為者群をそれぞれ構成する固有の不可視の空間つまりフィールドに置き換え，それぞれの関係性を問うのがフィールド理論である（Benson, R. & Neveu, E., 2005）。

　ブルデューは「政治，社会科学及びジャーナリズムのフィールド」（Bourdieu, 2005）において興味深い分析を示す。たとえば選挙の日，ＴＶに人の形をした政治家，ジャーナリスト，政治学者，批評家などが登場する。フィールド理論では，そこには政治，社会科学及びジャーナリズムのフィールドが存在することになる。彼らは結果にコメントを加えるだろう。ＴＶで学者がジャーナリストに語りかけるとき，ジャーナリストに語りかけているのは学者ではない。ブルデューによれば，ジャーナリズムのフィールドで一定のポジションを占めるジャーナリストに話しかけるのは，社会科学のフィールドで一定のポジションを占めている学者であり，それは究極的にジャーナリズムのフィールドに語りかける社会科学のフィールドと

なる。これが対象構築の出発点である。

　二人の相互作用の特徴は，ジャーナリズムのフィールドと社会科学のフィールドの関係性の構造を表現している。政治のフィールドは，通常政治的世界と称されるものの拡大された形態であり，政治の小宇宙（microcosm）である。その小宇宙は，その制度（たとえば政党），機能・役割のルール，ある種の（たとえば選挙）手続きに従い選出される行為者などをもつ自律的な世界であり，社会的大宇宙内に位置する小宇宙である。政治的小宇宙は，より大きな空間の機能の法則に巻き込まれる一種の小さな空間であるが，にもかかわらず，その空間の中で相対的自律性を与えられ，独自の法則，独自のnomosに従う。その意味で自律的である（Bourdieu, 2005: 32）。

　ベンソンとネヴ（Benson, R. & Neveu, E., 2005）によれば，文化的生産の最も大きなフィールドの中で専門化されたフィールドと比べると，ジャーナリズムのフィールドは「高度の他律性…によって特徴づけられ，言ってみればジャーナリズムのフィールドは非常に自律性の弱いフィールドである」。しかしジャーナリズムは依然として小宇宙であって，自身の法則，独自のnomosに従うからである。シャンペーニュとマルケッティ（Champagne, P. & Marchetti, D., 2005）は，フィールド理論を用いて，1980, 90年代フランスで大きな話題となった「スキャンダル」を実証的に分析している。HIVに汚染された血液製剤を当局の不手際によって，数千の血友病患者に使った事件であった。このスキャンダルを巡って，二人はこのメディア・イベントが，どのように医療情報における新しいディスコースの秩序を反映したのかだけでなく，その秩序をもたらすのにいかに役立ったか，について綿密な実証分析を試みている。先の例

第7章　グローバルリスク時代のジャーナリズム

で対峙する二人（たとえばジャーナリストと原子力学者）が「原発事故」を巡ってＴＶに登場しているとすれば，二つの相互に自律しているフィールドにいかなる関係性が生じるだろうか。原発情報における新しいディスコースの秩序は生まれているのだろうか。その秩序にメディアはどのようにかかわっているだろうか。フィールド理論はシャンペーニュらの研究が示すように，さまざまな実証分析の道を拓く可能性をもっており，災害やリスクのジャーナリズム・スタディーズに重要なインプリケーションをもっている。

4　大震災とジャーナリズム・スタディーズの課題

▌ リスクと情報源―誰がリスクを定義するのか？

ロステン（Rosten, L., 1937）が，先駆的な研究において，ワシントン特派員とニュース源の関係に焦点を当て，ガンズ（Gans, H. J., 1979）が巧みな比喩「It takes two to tango.」でジャーナリズムと情報源の関係を表現し，またホール（Hall, S., 1978）らが「初期定義」そして「定義権力」の重要性を指摘して以来，ニュースメディアに情報という原材料を供給するニュース源，情報源それ自体に関する研究，ジャーナリズムと情報源の相互の関係を焦点化する研究は，質・量ともにかなりの蓄積を示してきた。ジャーナリズムと政府のような公的情報源だけでなく，フォーマルな政治制度の枠外で活動する利益集団，環境保護団体のような唱道集団，パブリック・リレーションズなどの情報源に関する研究は，結局のところニュースは，ジャーナリストと情報源の複雑な相互作用の産物という知見に至った。単なる相互作用ではなく「複雑な」相互作用の視点から，

229

その具体的な内容を問うガンズ（1979）の「誰がニュースを決定するか（Deciding Whats News）」の研究が生まれ，またガンディ（Gandy, O. H., 1982）のような両者の関係の制度化に焦点を当てた「情報助成（information subsidy)）のような研究も生まれた。

これらのさまざまな研究の知見に照らして，ニュースは相互作用の産物であるのと同様に，リスクに関するニュースも相互作用の産物である。また同様に，リスクのフレームの利用に影響する点で，情報源は平等な権力をもっている訳ではない。リスクのニュースは多くの点で，他のニュースと全く異ならないのである。政府，官僚のような公的情報源は，一つのイシューまたは出来事がリスクとしてフレーミングされるかどうかをしばしば単独で決定することができる。公的情報源，特に官僚は，特定の懸念や政策に注目を引くために「恐怖の政治」を用いて，ニュースのフレームをシフトさせるのに大きな影響を行使することができる。反対に，彼らが公的に特定のイシューをリスクとしてフレーミングしない，あるいは躊躇する時，リスクのフレームの創出はなされないことになる（Pantti et al., 2012）。

公的情報源以外にも，リスクのニュースは常に専門家に依存する。公式情報源がしばしばリスクを定義する一方で，専門家は公式情報を支持し，信頼できる情報を供給する。専門家への依存は二つの側面をもつ。専門家は，科学的なデータ，さまざまな研究の結果や hard evidence などに基づいて，合法的／正当な評価を提供し，そして専門家の評価は，プロフェッショナルで客観的なジャーナリズムを補強・強化するように機能する。他方で今日のジャーナリズムにあっては，「ニュース操作・管理」に関わるシンクタンク，リ

サーチセンター，業界団体，利益集団，唱道集団（NPO を含む）が，ますます重要な情報源となっている。これらの情報源は，組織の利益のために公共的な可視性を，また利益に反する場合は不可視性を追求し，信頼できる情報源（あるいは，それを装って）として登場する。しかしこうした専門家は，リスクのストーリーを創出することはない。彼らのメディアでの発言は，多くのオーディエンスを引き付けるかもしれないが，公式情報源からの「ニュースイベント」やステートメントがないと，専門家に始まるストーリーは，長くニュースのサイクルに止まることはできない（Pantti et al., 2012）。

ジャーナリストと専門的情報源の関係は，コラボレーションを促進し，相互の利益を助長するかもしれないが，彼らの間の現実の相互作用はしばしば複雑である。たとえば科学者は，ジャーナリストがミスリーディングをもたらすような派手な見出しを用い，複雑な主題や調査の知見に関する過度に単純化された解釈に焦点を絞る，といったことに不満を述べる。研究を拾い読みし，データや結論を不正確に述べるとジャーナリストを非難する。ジャーナリストはえてして，実質よりもドラマを，原因よりも徴候を取材・報道する。現実のリスクに専門家が確信をもっていないときに，専門家があたかも結論をもっているかのように，彼らの科学的評価を扱う（Priest, 2005: 199-200）。

ジャーナリストは，時間に追われる仕事の性格上科学的な結論を待っていることはできない。またジャーナリストは，大抵の場合，科学的なリスク評価は，取材・報道に値する明らかなニュース価値のエレメントを欠く，と主張する。専門家は専門的な科学の用語を一般のオーディエンスに分かりやすく解説できない。ほとんどの専

門家は，リスクのニュースがどのように取材・報道されるかを決定するジャーナリズムの方法，実践や要件を理解していない。ジャーナリストの不満のコーラスは続く。

　リスクの定義に関しては，これまでオーディエンスは公式の情報源や専門家と比較して，二義的な役割しか果たしてこなかった。リスクがグローバル化，遍在化し，かつメディア化される現代の状況を踏まえ，たとえば大きなリスクの可能性をはらむ医療問題に目を向ければ，専門家とはいえないが病気の経験者としての患者は，また繰り返し地震や津波の災害を経験してきた被災者は，科学者や専門家と異なる次元の，専門教育機関での専門教育よりも独学や生活体験に基づく，新しい情報源になる可能性をもっている。彼らを従来の専門家と異なる「市民の専門家（lay expert）」として編入することは，リスクの報道の新しい情報源を切り拓くことになるだろう（Pantti et al., 2012）。

▌ リスクのフレーム

　リスクや災害・危機について公衆に語るジャーナリズムの仕事には，三つの決定的に重要な側面があり，それらはニュース・フレーム，時間とともに変化する災害のステージ及び取材・報道のためのモデルである（Thorson, E., 2012: 16）。フレーム，フレーミングは，ジャーナリズムの実践としてだけでなくそれが最終的には世論に影響を与えるがゆえに，多くの研究者が取り組んできた主題であった。一般的なフレームにはいくつかのタイプがあり，それらは価値，属性，責任，戦略と争点のフレームとして類型化することができる（Ben-Porath, E. N., 2009）。価値のフレームは，ジャーナリズムは，

人びとがニュースに接触する時に適用する道徳的，宗教的または社会的価値に影響を与える，という側面に関わり，属性のそれは，ニュースの中の人物や争点の特徴の重視に関わる。責任のフレームは，さまざまな社会問題の責任を帰す方法に関わり，戦略と争点のフレームは，政治キャンペーンにみられるもので，カペラら（Cappella, J. N. & Jamieson, K. H., 1997）によれば，いずれのフレームを使うかによって，政治的態度への影響に相違が生まれるという。

　ウェイズボード（Waisbord, S.）によれば，リスクに焦点を絞ると，さまざまな危険，有責者及び想定被害者を強調重視する「ニュースのフレーム」がリスクのフレームとなる。エントマン（Entman, R.）のよく知られた定義では「フレーミングは認知された現実のある種側面を選び，特定の問題定義，因果的解釈，道徳的評価及び処理の提案を促進するようにコミュニケートするテクストにおいて，それらの側面を顕出的にすること」である。

　フレーミング分析は一貫して，ニュースメッセージのより大きな意味は明示的な内容だけでなく，どのように語られるかの暗黙的な結果でもあることを強調してきた（Pan, Z. & Kosicki, G., 1993）。フレーミング分析は主として政治ニュースの取材・報道に関する研究で用いられてきた（たとえば Iyengar, S., 1990; Neuman, W. R., Just, M. R. & Crigler, A. N., 1992）が，フレーミング分析は同様に，リスクや災害の取材・報道の研究に適しているように思われる。リスクや災害は，時宜性，インパクトや影響，ヒューマン・インタレスト及び対立／紛争のような伝統的ニュース価値（Hough, G. H., 1988）を満たすだけでなく，本来的にさまざまな角度から取材・報道されうるドラマティックなイベントである。またイベントそれ自体が人を引

き付けてやまない性質をもっている（Thorson, 2012: 70）。

　リスクや災害のフレームは，災害がいかなる段階—警報段階，発災段階，発災直後の段階，復旧段階，減災段階—にあるかによって，用いられるフレームは当然異なるが，災害のニュース・フレームは若干の研究で分析されてきたに過ぎない。ウェンガーら（Wenger, D., James, T. & Faupel, C., 1980）によると，フレームの概念のリスクや災害の研究への適用はいくつか共通するテーマを生じさせ，それらは「死，経済的喪失，人間的被害そして社会的混乱…トータルな破壊」といったフレームである。たとえば，ウィルキンス（Wilkins, L.）の地方ＴＶと新聞の暴風雪に関する報道についての内容分析は，顕著なフレームが危機と無力であることを明らかにした（Wilkins, 1985）。アレグザンダー（Alexander, D., 1980）はまた，1966 年のイタリアのフィレンツェにおける洪水に関する新聞と雑誌の報道分析において，さまざまなフレームを発見した。それらはメディアの種類と情報源に依存した。雑誌の主たるフレームは人間の悲惨と荒廃であり，新聞では政治家と専門家に関して対立と責任（有責）が最も頻繁に援用されるフレームであった。またガーナー（Garner, A. C., 1994）の米中西部の 1993 年の洪水に関するフレーミング研究では，最も重要なフレームは，母なる自然との闘争における無力な個人，重要なサブテーマはナショナル及びパーソナルなコストであった。

　リスクや災害の報道やコミュニケーションに関する文献をレビューすると，以下七つのフレームの顕出性が高いように思われる。

1　経済—災害・リスクが経済へ及ぼす影響・効果を主題とし，政

府災害対策予算，物価などを扱う。

2　有責（責任）―災害・危機によってすでに困難に陥っている状況を，さらに誰（何）が，悪化させたのかを問う。

3　対立―複数の当事者や関係者の間の大きな意見の相違または緊張を扱う。

4　予測―気候に関する記事に見いだされるもので，予測の失敗もこのフレームに入る。東日本大震災の津波から結果的に生まれた文字通り数多くのニュース記事は予測の失敗から生まれた。

5　荒廃―自然の容赦のない破壊力及び広範に及ぶ想像を超えた災害被害を主題とし，動画であれ静止画であれ，映像のもつイメージに焦点が集まる。

6　無力―人びとが基本的に無力であること，制御できない力に翻弄されることを強調するフレームである。

7　連帯―人びとが力を合わせて協力している，あるいは無力ではないことを強調するフレームである。

（Thorson, 2012: 72-3）

以上に加えて，記念日―主として復旧段階の状況や学習された教訓など検証する機会を提供するフレームも有力である（Vultee & Wilkins, 2012: 30）。

しかしながら今日メディアによって媒介され，メディア化される大災害は，上記のいわば慣習的な災害やリスクのフレーミングを超えた概念化を刺激し，変化する時代に対応したいくつかのフレーミングのモデルを生み出している。その第1は，クライン（Klein, N.）が主張する「災害ショック（disaster shock）」である。クラインに

よれば，災害はエリートが破局的なイベントの「災害ショック」を利用して，企業の経済的利益や既成の政治的目標を促進する機会としてとらえることができる。クラインの主張は，災害や危機の即時的影響，効果を一定の距離を置いて考え，災害・危機がどのようにして政治的に私用（appropriation）されるかの問題にわれわれの眼を向けさせる。このパースペクティブから，われわれは慣習的な「災害」の漠然とした概念を離れて，破壊的出来事や過程の個々のタイプではなく，むしろ災害から利益を得ることができるだけでなく支配できる，最優先される政治的利害を認識しなければならない。クラインのテーゼは，災害や集団的トラウマは，あたかも政治的真空におけるかのようには，アプローチされえないことをわれわれに思い起こさせる。

　クラインの「災害ショック」は，政治的支配の観点から，政治権力による災害の政治的流用だけでなく，他のメディア・フレーミング，たとえば，ニュースメディアとエリートに関するフレーミングの可能性を示唆する。すなわち，ニュースメディアと政治的・公共的エリートの間のもっとダイナミックで政治的に起こりうるインタフェースを認識する方向へ動き始めるモデルは，ニュースメディア－エリートのインデクシング（indexing）モデルである（Bennett, L., 1990）。ハリン（Hallin, 1986）によれば，このアプローチは，ニュースメディアは事実，政治的ガバナンスや権力に対して，もっと独立的なあるいは場合によっては批判的なスタンスを維持することができるという可能性に議論の道を開く。インデクシングモデルに従うと，主流ニュースメディアはノーマルには，公的なコンセンサスと対立に基づいてニュースを報道し，優勢な政府，政治的フィールド

に従ってそのストーリーを調節する。例外的にのみ，つまり政治の中枢が分裂したり不確実であったりするとき，ジャーナリストはもっと独立的で批判的な見解を主張することができるのである（前掲）。ここでは詳細にわたることを避けるが，ハリンはベトナム戦争に関する研究から，イデオロギー的な公共的議論の空間として，「合法的」「コンセンサス」及び「逸脱」の空間を類型化し，さまざまな議論のトピックスが報道としてアプローチされるフレーミングを提案している（前掲，1986）。

　より広範な文化フレームとディスコースを凝縮して，災害のようなイベントを将来の軍事的統制を受け入れるように公衆を誘導するフォーカシングイベント（focusing event）（Tierney, K., Bevec, C. & Kuligowski, E., 2006）も注目に値する。チャニー（Tierney, K., 2006）らは，ハリケーン・カトリーナのニュース報道がどのようにして多くの「災害神話」を永続させたかを分析した。彼らはニュースメディアが米軍と政府の利益を支持すると解釈されうるような方法で，災害の余波をフレーミングしたかを研究し，政治的なるものについての，もっと文化的なニュアンスに富んだ経験的に焦点化されうる議論を提供した。カトリーナの破壊的インパクトについての初期のメディアフレームは，被災者を悲惨な災害犠牲者からパニックにかられた略奪者・暴力的犯罪者として特徴づけるフレームに取って代わり，被災都市を比喩的に戦争地帯として描いた。これらのメディアフレームは，災害後の緊急事態対応の責任を負う米国軍と政府の活動を導き，正当化するのに役立ったという（Tierney et al., 2006: 60-1）。

　これらの研究は，報道のフレームが時間とともに変化しうること

をわれわれに想起させるだけでなく，読者，オーディエンスはどのように大災害に対応するよう求められるかに，大きな相違をもたらすことを示唆している。

リスク報道の批判

　読者・視聴者を含め，ほとんど誰もがジャーナリズムのリスクや災害の報道に不満をもっているように思われる。科学の専門家は，科学が不正確あるいは不完全，でなければ現実より確実なものとして提示される，と不満を漏らす。官僚は，不必要なパニックが作り出され，でなければ人びとは十分な啓告が与えられていない，と不満をもつ。特定リスクに関わる唱道集団は，彼らが関心をもつ特定のイシューや問題が十分な注目を与えられていない，と嘆き，企業はその技術と生産物があまりにもリスキーである―そしてそれらが余りにも多くの注目を与えられている，と苦情を述べる。メディア消費者は，メディアは何に懸念をもつべきか，懸念すべきではないかを示すことができない，また科学的証拠の解釈における頻繁な方向転換は人びとを一層混乱させる，と不満を述べる。ジャーナリズム学者は，メディアカバレージは，その見解をあまりにも「公式情報源」に依存しすぎており，また科学ジャーナリズムは，長期的な傾向や発展を犠牲にして，短期的なブレークスルーにとりつかれている，と嘆く（Priest, 2005: 199）。

　ウェイズボードは，リスクの報道やニュースに対するこうした批判は，リスクの管理だけでなくリスクに関する広範な社会的関心や懸念，つまり人間が生み出したリスクに晒されるグローバルな社会，統制不能のリスクによって苦しめられる恐ろしい／怖い社会，

238

というイメージが投影されているとし，以下のような批判を紹介する。

第1に，メディアはタイムリーなリスク情報を提供することに失敗している，第2に，メディアはリスクについて歪曲されたイメージを提供している，第3に，メディアはまた十分なリスク情報を提供していない，第4に，メディアは実際の規模に対応しないリスク情報でオーディエンスを集中攻撃することで，リスクを誇大なものにする，第5に，メディアはまた偏見や社会的不安を利用する「モラルパニック」を促進する，といった批判を受けてきた。また同様に批判的な立場に立つクレップス（Kreps, G. A., 1980），シンガーら（Singer, E. & Endreny, P. M., 1993）は，第1に，メディアは災害をセンセーショナル化する，第2に，報道はしばしば，不正確な情報を含む，第3に，ニュース報道は主として，差し迫った災害の警告と災害というイベント自体に焦点をあてるが，リスク及びハザード減少のコンテクスチュアルな分析をほとんど提供しない，といった批判の論点を示し，またたとえば，ドラベク（Drabek, T. E., 1986）やパーカー（Parker, E. C., 1980）らは，メディアは災害行動の「神話」を永続化すると批判する。たとえばこうした神話は，大衆が惹起するパニック，無力な犠牲者，社会秩序の破壊，といった仮定を含むことになる（Dynes, R., 1970）。

これらの批判は，リスクや災害の報道やコミュニケーションの正確性，信頼性といった読者・視聴者の評価につながるだけに，きわめて重要な問題である[1]。

239

5 ジャーナリズムのすべきこと―実践としての課題

▌ジャーナリズムが認識すべきこと

　実践としてのジャーナリズムは，大震災のようなリスクや災害イベントについて果たすべきさまざまな役割をになうことになる。ジャーナリズムは，人びとがリスクや災害について事前の対策を講じたり，実際に災害が生起した場合の対応の際に，中心的な役割を果たす。こうした場合ジャーナリズムは，人びとのリスクや災害にかかわるさまざまなメッセージの主要な，時には唯一の情報源となる。リスクや災害が生起する前，直接的な被害をうけるかどうか，いかなる対応をすべきか，などの決定を迫られるが，この決定に助言を与えるのはジャーナリズムである。災害が発生した後，ジャーナリズムは被害の程度や避難所，経済的支援，義援金やボランティアなど救援・復旧などについて重要な情報を提供する。

　こうした前提に立つと，災害や危機にあたって，何にもましてジャーナリズムは，災害や危機と重要な関連をもつリスクについて認識しなければならない。第1に，リスクの政治的・社会的性格を認識する必要がある。ジャーナリストは，一つのリスクの純粋に科学的な定義に基づいて，特定のリスク状況において，誰が利益を得，誰が利益を失うのか，そして特定のリスク定義がこの等式をどのように変えるのかを問う必要がある。また公衆の認知は，多くの心理的・文化的要因に依存すること，自身のリスクの取り扱いが，ある種のリスクが対処され，他が無視される過程に寄与しうるだろうこと，そしてステークホルダーの間に勝者と敗者が生まれることを認識しなければならない（Priest, 2005: 123）。

ついで，リスクは単なる政治を超えた何かを表象するのであり，リスクは現実に人びとが被害を受ける可能性を表象する。そして時としてその被害は，ニュースメディアが仕事をより適切に行えば現実には予防されたかもしれない被害でありうる。反対に過度な増幅はそれ自体リスクであり，社会的資源を他のイシューからそらし，時として不必要な不安やさらに重大な害悪を惹起する。それ故それ自身社会的に構築された，一つのリスクの科学的次元を認識することは，始まりに過ぎない。引き受けるべき「合理的」リスクとは何か，「非合理的な」リスクとは何か。答えは，判断の問題であり，社会的価値や優先順位に大きく依存するから，これらのイシューは公共的論争の問題であるべきである。この論争について情報を提供し，論争を刺激すること，そして何が問題になっているかを確認する手助けをすることは，ジャーナリズムの仕事であり，この論争は，科学にもかかわらず起こるのではなく，科学とともに起こるものでなければならない（Priest, 2005: 123）。

ジャーナリズムの実践的課題

ニュースメディアは災害に際して他の機関・制度にはなしえない重要な役割を果たすが，リュー（Liu, B. F., 2009）によれば，いくつかの重要な課題に直面する。それらは① 混乱した状況下で，正確・タイムリーな情報を提供する，② 信頼できるニュース源を選ぶ，③ 災害の責任を明らかにする，④ 政府監視の役割と政府当局の合理的期待とバランスをとる，⑤ ジャーナリストとしての役割と，自身が災害生存者あるいは第1対応者（first responder）としての役割とバランスをとる，といった課題である。

第1の正確，タイムリーな情報提供は，ニュースメディアにとって災害の取材，報道のもっとも大きな課題である。直接の被災者だけでなく多くの人びとにネガティブな影響を与えるだけに，災害が発生すると，直後から膨大なニュース需要が生じる。直接の被災者は，第1に避難所や他のライフラインに関する情報はどこで得られるか，次いで生活再建の援助を誰がしてくれるのか，の情報を必要とする。直接の被災者でなくても，被害の程度，家族をはじめとして近親者などの安否情報や連絡方法，被災者にどんな援助ができるかを知りたいと願う。こうしてニュースメディアはこうした膨大なニュース需要にこたえる圧力にさらされる。

ニュースメディアは，災害「神話」とでもいうべき一連のルーティンを蓄積しており，実際に災害が起こると，報道にあたってこれに従って行動する。リューによれば，この神話はパニックや略奪，災害ショック，大規模な避難所の利用，大量の避難者，災害の中で生まれるヒーロー，そして犠牲者の無力感などを含む。これらの神話は迅速にニュースを語るための枠組みとしては有益だが，ほぼ確実に災害の複雑な現実を十分に描くことはできない。こうしたステレオタイプの誘惑に抗して，災害のさまざまなかつ複雑な現実に向き合い，それを伝える新たな方法を検討する必要があろう。

時間の制約もジャーナリズムに大きな課題を突き付ける。ニュースメディアは常に時間の圧力にさらされるが，災害時には特にそれが大きくのしかかる。発災初期には限られた情報しか利用できず，手持ちの情報を繰り返し流すことになる。東日本大震災でも，猛威をふるう津波の映像がＴＶで繰り返し流されたが，時として災害映像の反復は，被災者の受けるストレスを倍加させ，しばしば災害疲れ

（fatigue）をもたらす。こうした災害疲れは，復旧や復興に多くの時間を要する大規模な災害にとって有害である。なぜならば災害疲れは時として，復旧すら終わっていない災害への関心の喪失をもたらすからである（Liu, 2009: 937）。正確，タイムリーなニュース需要にこたえる課題はさらにまた次の課題を生み出す。こうした需要の圧力の下では，ニュースメディアはしばしば情報を十分にチェックすることなくニュースとして流し，結果的に誤報となる事例が数多く生まれる。特に死者，負傷者，避難者などの統計にしばしば過ちが生じる。

第2に，ニュースメディアは，信頼できる情報源を選ばねばならない。ジャーナリズムは典型的には，災害や危機事態に対応するために政府などが設置する緊急災害対策本部のような公的機関から重要な情報を入手する。しかし中央政府，警察，消防，自治体などの公的な情報源への依存は，しばしばフォーマルな政治制度の枠外で重要な役割を果たすボランティア，コミュニティレベルのさまざまな私的集団，近隣で臨時に組織された集団などの情報源を無視することになる（Liu, 2009: 937）。

公的情報源は有益な情報を提供するが，ジャーナリズムは通常複数の情報源を必要とし，実際に対応活動に従事している人びとの現場（on-the-scene）情報源に眼を向ける必要がある。彼らの対応や救助活動，その証言は些末とみられがちだが，「メディアに語る」価値のあるものをもつ重要な情報源である。さまざまな研究は，被災者は個人としてのインフォーマルな対応で災害の問題を解決し，時には資源配分を試みるコミュニティのリーダーや集団を生み出すことを示している（Vultee & Wilkins, 2012: 26-7）。これらの「下位政

治（sub-politics）」の組織集団は，災害や危機事態にあってジャーナリズムのルーティンな情報源網ではとらえることができない，しかも重要な情報を保持している可能性をもつ。

第3に，災害や危機の責任をだれに帰すべきかの問題がある。初期のショックが終わると，人びとは災害や危機の原因は何か，だれに責任があるかを問うことになる。有責性の問題は多くの人びとが関心をもつ話題であるだけに，ニュースメディアは可能な限り早くこの責任の所在を，責任者を明らかにする誘惑に駆られる。たとえば，災害発生時に，多くの場合政府はその対応をさまざまな角度から問われる。政府は何をしたのか，それはどの程度のコストが掛かったのか，誰が払ったのか，その活動はどの程度効果的であったのか（Vultee & Wilkins, 2012: 15）。しかしニュースメディアは，この誘惑に抗して早まって責任者を糾弾することを避けねばならない。

第4に，政府監視の役割と政府当局の合理的期待との間のバランスをとる課題がある。災害が発生したとき，政府とニュースメディアは，生命を救う，財産をはじめとした損害を軽減する，などの共通の目標をもつ。災害の間，ニュースメディアは「政府の重要な1部門」（Graber, 1984: 286）とまで称されるが，確かにニュースメディアと政府は危機の際に協働する公共部門でもある（Vultee & Wilkins, 2012: 11）。しかし他方で，日本を含め欧米のニュースメディアにあって，政府の政策決定や活動を監視することは重要な役割と位置付けられている。災害や危機の間，ニュースメディアは政府のそうした行為を念入りに監視することになるから，監視の役割はますます重要になる。政府の対応の遅れ，事前の災害や危機対策，犠

牲者だけでなく直接，間接の被災者に対する救援・支援活動の量や質を評価することは，ニュースメディアにとって重要な監視の課題である。この監視やいわゆる番犬機能は，有責性の問題と絡み合って，ニュースメディアは時として行き過ぎる可能性をもつ。政府はニュースメディアに対応するだけの課題を抱えているわけではなく，時としてその対応が遅れることもある（Liu, 2009: 938）。

　第5に，大災害にあってはジャーナリスト自身が被災者になる可能性があり，ジャーナリストと被災者のバランスをとる問題がある。被災者兼ジャーナリストは，避難やライフラインにかかわる問題を抱えるだけでなく，取材・報道の過程で情緒的，心理的トラウマを経験することになる。激しい予期しない感情の高まり，集中力の欠如，内面的な葛藤に見舞われることになる。最近の研究ではこうしたジャーナリストは，初期対応にあたる警察，消防あるいは軍隊のように初期対応者（first responder）と考えられるべきことを示唆する。ジャーナリストは警察官，消防士及び緊急医療労働者と同じ心理的・物理的ストレスを受ける。ニュースメディアは，こうした事態に対応する必要があるのはもちろんだが，その意味で参考になるのはワシントン大学のジャーナリズムとトラウマのためのDART センターである。同センターは，災害，暴力的犯罪及び類似のイベント報道の，ジャーナリストへの心理学的インパクトにその活動を捧げている一級の資源である（Vultee & Wilkins, 2012: 26）。同センターの創立者で精神医学者オクバーグ（Ochberg, F.）によれば，戦争を取材するジャーナリストは，戦場で戦う兵士と同様の情動的打撃をうけるのであり，「ジャーナリズムの文化はこれを無視，否定してきた。ある種の侮蔑をもって問題を訴えるジャーナリスト

に対応してきた」(Izard, R. & Perkins, J., 2012: 5）のである。「戦争」
を「災害」と読み替えることは十分可能である。

理論化を求めて

　グローバルな危機は，メディアによって媒介されるだけでなく，
常にメディアとコミュニケーションに左右される。われわれは，災
害に大きな重要性を与えるメディアのイメージやディスコースを通
じて災害に対応／反応する。災害は媒介されたとき，国境内外に連
帯を動員する能力をもつ。東日本大震災に際して，内外から被災地
に向けて救助，援助，支援，協力の波が押し寄せた。大震災はトラ
ンスナショナルなメディア空間と感情の共同体を作り出した。

　その過程で，メディアは災害の構成にどのように入り，公的な舞
台で何を遂行したのか。これらの課題に応えるためには，まず変化
する世界のメディア，コミュニケーションの流れと構造の考察にお
いて，グローバルな災害，危機，破局のジャーナリズム・スタ
ディーズをコンテクスト化する必要があるだろう。次いで，それら
の事態が世界のメディアにおいて，いかにして伝えられ争われ，想
像の連帯を築いていったのか，それらの集団的コミュニケーション
行為が，人びとの認知，政治的行動及び政策的対応にいかなるイン
パクトを及ぼしたのか，といった研究課題があろう。また，エスノ
セントリズム，ナショナルな地理的な問題構成を超えるリサーチア
ジェンダを構築する必要もあろう。それらを究明しようとする研究
の営為は，グローバルな災害，危機，破局におけるメディアの役割
について洗練されかつ十分経験的な理解を提供し，それによって今
日の世界におけるもっとも重要なグローバルな脅威，対立，紛争に

ついての学問的，公共的論争に寄与することになろう。

　災害，危機，破局の媒介，メディア化は，クリティカルな問題であるだけでなく，またタイムリーな問題でもある。それらは多くの悲劇をもたらし，可動性をもって地理的境界を超え，そのインパクトは，多種多様な情動的，人道的及び政治的反応をもたらし，世界的な反響を巻き起こす。ますますグローバル化する時代にあって，すなわちローカルとグローバルが相互に浸透し，重複するニュースのフォーメーションや，増殖するソーシャルメディアにおいて，災害，危機，破局が媒介される時代にあって，それらはほぼ瞬時に，リアルタイムに，ますます多くの世界中の人びとに衝撃を与える。メディアやコミュニケーションによって果たされる異なる役割は，注意深い理論化を求められている。

註

1) 「東日本大震災におけるニュースメディアに関する調査」(実施主体：日本大学法学部新聞学科大井眞二研究室，対象：東京都大田区民，調査期間2011年12月〜2012年1月）の調査（日大大田区調査）では，「原発の放射能漏れ，環境汚染，薬害問題など危機や危険に問するメディア報道」の問題点について尋ねている。結果は以下である（MA）。

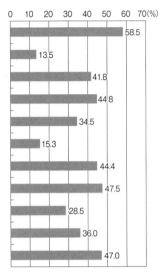

2）日大大田区調査では，また「東日本大震災関連の新聞やテレビの報道の問題」について尋ねている（MA）。

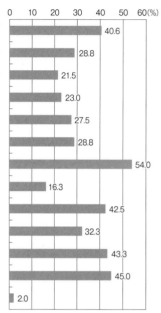

引用／参考文献

Abbott. C., Rogers. P. and Sloboda. J. (2006) *Global Responses to Global Threats*. Oxford Research Group.

Adam. B., Beck. U., and Van Loon J. (2000) *The Risk Society and Beyond: Critical Issues for Social Theory*. Thousand Oaks, CA: Sage.

Alexander. D. (1980) The Florence Flood, *Environmental Management*, 4:27 –34.

Altheide. D. and Snow R. P. (1979) *Media Logic*. Beverly Hills: Sage Publications.

Anderson. B. (1991) *Imagined Communities*. Verso.（白石隆・白石さや訳『想像の共同体』リブロポート，1987年）

Bauman. Z. (2004) *Liquid Times*. Polity Press.

Beck. U. (1986) *Risko Gesellschaft*. Frankfurt:Suhrkamp Verlag. (東廉・伊藤美登里訳『危険社会』法政大学出版局, 1998 年)

Beck. U. (1992) *Risk Society*. Sage.

Beck. U. (2000) *World Risk Society*. Polity Press.

Beck. U. (2006) *Cosmopolitan Vision*. Polity Press.

Beck. U. (2009) *World at Risk*. Polity Press.

Beck. U., Giddens. A. and Lash S. (1994) *Reflexive Modernization*. Polity Press.

ベック, ウルリッヒ・鈴木宗徳・伊藤美登里編 (2011)『リスク化する日本社会ウルリッヒ・ベックとの対話』岩波書店

Bennett. L. (1990) Towards a Theory of Press-State Relations in the United States, *Journal of Communication*, 40 (2).

Benson, R. and Neveu. E. eds. (2005) *Bourdieu and Journalistic Field*. Polity Press.

Benthall. J. (1993) *Disasters, Relief and the Medic*. I. B. Tauris.

Ben-Porath. E. N. (2009), Framing, in Sterling. C. H. ed. *Encyclopedia of Journalism*, Vol. 2 : 618-622.

Bourdieu. P. (2005) The Political Field, the Social Science Field and the Journalistic Field, in Benson, R. and Neveu, E. eds., *Bourdieu and Journalistic Field*. Polity Press.

Cappella, J. N. and Jamieson, K. H. (1997) *Spiral of Cynicism: The Press and the Public Good*. Oxford University Press. (平林紀子・山田一成監訳『政治報道とシニシズム：戦略的フレーミングの影響過程』ミネルヴァ書房, 2005 年)

Champagne, P. and Marchetti, D. (2005) The Contaminated Blood Scandal: Reframing Medical News, in Benson, R., and Neveu, E. eds., *Bourdieu and Journalistic Field*. Polity Press.

Cottle. S. (2009) *Global Crisis Reporting: Journalism in the Global Age*. Open University Press.

Cottle. S., and Lester. L. eds. (2011) *Transnational Protests and the Media*. Peter Lang.

Dayan, D. and Katz, E. (1992) *Media Events*. Harvard University Press. (浅見克彦訳『メディア・イベント』青弓社, 1996 年)

Drabek, T. E. (1986) *Human System Response to Disaster*. Spring-Verlag.

Dynes, R. (1970) *Organized Behavior in Disaster*. D. C. Heath.

Dynes. R. (2000) The Dialogue between Voltaire and Rousseau on the Lisbon Earthquake: The Emergence of a Social Science View, *International Journal of Mass Emergencies and Disasters*, 18 (I): 97-115.

Entman. R M.（2004）*Projection of Power*. University of Chicago Press.

Gans. H. J.（1979）*Deciding What's News*. Pantheon Books.

Gandy, O. H.（1982）*Beyond Agenda-Setting*. Norwood: Ablex.

Garner, A. C.（1994）*The Cost of Fighting Mother Nature*. AEJMC.

Giddens, A.（1990）*The Consequence of Modernity*. Polity Press.

Giddens, A.（2000）*Runaway World*. Routledge.

Glenn, J. and Gordon. J.（2007）State of the Future. World Federation of United Nations Associations.

Gowing, N.（2009）*Skyful of Lies and Black Swans: The New Tyranny of Shifting Information Power in Crises*. University of Oxford, Reuters Institute for the Study of Journalism.

Graber. D. A.（1984）*Mass Media and American Politics*, 2nd ed., Congressional Quarterly Press.

Habermas. J.（1989）*The Structural Change of the Public Sphere*. Polity Press.

Hall, S., Critcher. C., Jefferson. T., Clarke. J. and Roberts. B.（1978）*Policing the Crisis*. Macmillan.

Hallin, D.（1986）*The Uncensored War*. University of California Press.

Held. D.（2004）*The Global Covenant*. Cambridge: Polity.

Hornig［Priest］, S. H., Walters. L. and Templin, J.（1991）Voices in News: Newspaper Coverage of Hurricane Hugo and the Loma Pieta Earthquake, *Newspaper Research Journal*, 12（3）.

Hough. G. H.（1988）*News Writing*, 4th ed. Houghton Mifflin.

Iyengar. S.（1990）Framing Responsibility for Political Issues, *Political Behavior*, 12: 19-40.

Izard, R. and Perkins, J. eds.（2012）*Covering Disaster*. Transaction Publishers.

Jenkins, H.（2006）*Convergence Culture: Where old and New Media Collide*. New York University Press.

Klein. N.（2007）The Shock Doctrine: The Rise of Disaster Capitalism. Allen Lane.

Kreps, G. A.（1980）Research Needs and Policy Issues on Mass Media Disaster Reporting, in Rogers. E. M. ed., *Disaster and the Mass Media*. National Academy of Science.

Liebes, T.（1998）Televisions Disaster Marathon, in Tamar, T. and Curran. J. eds., *Media, Ritual and Identity*. Routledge.

Lasswell. H.（1948）The Structure and Function of Communication in Society, in Bryson, L. ed., *The Communication of Ideas*. Institute for Religious and Social Studies.

Liu. B. F. (2009) Coverage of Natural Disasters, in Sterling, C. H. ed., *Encyclopedia of Journalism*, Vol. 3 : 935–938.

Masters. R. D. and Kelly. C. eds. (1992) *The Collected Writings of Rousseau*, Vol. 13. University of New England.

Mileti. D. S. and Srensen. J. H. (1987) Natural Hazards and Precautionary Behavior, in Weinstein. N. D. ed. Taking Care: *Understanding and Encouraging Self-protective Behavior*. Cambridge University Press.

Mileti. D. S. and Sorensen. J. H. (1988) Planning and Implementing Warning Systems, in Lystad, M. ed., *Mental Health Response to Mass Emergencies*: *Theory and Practice*, Brunner/Mazel: 321–345.

Murteira. H. (2004) The Lisbon Earthquake of 1755: The Catastrophe and its European Repercussions, Retrieved from http://lisbon-pre-1755-earthquake.org/the-lisbon- earthquake-of-1755-the-catastrophe-and-its-european-repercussions/

Neuman. W. R., Just, M. R. and Crigler, A. N. (1992) *Common Knowledge*. University of Chicago Press.

OECD (2004) *Large-Scale Disasters*. OECD.

大井眞二 (2004)「マス・コミュニケーションとジャーナリズム」(田村紀雄・林利隆・大井眞二編『現代ジャーナリズムを学ぶ人のために』世界思想社)

Oxfam International (2009) *The Right to Survive: The humanitarian Challenge for the Twenty-First Century*. Retrieved from http://www.oxfam.org/sites/www.oxfam.org/files/right-to-survive-reportpdf

Pan, Z. and Kosicki, G. (1993) Framing Analysis, *Political Communication*,10: 55–73.

Pantti. M. Wahl-Jorgensen, K., and Cottle. S. (2012) *Disasters and the Media*. Peter Lang.

Parker. E. C. (1980) What is Right and Wrong with the Mass Media Coverage of Disaster? in Rogers, E. M. ed., *Disaster and the Mass Media*. National Academy of Science.

Pidgeon, N., Kasperspon. R. E. and Slovic. P. (2003) *The Social Amplification of Risk*. Cambridge University Press.

Priest, S. H. (2005) Risk Reporting, In Allan, S. ed., *Journalism*: *A Critical Issue*. Open University Press.

Rosten, L. (1937) *The Washington Correspondents*. Harcourt. Brace, and Company.

Salmi. H. ed. (1996) Lopun alku. Katastrofien historiaa ja nykypdivda, *The Beginning of the End. History of Catastrophes and the Present*. University of

第7章　グローバルリスク時代のジャーナリズム

Turku.

Singer. E., and Endreny. P. M. (1993) *Reporting on Risk: How the Mass Media Portray Accidents, Diseases, Disasters and Other Hazards.* Russell Sage Foundation.

Shoemaker, P. (1991) *Gatekeeping.* Sage Publications.

Shoemaker, P. and Reese. S. D. (1996) *Mediating the Message,* 2nd ed., Longman.

Stuart. H., Critcher. C., Jefferson, T., Clarke, J. and Roberts, B. (1978) *Policing the Crisis.* Macmillan.

Thompson, J. B. (1995) *The Media and Modernity.* Polity Press.

Thorson, E. (2012) The Quality of Disaster News: Frames, Disaster Stages, and a Public Health Focus, in Steffens, M., Wikins, L., Vultee, F., Thorson, E., Kyle, G. and Collins, K., *Reporting Disaster on Deadline.* Routlege.

Tierney. K., Bevec. C. and Kuligowski, E. (2006) Metaphors Matter: Disaster Myths, Media Frames and their Consequences in Hurricane Katrina, *The Annals of the American Academy,* 604: 57-81.

Tuchman. G. (1978) Making News: A Study in the Construction of Reality. Free Press. (鶴木眞・櫻内篤子訳『ニュース社会学』三嶺書房，1991 年)

Turner, R. H. (1976) Earthquake Prediction and Public Policy: Distillations from a National Academy of Sciences Report〔1〕, *Mass Emergencies,* Vol. 1 : 179-202.

Vultee. F. and Wilkins. L. (2012) What's Probable and What's Possible, in Steffens. M., Wilkins. L., Vultee. F., Thorson. E., Kyle. G. and Collins. K., *Reporting Disaster on Deadline.* Routlege.

Waisbord. S. (2009) Risk and News, in Sterling. C. H. ed., *Encyclopedia of Journalism,* Vol. 4 :1228-1232.

Waxman, J. (1973) Local Broadcast Gatekeeping during National Disaster, *Journalism Quarterly,* 50; 751-58.

Wenger, D., James, T. and Faupel, C. (1980) A Few Empirical Observation Concerning the Relationship between the Mass Media and Disaster Knowledge: A Research Report, in Rogers, E. M. ed., *Disasters and the Mass Media.* National Academy of Science.

Wilkins, L. (1985) Television and Newspaper Coverage of a Blizzard, *Newspaper Research Journal,* 6 : 51-65.

Zelizer, B. (2004) *Taking Journalism Seriously,* Thousand Oaks. Calif. Sage.

253

第8章　ジャーナリズムの信頼性を問う

1　信頼性を問う「再訪」の意義

　日本大学法学部新聞学研究所は，「ニュースメディアの信頼性を問う」と題するシンポジウムを 2007 年 11 月に開催した。このシンポジウムは上記研究所の同年の創設を記念するもので，生まれたばかりの研究所の理念や今後の研究活動の方向性をどのように具体化するか，などの意味を込めて企画された。

　2006 年から 2007 年にかけての 1 年は日本のジャーナリズム界を大きく揺さぶる厳しい年だった。広告をはじめとするさまざまな経営上のファンダメンタルズの継続的な悪化もさることながら，ニュースメディア各社では記事やデータの捏造をはじめ社説や記事の盗用などのいわゆる「不祥事」が発生した。いくつか例をあげると関西ＴＶの「発掘！あるある大事典Ⅱ」の実験データ捏造事件では，総務省が放送法改正に乗り出すなど大きな波紋を広げ，結局日本民間放送連盟は同ＴＶ局を，番組内容を理由とする初の除名処分とした。社説や記事の盗用も頻発し，またパックジャーナリズムの最たる例，集団的過熱報道（メディアスクラム）も社会の大きな批判を浴びた。当時の新聞協会会長は，こうした「不祥事」の続発を前にして，理事会で「新聞の社会的意義などを論じ，その基盤を確保していく上で，国民からの信頼は最大のよりどころだ」として「一連の出来事は信頼を傷つける」と述べた。

　ニュースメディアの信頼性は，他の企業とは異なるニュースメ

255

ディア企業に固有の重要な資産である。「不祥事」はニュースメディアの資産たる信頼性を傷つけ，オーディエンスからの不信をまねく。これらの事件が，一部のジャーナリストのあまり起こり得ない逸脱行為ならば，個々のジャーナリストの単なる倫理違反ならば，それを是正すれば事足りるかもしれないが，日本のジャーナリズム文化がそうした問題を引き起こす土壌をもっているとするならば，問題は単なる「不祥事」ではなく，日本のジャーナリズムの抱える「構造的な問題」と見るべきであろう。日本のニュースメディアに「構造的な問題」があり，それが単なる「不祥事」に終わらぬ一連の事件を惹起しているのではないか，こうした問題意識が上記のシンポジウムの問題設定につながった。

　ジャーナリズムの倫理を根源的に問い直す必要がある，という視点から，このシンポジウムではジャーナリズム倫理学を専門とするイリノイ大学のクリスチャンズ（Christians, C.）に貴重報告を依頼し，彼の問題提起を現場のジャーナリズムはどのように受け止め，とらえ返すかについて，インハウスの制度として発足した朝日新聞「ジャーナリスト学校」の初代校長である村松泰雄に依頼することにし，本学研究所からは塚本晴二朗と筆者がパネリストとして参加した。クリスチャンズの基調報告は研究所の機関誌『ジャーナリズム＆メディア』に掲載しており，ご一読を願いたい。

　さて彼は基調報告の中で，ジャーナリズムの行為規範としての普遍的倫理を説き，「人間の尊厳，真実，非暴力」を主張した。これに対して，村松は優れたジャーナリズムの与件として，クリスチャンズの説く普遍的倫理原則を是としたが，それは言わば「必要条件」であり，それだけで優れたジャーナリズムを生み出す「十分条件」

とならないことを指摘して，朝日新聞の「記者行動基準」を例にして，議論を戦わせた（大井，2008）。

2．メディア環境の変化

▌デジタルメディアの台頭

　2007年のシンポジウムから10年の月日には，ジャーナリズムそれ自体だけでなくそれを取り巻く環境の大きな変化が横たわっていた。ソーシャルメディアの爆発的な利用は，伝統的なジャーナリズム，ニュースメディアに大きなインパクトをもたらした。このインパクトは多層的，多次元的であり，核心をなすのは，いうまでもなくインターネットである。インターネットは新しいメディアの簡易表現となり，メディアコミュニケーション革命とでもいうべき変動を生み出した。いまやインターネットは「それ自体，様々なコミュニケーション特性と多数の利用条件を持つ『異なるメディアと様式のバンドル』であり，しばしば新しいネットメディアのための用語」(Lievrouw, L. & Livingstone, S., 2002) となった。こうしてデジタルメディアが惹起するメディアコミュニケーション革命によって，「全ての記号やメッセージが─話される言語，テクスト，音声・音楽，画像・動画を含め─同じユニヴァーサルな言語で表現されることができ，とりわけデジタルメッセージは，誰もが処理，編集，増幅，蓄積，流通に参加できる操作性の高いソフトウェアを使って，容易に取り扱うことができるようになったのである」(Schulz, W., 2014)。

ニュースメディアに押し寄せる変化の波

インターネットは，メディアコミュニケーション革命とでもいうべき変動を生み出した。この革命は人びとのメディア利用の習慣を変化させるだけではなかった。市民はもはや伝統的なニュースメディアの単なる受動的な消費者ではなく，それに対抗したり，さまざまなデジタルメディアの空間でオルタナティブな発言をしたりすることができ，既存のニュースメディアの地位を脅かす存在となった。新しいメディアは主として非政治的目的に利用されるが，ソーシャルネットワーキングの世界的な普及によって，意見の表明，抗議の動員，集団的行動の組織といった政治的目的に動員可能であり，たとえば「アラブの春」におけるデジタルメディアの利用は劇的であった。

こうした革命によって，ニュースメディアはいくつかの大きな変化の波に洗われることになった。その第1は，インターネットの膨大な処理・蓄積の性能によって，多重送信の相互接続性に加えて，グローバルなネットワーキング，コラボレーション，共創が可能になった。いまやニュースメディアは，双方向性をもち，市民のアクティブな関与を伴うことになった。第2に，市民のメディア利用は「プル」の活動になり，タイムシフトを可能にし，そのため利用者は従来型のマスメディアの「プッシュ」のメッセージにあまり依存しなくなった。第3に，さらにデジタル技術は，メッセージの複製，再送信および，他者との共有を可能にした。第4は，デジタルメディアのユニヴァーサルな言語と適応力は，新旧のメディアの融合に拍車をかけ，異なるメディアのプラットフォーム上で，内容の改作，流通を可能にし，いまやすべての主要なオフラインのニュース

第8章　ジャーナリズムの信頼性を問う

アウトレットはデジタルメディアのフォーマットで豊富なオンライ
ン・エディションを提供しているのである。第5に，最近のモバイル
のデバイスは，メッセージを受信，送信し，また生産するための
ユニヴァーサルなユーザ・インターフェースとなり，それを操作性
の高いソフトウェアによって，利用者は，インターネット特にソー
シャルメディアのプラットフォームで，プロフェッショナルな
ジャーナリズムおよび娯楽メディアと競争する複雑なメッセージを
創作し公表することができる。同様に，ジャーナリストはレギュ
ラーに情報資源としてインターネットに頼り，ウェブページやソー
シャルネットワーキングサイトから題材を取り上げ，再配信すらし
ているのである（Schulz, W., 2014: 59）

▌ メディア化

「メディア化（mediatization）」という概念は，日本においてはメ
ディア状況が「マルチメディア化」するといった文脈で使われる程
度に過ぎない概念である。しかし20世紀末ころから，欧米におい
てはメディアの社会への影響に関わるかつての問題設定に代わっ
て，社会とメディアの基本的な問題を再考する新しい研究課題とし
てますます重要になってきている。メディア化は，メディアの影響
が政治をはじめとして他の広範な社会制度や領域に広がるだけでな
く，密接に絡み合うようになっている現実を踏まえ，メディアがそ
れらの領域や制度それ自体にどのような影響を与えているかを把
握，理解しようとする研究の営為から生まれた概念化であり，経験
的にも理論的にも有益な概念であることを示してきた。

　近年「メディア化」の概念を用いて取り組まれてきた研究をレ

259

ビューすると，メディア化は社会変化の過程に関わり，その過程において，メディアは異なる社会空間でますます大きな影響をもつようになり，かつそれらの異なる社会空間に深く統合されるようになった，という認識で一致する。メディアの影響が拡張し，それが社会および社会生活に及ぶ，と社会のメディア化を定義する論者もいれば，後に述べる「メディアロジック」を焦点化して，社会がますますメディアとそのロジックに従う，あるいは依存するようになる過程としてメディア化を定義する論者もいる。

　ここで注目に値するのはシュルツ（Schulz, W.）の研究である。彼は個々の社会的制度や領域を超えたメディア化の過程の類型を作りだそうとしてきた。彼はメディアが人間のコミュニケーションや相互作用を変化させる四つのタイプの過程を確認する（Schulz, W., 2004）。第1にメディアは時間と空間の双方において，人間のコミュニケーション能力を「拡張」し，第2にメディアは以前対面的に起こった社会的活動の「代替」となる（たとえば，多くの人びとにとってインターネットバンキングは銀行と顧客の物理的面会に取って代わった）。第3に，対面的コミュニケーションは媒介コミュニケーションと結合し，そしてメディアは日常生活の一部となるので，メディアは諸活動の「融合」を唆すのである。第4に多くの異なるセクターのプレイヤーは自分の行動を変えてメディアの評価，フォーマットおよびルーティンに「適応」させなければならない（たとえば政治家は，記者との即興の交換において「サウンドバイト」で自己を表現することを学習する）。これらの過程すべてが社会のすべてのセクターにおいて等しく重要であるわけではないが，このタイポロジーはメディア化研究の有益な分析的ツールである。

260

第8章　ジャーナリズムの信頼性を問う

このメディア化の過程でさまざまな現象が起こっているが，なかでも注目に値するのは「公」と「私」の境界が，非常に曖昧になってきているという現象であり，と同時に，かつては見えなかったものが，あるいは可視化されなかったものが，ますます可視化されるようになってきた現象である。典型的で興味深い例は，ＴＶ時代以降の政治スキャンダルであろう（Thompson, 2000）。概念的には，政治家の生活・活動は「公」と「私」に分けることができるが，その境界が現実には曖昧になってきている。それに加えて，政治家が自分では私的な活動と判断していたことがしばしば，たとえばＴＶに取り上げられる，可視化される。ＴＶで可視化されることは，言い換えればＴＶによって公共性を付与されることであり，もはや政治家は「私的」行動・行為として抗うことができなくなる。

二つの「The word of the Year」

2007年のシンポジウムから10年の月日には，ジャーナリズムそれ自体だけでなくそれを取り巻く環境の大きな変化が横たわっていた。こうした変化の意味を象徴する現象を，端的に二つの「The Word of the Year」に見て取ることができる。流行語大賞なるものが日本にあるが，オックスフォード辞典が2016年の「The Word of the Year」として「Post-truth」を選んだ。このことは人口に膾炙されてかなり広く知られることになった。しかし米国のメリアム－ウェブスター辞典が，2006年の「The Word of the Year」としてTruthiness を選んだことは，日本ではあまり知られていない。Truth に関係する単語として形容詞 truthy から名詞 truthiness という流れは理解可能だが，この Truthy は2005年に造語されたの

261

である。

　真実（truth）の概念は，ジャーナリズムとデモクラシーをいかに
定義するにしても，その理解に不可欠であったかもしれないが，少
なくともジャーナリズム研究のフィールドでは，普通に疑問符が付
され，アイロニーやそれが達成不能であることが指摘された。この
ことは結果的に，学者とジャーナリストの間で拡大する亀裂を生み
出した。ジャーナリストは，ジャーナリズム研究における構築主義
的アプローチの広範な流通にも拘わらず，真実（truth）と事実（fact）
そして現実（reality）を「仲が良い友人」と見なしている（Zelizer,
2009）。しかし，メディアと政治的環境の最近の変化は，真実の概
念の再考を促すことになった。こうした変化は具体的には，
「truthiness（真実らしさ）」の概念に具体的に表現されていると言っ
ていいだろう。この語は，コメディセントラルのニュースパロディ
番組「ザ・コルベール・レポート」の最初のエピソードでコメディ
アンのスティーヴン・コルベール（Stephen Colbert）によってはじ
めて使われたもので，アメリカ方言学会によって2005年の，メリ
アム－ウェブスター辞典の2006年の「流行語賞」に選ばれた。
Truthiness は，事実や証拠よりむしろ直感や希望的観測に基づく，
真実という主張に関わる。コルベールが自身の本で風刺的に説明し
ているように，それは「私の真実である。だから躊躇なく受け入れ
るか，（嫌なら）放っといてくれ」ということなのである（Colbert,
2007）。

　Truthiness の概念は「フェイク・ジャーナリスト」に由来し，
ジャーナリストだけでなく政治家を批判するもので，真実の変化す
るあり様に関わる。現代政治文化において真実を語る実践はいかな

る意味をもつのか，ジャーナリズムにあって真実はいかなる基準と性質をもつのだろうか，といったことが一義的に問われる。しかしコルベールやスチュアート（Stewart, J.）のような非主流ジャーナリストが主流ジャーナリズムの権威に，ジャーナリストの定義に，ジャーナリズムにおける真実はいかなるものかに関する概念に挑戦している。こうした事態が伝統的ジャーナリズムでの論議を呼ぶのである。

そして約10年後の「Post-truth」。Post-truth は「客観的な事実が世論形成に影響を与えるというよりも，むしろ，個々人の情動だとか個人的な信念にアピールするほうが，世論形成に非常に大きな影響を与えるようになってきているという状況」をさす。2017年に就任した米国のトランプ大統領が次々との繰り出す「フェイク〇〇」が，Post-truth と密接な関係をもつという認識が一般的であろうが，ことはそれ程簡単ではない。Post-truth の概念の起源をたどると，一つは米国のジャーナリストであるキーズ（Keyes, R.）が2004年に出版した『The post-truth era: Dishonesty and deception in contemporary life』にたどり着く。キーズによれば，Post-truth 時代の特徴は「事実ではないことを知りながら，人を欺くつもりで間違ったことを断言すること」である。さらにこの語を大きく広めることになったのが，著名のジャーナリスト兼歴史家アルターマン（Alterman, E.）であった。アルターマンは2004年に『When Presidents Lie: A History of Official Deception and Its Consequences』を出版し，同書で9・11同時テロをめぐるブッシュ大統領のウソは「Post-truth」(*The New York Times* 書評) と断じたのである。

またシュドソン（Schudson, M.）も同様の指摘をする。彼は副題

「truthiness」を付す研究書で，真実と政治の関係性を考察する一方，アルターマンと同様，ブッシュ政権の真実を語る実践に分析の焦点を絞っている。ハンナ・アレントの真実と虚言に関する議論を再訪し，広範な歴史的実例を参照して，ブッシュ政権は真実と政治の間の関係性の新しい形態を導入した，と論考を結論づける。シュドソンによれば，政治における虚言は新しい現象では決してないが，ポスト9・11時代の政治文化における事実の無視乃至軽視は，真実と政治の不安定な関係性に新たな広がりを与え，その意味をtruthinessの概念によってある程度把握することができる，と論じ，ジャーナリズム研究のフィールドで事実と真実に関する議論を復活させる必要があることを示唆した（Schudson, 2009）。

3 ニュースメディアの信頼性—負のスパイラル

多様性の欠如

いまニュースメディアに，信頼性に関わるどんな問題が起こっているかを考えてみたい。第1に，デジタルメディアの台頭によって，ニュースのウェブサイトを含めて，アウトレットは増えているが，それに見合うようなニュースや意見の多様性が生まれていないという問題がある。第2に，伝統的なニュースメディアを横断して，長期的なオーディエンスの減少が進行していることが挙げられる。この問題と関連して，第3に，この10年，ビジネスのファンダメンタルズ，特に新聞でいえば，販売市場も広告市場も縮減していくという，メディア経営の悪化の問題がある。オーディエンスの減少とビジネス・ファンダメンタルズの悪化は，「販売市場」と「広告市

場」でのシェア減少を意味し，それは収益の危機（crisis of profitability）をもたらしている。

　他のビジネスと同様に，ニュースメディア産業にあっても経営悪化の処方箋は大抵対蹠的である。まず，人員を削減する，レイオフする，取材報道に関わる費用を削減する，といった措置がとられる。しかしデジタルメディアの急速な進展によって，ニュースをはじめとするアウトレットの数が急増するけれども，人員は増員されるどころか減員されているので，対応できずジャーナリズム活動の一部をアウトソーシングする，といったことが行われる。そのためニュースのカバレージの幅が減っていき，多様性が失われていくといったような事態が生じる。高まる外部情報源への依存によって，たとえば英国では，お手軽なチャーナリズム（Churnalism）やマックジャーナリズム（Mcjournalism）の現象が顕著になり，あるいはＢＧＭのようにしか聞こえない Newszak といった，伝統的ジャーナリズムを蝕むような現象が生まれてきている（Davies, 2008）。つまり，オーディエンスの長期的な現象が経営環境の悪化を生み，そうした状況に長期的にあった信頼性の低下，信頼性の危機（crisis of credibility）が重なり，負のスパイラルが生じているのである。

▎ 信頼性の構造・構成要素

　メディア批判は，歴史的にはその起源を近代的な「新聞の誕生」に遡ることができ，メディアの歴史と並行する現象である。時代や社会によって批判の具体的な矛先は異なり，主としてニュースに向けられ，それほど頻繁ではないが，ニュースの生産過程，つまり取材や報道の方法，さらにはジャーナリズムという社会制度とその価

値にも向けられてきた。しかし近年の批判の対象は，生産物だけでなく生産過程や制度や価値へと拡大しているように思われる。また批判とは若干位相を異にするが，ジャーナリズムの制度や価値に対する不信，信頼の欠如は，ジャーナリズムの「存在意義」にかかわるだけにきわめて重要な意味をもっている。いまニュースメディアの信頼性を問うのは，こうした「信頼性の危機」(crisis of credibility)が進行しているという問題意識にある。

メディアの信頼性は，信頼性が多くの類義語をもつだけでなく，長期にわたり繰り返される研究であり，結論的に言うと複雑で多次元的な概念である。日本語では「信頼性」とシンプルだが，たとえば英語の世界では believability あるいは reliability あるいは trust といったように類義語が多数あり，実際調査のレベルでも，あるところでは trust を使っている，あるところでは believability の用語を使うことがままある。非ネイティブスピーカーには把握しにくいニュアンスがある。

シューメーカーとリース (Shoemaker, P. & Reese, S.) のジャーナリズムの生産過程に関わる研究 (1996) を参考にすると，分析的には信頼性の構造は三つの階層に分けることができる。第1の階層は，ニュースそれ自体に対する信頼性であり，不正確な記事，偏向した報道，ニュース需給のギャップなどに関わる。第2の階層は，ジャーナリズムの生産過程，とりわけ取材報道の手続きや方法に対する信頼性にかかわる。第3の階層は，ジャーナリズムの社会制度のありように関する視点であり，社会においてジャーナリズムの果たすべき役割，核心的な価値などの制度的側面にかかわる。メディアの信頼性は三つの階層構造をなして形成されているという概念化

である。

　この図式に従って研究を概観すると，第1の階層，ニュースそれ自体に対する信頼性の研究はかなり進み，いろいろ興味深い知見がもたらされてきたが，第2の階層，「取材や報道の手続きや方法に対して」について見ると，研究の前提になるようなさまざまな疑念が生まれてきている。近年急速に進んだ政治スキャンダルの可視化（Thompson, 2000）によって，さらに公私の境界の揺らぎによって，公職候補者，政治家に関する報道・取材が変化している。たとえば候補者の私的な背景をさぐる，あるいは候補者の重要なプライバシー情報である医療情報まで探る，張り込みをするといったことが実際に行われるようになって，それに関してはかなりネガティブな評価が生まれてきている。

　第3の階層については，「ニュース需給のギャップ」の研究が非常に興味深い。伝統的に，ニュースメディアが「ニュース」として提供するものと，オーディエンスが「ニュース」として求めているものの間に乖離があることは，昔から言われてきた。たとえばシカゴ社会学の祖の一人，ジャーナリストでもあったパーク（Park, R. E.）は「われわれの大半が掲載したいことは，大半の読者の読みたいと思うものではない。われわれは啓蒙的なもの，そう思われるものを載せたいのだが，彼らは興味深いものを望んでいる」(Park, 1940) と書いた。両者のギャップは，1920年代の読者「公衆」をめぐるリップマン–デューイ論争でも話題となった。リップマンは，大多数の市民は現代デモクラシーが直面する複雑な問題を理解したり取り組んだりしないし，できない，従ってメディアによる情報提供はそうした問題の解決にならない，と主張した。他方デューイは，

市民は公共問題を理解できるし，その知識に基づいて行動すること
ができるが，「メディアはそうしたサービスを十分提供していない，
市民は完全な情報をもとめている」と主張した。このギャップがか
つてないほど拡大しているのではないか。ボチコウスキーとミッ
チェルシュティン（Boczkowski, P. J. & Mitchelstein, E., 2013）の
『The News Gap』の研究（2013）は，三つの地域から 7 か国を選び，
それぞれの国の 20 の主要メディアのニュースサイトの比較分析を
行い，どれだけギャップが生まれてきているのかということを明ら
かにしている。この種の研究は皆無ではないが，これほど大規模な
比較の研究は例がなく，非常に興味深い。

4　信頼性の多様な尺度・次元

　米国の研究者は，さまざまな方法を使って，メディアの信頼性を
理解しようと試みてきた。われわれがまず参照すべきは，ガジアー
ノとマクグラス（Gaziano, C. & McGrath, K.）の研究（1986）である。
とりわけガジアーノは，信頼性の次元を新聞やテレビのニュースに
絞って，12 の次元に操作化し（1987），このモデルはその後の研究の
ベンチマークとなった。この 12 の次元は，① 信用性(believability),
② 正確性，完全性，事実の隠蔽，③ 信頼性(trustworthiness and
reliability)，④ 偏向のないこと，報道のバランス，公正公平，客観
性など，⑤ 他の活動（プライバシー侵害や記事のもみ消しなど），
⑥ 活動の全体的評価，⑦ メディア制度への信頼（他の制度と比較さ
れた），⑧ メディアの独立性，⑨ メディアの権力／影響力，⑩ メ
ディアと政府との関係，⑪ 誠実性および倫理的基準，⑫ プロフェッ

ショナリズム，から構成される。

この12の次元は，先に指摘した三つの階層に従ってある程度に分類できるが，相互に重複するものも多数含まれている。第1のニュースそれ自体に関するものとして，たとえば，正確なニュース，不完全な記事の回避，偏向なき記事，報道のバランス，公正公平な記事の扱い，客観性などが構成要素として関わり，第2の生産過程では，活動の全体的な評価を含めて，プライバシーの侵害など倫理的に問題のある取材報道の方法や誠実性および倫理的基準，あるいはプロフェッショナリズム，さらに信用性や信頼性などがかかわっていることが了解されるだろう。第3のジャーナリズムの社会制度やその核心的価値をめぐっては，メディア制度への信頼，メディアの独立性，メディアの権力／影響力，メディアと政府との関係，などがかかわっていると見ることができよう。

▎ オンラインニュースへの着目

その後米国の信頼性研究は，基本的には，ガジアーノらのパラダイムに従って研究がすすみ，さらに，メディアによる信頼性の要因の相違，その後登場したオンラインニュースの信頼性などを研究対象にするなど，質の上でも量の上でも大きな発展を示してきた。

たとえば，オグニャノヴァ（Ognianova, O., 2001）は，オンラインニュースの信頼性を測定するため，ＳＤ法を用いて，① 事実提供的-独断的，② フェア-アンフェア，③ 正確-不正確，④ 信頼に値する（trustworthy）-信頼に値しない，⑤ バランスのとれた-バランスを欠いた，⑥ 偏向している-偏向していない，⑦ 当てになる（reliable）-当てにならない，⑧ 完全な（thorough）-不完全な，

⑨ 情報提供的な（informative）−情報提供的でない——といった興味深い研究を行っている。

比較メディア研究

マイアミ大学のアブドラらの研究（Abdulla, R. et al., 2002）は，新聞，TV およびオンラインニュースの信頼性を比較し，それぞれの信頼性の構成要素の違いを明らかにしている。それによれば，新聞は真面目な，ニュースにコミットするメディアと見なされ，他方テレビのニュースは，娯楽メディアの付録と見なされ，むしろニュース番組のアンカーのパーソナリティーと結びつけられる傾向があり，また，インターネットやウェブは「ニュース専門」と見なされない，とされる。その上で，彼らは信頼性のメディア比較の次元として「娯楽」の要素が考慮されるべきだと主張する。

彼らは，新聞の信頼性の基礎は，バランス，誠実性（honesty），時事性（currency）にあるが，新聞が信頼性をさらに獲得するためには，記事の語り方においてバランスがとれ，情報提供において完全であり，かつ客観的，公正公平，正確であって，偏向がないと認められる必要がある，と主張する。またニュースの提示にあたっては，誠実で，信用できる，信頼に値する，と見なされねばならないことを指摘する。

信頼性に加えて，もっと大きなメディアの責任を問うたディクソンらの研究（Dickson T. et al., 2002）は，信頼を回復し，責任を果たす手段としてパブリック（シヴィック）ジャーナリズムに注目した。調査対象者の日刊紙編集者と新聞ジャーナリズム教育者は，パブリックジャーナリズムが客観性の原理と衝突する懸念をもちながら

第8章　ジャーナリズムの信頼性を問う

も，読者のメディアへの信頼性を改善する潜在的に有益な手段と見なし，特にパブリックジャーナリズムの「読者の声にもっと耳を傾ける」は，既存のニュースメディアにとっても受け入れやすく，かつ重要な手段と評価した。

メディア不信の理由

多くの米国の信頼性研究は，読者・視聴者がメディアを疑う理由として，メディアは① ニュースよりも利益や視聴率を重視している，② あまりにも強力，③ スキャンダルやインフォテインメントに焦点を絞っている，④ 鈍感で，偏向し，不正確，⑤ 人びとを傷つけている，⑥ 犯罪や災害の犠牲者を利用している，⑦ アンフェア，⑧ 冷笑的，⑨ 自身の誤りをたださない，⑩ メディア制度はあまりにもよく似ている，⑪ メディアは特殊利益（special interests）であるか，特殊利益の代弁者である，といった認識にあることを明らかにしてきた。信頼性を改善する手段は，こうした疑念や認識を払拭することにあるのは，言うまでもないことだが，現実に信頼性を回復するための方策がそれほど容易に見つからないことも認めざるを得ない。

しかしその上で小括するとすれば，信頼性はバランスがとれていること，誠実性（honesty），時事性といったことがその基礎になっている。こうして信頼性は，記事の語り方においてバランスがとれて，情報提供において完全であり，客観的，公正公平（fair）であり，正確であり偏向がないといったような要素が非常に重要になってくる。またニュース提示において，誠実で，信用できる，そして信頼に値する，と見なされることが重要になる。他の企業と違い，外部

271

に生産の題材を求めるのは，企業としてのニュースメディアの重要な特徴である。これら外部の人間・組織・データはニュース源，情報源であり，これまでの知見から，多様な信頼できる情報源からニュースを送り出していることが信頼性につながることを明らかにしてきた。加えて，公的な情報源への過度の依存から脱却する必要がある。あまりにも公的な情報源に依存し過ぎているというオーディエンスの認識は，容易に不信に結びつく。

敵対的メディア仮説

　現代日本の社会は米国のように分断的，あるいは分極的になっているかどうかは難しい問題だが，信頼性の研究に引きつけると，興味深い研究課題が浮上する。それは，敵対的メディア仮説と称されるもので，社会を分断的にするパルチザン，熱烈な党派の支持者は，かなり歪曲した形でメディアを見るのであり，それがメディア不信につながっている，というふうに仮説を立てる。さまざまな研究の知見から，熱烈な党派支持者が，分断，分極化のもとになっている，そしてまたメディア不信につながっていると主張する論者も多いが，この10年間に懐疑論者だとか冷笑主義者といった人達も，同じような態度でメディア不信を募らせていると思われる兆候が見られるのである。

　熱烈な党派支持者は，①フェアネスを異なる仕方で評価する，②他と異なる側面をしばしば想起する，という傾向をもち，①選択的記憶，②選択的カテゴリー化，③異なる基準，といった心理的メカニズムが働くとされる。これらの要素がメディアの不信を募らせるように機能するなら，懐疑論者や冷笑主義者はどうだろうか。

5．信頼性回復のために

▐ デジタルメディア時代の「新たな倫理」

　いま，ニュースメディアはいくつかの大きな変化の波に洗われている。インターネットの膨大な処理・蓄積の性能によって，多重送信の相互接続性に加えて，グローバルなネットワーキング，コラボレーション，共創が可能になった。ニュースメディアは，双方向性をもち，市民のアクティブな関与を伴うことになった。市民のメディア利用は「プル」の活動になり，タイムシフトを可能にし，そのため利用者は従来型のマスメディアの「プッシュ」のメッセージにあまり依存しなくなった。さらにデジタル技術は，メッセージの複製，再送信および，他者との共有を可能にした。デジタルメディアのユニヴァーサルな言語と適応力は，新旧のメディアの融合に拍車をかけ，異なるメディアのプラットフォーム上で，内容の改作，流通を可能にし，いまやすべての主要なオフラインのニュースアウトレットはデジタルメディアのフォーマットで豊富なオンライン・エディションを提供しているのである。また最近のモバイルのデバイスは，メッセージを受信，送信し，また生産するためのユニヴァーサルなユーザ・インターフェースとなり，それを操作性の高いソフトウェアによって，利用者は，インターネット特にソーシャルメディアのプラットフォームで，プロフェッショナルなジャーナリズムおよび娯楽メディアと競争する複雑なメッセージを創作し公表することができる。同様に，ジャーナリストはますます情報資源としてインターネットに頼るようになり，ウェブページやソーシャルネットワーキングサイトに題材を求め，活動の幅を大きく広げて

いる。

　こうした状況を踏まえ，「パブリックコミュニケーション」の大きな枠組みからジャーナリズムを捉えると，デジタルメディア時代のニュースメディアの「新たな倫理」の構図が見えてくる。三つの視点から考えてみたい。第1に，パブリックコミュニケーションとしてジャーナリズムは，コミュニケーションのアカウンタビリティが求められる。アカウンタビリティは，説明責任と訳されるのが普通であるが，どうも結果について説明すれば責任が果たされる，と安易に解されている場合が多い。本来のコミュニケーションのアカウンタビリティは，結果についての説明責任だけでなく，コミュニケーション過程全般に関わるものと理解されるべきである。コミュニケーション過程を重要視することは，第2のコミュニケーションのトランスパレンシー（透明性）につながる。ニュースメディアは，言うまでもなく公表することによって多くの問題を惹起するような，多くの未成熟な情報を抱えている。多少の不都合が生じるのは受忍限度と心得て，コミュニケーション過程全体についていかに透明性を確保できるか，ぎりぎりまで努力することが求められている。何故このニュースが新聞のトップ記事に，ＴＶニュース番組のトップ項目にくるのか，オーディエンスの疑問に答える。どのように，事件が再構成されるのか，ニュースの主役が複雑な要素で構成されるのか，事件に関わる時間が圧縮されるのか，これらはジャーナリズムのルーティン，手続き，ニュース価値などの側面から，あるいは後述のニュースメディアのロジックから，十分に説明し，ニュース生産過程を透明にすることができる。第3はコミュニケーションのインタラクティブ（双方向性）である。これはデジタルメ

ディアにとって有効なアプローチであることは言うまでもないが，伝統的なジャーナリズム，ニュースメディアでも，その重要性はいささかも減じない。これまでの一方通行になりがちなニュース生産過程にどのようにしたらインタラクティブにできるか，どのような媒体につくり替えることができるか。いま何ができないか，何をすべきなのかを絶えず考えることは，優れたジャーナリズムの与件となる。

▎ 新たな「メディア教育」

　G・マゾレニとW・シュルツは，メディア化を，他の社会制度・領域が，その自律性を失い，その中心的な機能においてコミュニケーションメディアに依存するようになる，そして継続的にコミュニケーションメディアとの相互作用によって形成されるようになること，と説明する（Mazzoleni, G. & Schulz, W., 2010: 247–61）が，現代のコミュニケーションメディアを他の社会制度・領域にとって重要な意味をもつアクターに変えてしまったのは，メディアロジックである。こうしてメディア化は，以前はコミュニケーションメディアとは別と考えられていた他の社会制度や領域におけるメディアロジックの制度化によって特徴づけられる，メディアに誘導された変化のダイナミックな過程として定義されうるのである（Shrott, A., 2009: 41–62）。こうして，ニュースメディアの核心的な制度的特徴は，「メディアロジック」と称される，組織を横断する活動のモードである。メディアロジックはニュースメッセージを選び，解釈し，構築するメディア固有のルールに関わる。

　今日のメディア化社会にあって，社会の他の誰もが世界を認識し

解釈する，そしてそれに基づいて行動する強制的な方法として，メ
ディアロジックに順応し合わせることを学習しなければならない。
こうした事実は，さらにメディアの重要性を高めることになり，制
度的ルールとしてのメディアロジックは，他の社会制度や領域にま
すます侵入するようになり，そこではメディアロジックが今や適切
な行動を定義する既存のルールを補うことになる。

引用／参考文献

Abdulla, R. et al. (2002) The Credibility of Newspaper, Television News and Online News, AEJMC Conference Paper, Sep.

Atton, C. and Hamilton, J, (2008) *Alternative Journalism*. Sage.

Blumler, J. G. (2010) Foreword: The Two Legged Crisis of Journalism, in *Journalism Studies*, 11 (4): 439- 441.

Boczkowski, P. J. and Mitchelstein, E. (2013) *The News Gap*. MIT Press.

Carey, J. (1989) *Communication as Culture*. Unwin Hyman.

Colbert, S. (2007) *I am America (and so can you!)*. Grand Central Publishing.

Davies, N. (2008) *Flat Earth News*. Chatto and Windus.

Dewey, J. (1927) *The Public and Its Problems*. Gateway Books.

Dickson, T. et al. (2002) Public Trust, Media Responsibility and Public Journalism, AEJMC Conference Paper, Sep.

Esser, F. and Strömbäck, J. eds. (2014) *Mediatization of Politics*. Sage.

Gans, H. (1979) *Deciding What's News*. Random House.

Gillmor, D. (2004) *We the Media*. Sebastoplo, O'Reilly Media.

Gaziano, C. and McGrath, K. (1986), Measuring the Concept of Credibility, *Journalism Quarterly*, 63 (3).

Gaziano, C. (1987) News Peoples'Ideology and the Credibility Debate, *Newspaper Research Journal*, 9 (1), Fall, 1987.

Hjarvard, S. (2013) *The Mediatization of Culture and Society*. Routledge.

Lang, G. E. and Lang, K. (1983) *The Battle for Public Opinion: The President, the Press and the Polls during Watergate*. Columbia University Press.

Lasswell, H. (1948) The Structure and Function of Communication in Society, in Bryson, L. ed., *The Communication of Ideas*. Institute for Religious and Social Studies. (Reprinted 1964 by Cooper Square Publishers).

Lievrouw, L. and Livingstone, S. (2002) *Handbook of New Media: Social Shaping and Consequences of ICTs*. Sage.

Lippmann W. (1922) *Public Opinion*. Macmillan.

Lippmann, W. (1925) *The Phantom Public*. Harcourt, Brace.

Mazzoleni, G. and Schulz, W. (2010) Mediatization of Politics: A Challenge for Democracy? *Political Communication*, 16 (3): 247-61.

Ogrianova, O. (2001) The Value of Journalistic Identity on the WWW, AEJMC Conference Paper, July.

大井眞二 (2008)「新聞の信頼性とは何か」『新聞研究』2008年2月号，日本新聞協会。

大井眞二 (2008)「日本のジャーナリスト像 特集ジャーナリストとは何か」『朝日総研リポート』1月号。

大井眞二 (2011)「信頼に足るジャーナリズム―多くの声，一つの思い」『ジャーナリズム＆メディア』日本大学法学部新聞学研究所。

大井眞二 (2018)「メディア化時代のジャーナリズム」(大井眞二・田村紀雄・鈴木雄雅編『現代ジャーナリズムを学ぶ人のために』第2版，世界思想社)。

大石裕・岩田温・藤田真文 (2000)『現代ニュース論』有斐閣。

Park, R. (1981[1940]) Introduction, in Hughes, H. ed., *News and the Human Interest Story*, Transaction.

Pew Research Center, http://www.pewglobal.org/2012/12/12/social-networking-popular-across-globe/)

Pew Research Center, http://www.journalism.org/2017/09/07/news-use-across-social-media-platforms-2017/2017

Shrott, A. (2009) Dimensions: Catch-All Label or Technical Term, in Lundby, K. ed., *Mediatization, Concept, Changes, Consequences*. Peter Lang.

Schulz, W. (2004) Reconstructing Mediatization as an Analytical Concept, *European Journal of Communication*, 19 (1), 87-101.

Schulz, W. (2014) Mediatization and New Media, in Esser, F. and Strämbäck, J. eds., *Mediatization of Politics*. Sage.

Schudson, M. (1995) The Power of News. Cambridge, MA: Harvard University Press.

Schudson, M. (2009) Factual Knowledge in the Age of Truthiness, in Zelizer, B. ed., *The Changing Faces of Journalism: Tabloidization, Technology and Truthiness*. Routledge.

Shoemaker, P. and Reese, S. (1996) *Mediating the Message*. Longman.

Thompson, John B. (2000) *Political Scandal*. Polity Press.

Tuchman, G. (1978) *Making News*, Free Press. (鶴木眞・櫻内篤子訳『ニュー

ス社会学』三嶺書房，1991 年）

Zelizer, B.（1999）*Taking Journalism Seriously*. Thousand Oaks, Sage Publications.

Zelizer, B.（2004）When Facts, Truth and Reality are Good-Terms: On Journalism's Uneasy Place in Cultural Studies, *Communicaton and Critical Cultural Studies*, 1 – 1 : 100–109.

Zelizer, B.（2009）*The Changing Faces of Journalism*: *Tabloidization*, *Technology and Truthiness*, Routledge.

あとがき

研究らしきことを始めたのは, 1970年代後半から1980年代のアメリカンジャーナリズムの「全盛時代（high modernism）」(Hallin, D.)であった。ジャーナリズム史研究の方法論を模索し, 思い悩んでいた時に, シュドソン（Schudson, M.）の *Discovering the News*（1978）に出会い, 「社会史」が新鮮かつ衝撃的であり, 学位論文の審査にダニエル・ベルの名があったこともあり, 学位論文に遡って一気に読了した。

有力な米国歴史研究者が挙って, 自身の専門研究を放擲して, 方法論論争に関わっていた時代でもあった。米国マス・コミュニケーション学会（AEJMC）がジャーナリズム史の研究部会を創設し, 研究誌 *Journalism History* の創刊の時期にもあたった。創刊号の巻頭を飾ったケアリー（Carey, J. W.）の「ジャーナリズム史の問題」にも大きな影響を受けた。そこから研究を縦軸から横軸にずらすのも当然だったかもしれない。この時期, ニュースの生産過程に注目する「メディア社会学者」, 少し年長のガンズ（Gans, H.）を別にすれば, シュドソンを含め, フィッシュマン（Fishman, M.）, ギトリン（Gitlin, T.）, モロッチ（Molotch, H.）, タックマン（Tuchman, G.）が, そのキャリアをスタートさせた時期であり, 日本にはないジャーナリズム研究の新しい息吹を感じさせた時代であった。以来, それぞれの時代に, それなりの問題意識をもって, ジャーナリズム研究のさまざまなフィールドに関わってきた（越境してきた）。

ここ10年くらいの間さまざまな方々から, かつての著作が絶版その他の理由で入手困難になったり, その後の研究の進捗（あまり

進んでいない）について恐縮するような問い合わせを受けたりして，再録を求める声を多く耳にするようになった。本書は，「はしがき」に認めたように，ジャーナリズム・スタディーズが対象とすべきさまざまなフィールドについて，これまで執筆してきた論文の中から，再録の要望が特に多かったものを中心に編集したものである。再録編集の基準は，ジャーナリズム・スタディーズのパラダイム，研究のフィールドの布置を明確化できるもの，類似した研究を見出せず，再録といえども今日的価値があるもの，とした。初出以下のとおりであるが，結果的に，全部の章について広範に手を入れることになった。

第1章　ジャーナリズム・スタディーズの新たな射程─パラダイム転換（「マス・コミュニケーションとジャーナリズム」『現代ジャーナリズムを学ぶ人のために』世界思想社，2004 年）

第2章　メディアの自由論の歴史─新たな公共性原理（「メディアの自由の歴史」『新版ジャーナリズムを学ぶ人のために』世界思想社，1999 年）

第3章　ジャーナリズムの思想史─アングロ・アメリカンの系譜（「リベラル・ジャーナリズムの思想史」『マス・コミュニケーションへの接近』八千代出版 2005 年）

第4章　比較ジャーナリズム・スタディーズ（「比較ジャーナリズム学序論」『ジャーナリズム＆メディア』2009 年2号）

第5章　客観性原理の研究─米国ジャーナリズム史から（「客観報道の起源を巡って」『客観報道─もう一つのジャーナリズム論』成文堂，1999 年）

280

第6章　ジャーナリズムの倫理規範―センセーショナリズムを考える（「センセーショナリズムを考える」『マス・コミュニケーション研究』1993 年 43 号）

第7章　グローバルリスク時代のジャーナリズム（「大震災後のジャーナリズム・スタディーズ」『マス・コミュニケーション研究』2013 年 82 号）

第8章　ジャーナリズムの信頼性を問う（「ニュースメディアの信頼性を問う」（『ジャーナリズム＆メディア』2018 年 11 号）

　転載を了とされた出版社・学会・研究機関に御礼を，そして厳しさを増す出版界にあって本書のような学術書の刊行を快諾された学文社の田中千津子さんに衷心より謝意を表したい。

　まがりなりにも進められることが出来た研究を振り返ると，多くの先輩，同輩そして後輩の皆様に受けた学恩には，ありきたりの感謝の言葉では表現できない多くのものを負っている。献呈の折に学恩について御礼を言上させて頂くことにしたい。

　家族のさまざまな支えがあってこその研究生活であることを痛感しているが，誌上で謝意を詳らかにするのは控えたい。三人兄弟の真ん中で，突拍子もない言動で絶えず驚かせ，あきれさせ，ハラハラさせ，先年 92 歳で逝った母に本書を捧げたい。

　2018 年初秋

　　　　　　　　　　　　　　　　　　　　　　　大井　眞二

索　引

欧文

Post-truth　261, 263
The word of the Year　261
Truthiness（真実らしさ）　261, 262

WJS　10
Worlds of Journalism Study　9-10

あ行

アートシュール, J.H.　77, 121
アイデンティティ　55, 64, 66, 101, 169, 171, 175
アカウンタビリティ　56, 66-71, 274
アクセス権　48
アフォーダンス（affordances）　24-26
アブドラ, R.　270
アメリカ化　126, 127
アレオパジチカ　34, 85, 86
アレグザンダー, J.　134
アレグザンダー, D.　234
アングロ・アメリカン・ジャーナリズム　78
アンダーソン, B.　62-64, 219
イエロー・ジャーナリズム　172, 193, 195, 196, 201
遺産の継承　223, 224
偉人理論　152
1セント新聞　39
インターネット　15-17, 19, 23, 28, 71, 257-259, 270, 273
インタヴュー　97, 98
インタラクティブ　23
インデクシング　236
ウィスナー, G.W.　98, 188, 189
ウェイズボード, S.　233, 238
ヴェーバー, M.　7, 64
ヴォルテール　211
受け手　2, 44
エイゼンシュテイン, E.　82
AP（通信）　158, 160, 163, 164, 167
APリード　160
エサー, F.　21, 22, 125-127, 129, 132
エスノセントリズム（自民族中心主義）　109
エメリー, E.　155
エリート・バイアス　203
エリートジャーナリズム　11
エリクソン, K.　205
エントマン, R.　233
オーディエンス　2, 11, 14, 129, 231, 232, 239, 256, 264, 265, 267, 272

送り手　3, 44
オルタナティブ　52, 156
オンラインニュース　269

か行

外見的客観性　176
解釈共同体　12
会話モデル　104
革新主義　94, 101, 103, 104
革新主義的解釈　152, 153, 155, 156
拡張　9, 260
可視性　222
寡占　53
カトーの書簡　35, 86, 89-91
ガバナンス　62, 66, 67, 69
神の恩寵　82, 102
神の摂理　88
からの自由　44
カルヴィン　83, 92
ガルシア, H.　165, 167
環境の監視　223
監視　28, 63, 222, 241, 244
ガンズ, H.　104, 229
ガンディ, O.H.　229-230
規範的社会理論　6, 66, 80
規範理論　4, 6, 50, 76, 77, 80, 151
客観性　4, 5, 48, 96, 104, 105, 117, 124, 147, 148, 150-152, 156-159, 161-163, 165-168, 172, 175-177
客観性の原理　117
客観的　4, 5, 96, 147-150, 157, 161, 163, 164, 166, 172, 175, 176, 230, 263
客観報道　150, 160, 164, 168, 171, 173
キャンペーン　75, 194
キャンペーンジャーナリズム　99, 103
共進化　135
競争　60, 61
共和主義的ジャーナリズム　81
グリーリ, H.　97, 98, 191
グレヴィッチ, M. とブラムラー, J.G.　27,

282

119, 120, 122, 124, 125, 130-132, 139
グローバル化　6, 9, 17, 54, 59, 126, 127, 129,
　140, 212-214, 219, 220, 232, 247
グローバルリスク　209
ケアリー，J. W.　104, 156
ゲートキーパー　3, 226-227
ゲートキーピング　3, 227
権威主義　77, 116
検閲（制）　34, 35, 86, 88
現代化　126, 127
現代政治パブリシティ過程　126, 128, 129
言論出版の自由　36
後期（再帰的）近代化リスク　217
公共圏　41-43, 63, 64
公共圏メディア　49
公共性の構造転換　62
公共的知識　14, 15
公共の利益　58, 66-69, 138
構造的分化　123
構造転換　42, 43
公平原則　49
功利主義　39
個人の自由の受託者　46
国家教会　83, 84
国家統制の程度　120
古典的自由論　35, 38, 40, 44, 45
ゴドキン，E.L.　195
コミュニケーションシステム　122, 127, 128,
　131
コミュニタリアン　62
小山栄三　111

さ行

災害ショック　235, 236
災害神話　237, 242
災害疲れ（fatigue）　242, 243
災害マラソン　218, 221, 222
最大多数の最大幸福　39, 44
再封建化　64, 65
サミュエル・アダムズ　92
産業論　56, 58, 65, 70, 71
シーバート，F.　76, 158
ジェファソン，T.　36-38, 93-95
自己防衛の原理　40
市場メディア　49
思想の自由市場論　94
シナジー効果　61
死の計算法　216
市民ジャーナリスト　28
市民社会　41, 43
ジャーナリズム教育　154

社会制度　19, 21, 23
社会的逸脱　205
社会的帰属意識　63
社会の形成　25
社会の構築　215, 224
社会的責任（論）　43-46, 77, 116
社会的反応の相互関連づけ　223, 224
シャバー，M.A.　184
シャンパーニュ，P.　228
自由市場（論）　35, 53
自由市場原理　44, 45
自由主義　77, 116
自由主義理論（リバータリアニズム）　79,
　115
修正主義的解釈　156
集中　60, 61
集中排除の原則　61
自由で責任あるプレス　44
シューメーカー，P.　266
出版統制法（統制法）　85
シュドソン，M.　48, 162, 172-173, 175, 263
シュラム，W.　76, 158
殉教者の本　84
商業化　22, 42, 56-58, 60, 63, 65, 100, 110,
　161, 225
情報源　229-231, 243, 272
情報自由法　47
情報助成　230
ショー，D.L.　159
初期対応者　245
所有　58, 59
シラー，D.　161, 166
知る権利　46, 47, 157
人工火災　213
新聞学　7, 111
新聞現象　112
新聞社会学　111
新聞プレス　39, 47
信頼性　255, 266, 270-272
神話　239
ステフェンズ，L.　101, 170
ストーン，I.　82
政治コミュニケーション　119, 122, 124-131,
　141
政治的パブリシティ戦略　129
政治的平行現象　137-139
聖書　82-84, 91, 92, 99, 102
正当化する信条の性格　123
制度論　56, 58, 62, 65, 70
世界リスク社会　214
説教　87, 191

283

ゼライザー，B. 12
ゼンガー裁判 90
前期近代的リスク 217
センセーショナリズム 162, 181-183, 185,
187, 191, 192, 197, 201-204
ソヴィエト共産主義 77, 116
相互作用 9, 21, 63, 123, 130, 227, 229-231,
260, 275
想像の共同体 62, 63, 220
ソーシャルネットワーキング 17, 26, 258,
259, 273
ソーシャルメディア 17, 19, 27, 213, 222,
226, 247, 257, 259, 273

た行

DARTセンター 245
大衆的（商業）新聞 96, 137, 161
代替 9, 260
第4階級 55
第4権力 22, 52, 55, 103
代理的参加 206
タウン・ミーティング 40
タックマン，G. 224, 226
タブロイド新聞 197, 198
ための自由 44
多様性（多元性） 66
中立性 167
デイ，B.H. 188
デイヴィス，R.H. 196
デーナ，C.A. 190
適応 9, 260
敵対的メディア仮説 272
デジタルジャーナリズム 24
デジタルメディア 15-17, 23-28, 71, 257-
259, 264, 265, 273-275
デュルケーム，E. 134
電信（記事） 160, 164
統制 58, 59, 121, 122
道徳戦争 97
党派性の程度 122
党派的コミットメントの程度 122
透明性 48, 222, 274
トーマス，I. 152
特許検閲 34
トランスパレンシー（透明性） 274

な行

ニュー・ジャーナリズム 101, 177, 194
ニュース・ブック 85, 184-186
ニュース・フレーム 232, 234
ニューステクスト 12-14, 141

ニュースメディア・ロジック 19-21, 24
ニューヨーク・サン 95
ニューヨーク・トリビューン 98
ニューヨーク・ヘラルド 97
ニューヨーク・ワシントン中心主義 153,
154
任命統制 120
ネオリベラリズム 50, 78
ネットワーク化 8, 17
ネットワーク社会 17, 49
ネローン，J. 166
ノリス，P. 126, 128

は行

ハースト，W. R. 152
ハーストの戦争 195
ハーツ，H. 7
ハーバーマス，J. 41, 62-65, 172, 219
陪審の権限 91
バウマン，Z. 212
バグディキャン，B. H. 159
ハドソン，F. 153, 162
パブリックコミュニケーション 87, 274
パブリック（シヴィック）ジャーナリズム
106
パラダイム 1, 2, 4, 9, 50, 56, 71, 80, 97, 103,
118, 141, 155, 156, 224, 227, 269
パラダイム転換 49
ハリン，D. 22, 23, 114, 127, 131, 132, 135-
137, 139, 236
バロン，J. A. 48
番犬 22, 48, 52, 103, 124, 157, 245
ハンナ・アレント 264
ピーターソン，T. 76, 158
ピカード，R. 61
比較研究 109-113, 116-119, 125, 126, 129,
130, 132, 135, 136, 141
比較ジャーナリズム 125, 141
比較新聞学 110-114
比較政治コミュニケーション 117, 118, 127,
130-132
東日本大震災 217
ヒューマン・インタレスト 161, 191, 197,
233
ピューリタニズム 81
ピューリタン 34, 75, 83-88
ピューリタン・ジャーナリズム 86, 88, 102
ピュリッツアー，J. 101, 102, 152, 154, 192,
193
表現の自由 42, 48, 89
ファンダメンタルズ 255, 264

フィールド理論　226-229
フェッチ，B.　125-127, 129, 132
フォーカシングイベント　237
フォーラム　27, 43, 99, 102, 105, 106
フォックス，J.　84
「不」自然災害　213, 217
不偏不党　5, 166, 167
ブライヤー，W.　154, 163
ブラウニング（事件）　200, 201
プラットフォーム　16, 17, 27, 258, 259
フランクリン，B.　90, 93
ブルデュー，P.　227
フレーミング　232, 233, 237
フレーム　232-234, 237
プレス-政党平行現象　122
プレスの自由　36, 37, 42, 62
プレスの自由委員会　43
プレスの四理論（四理論）　62, 76-80, 114-116, 119, 132, 136, 139, 158
プロパガンダ　75
プロフェッショナリズム　22, 24, 55, 70, 75, 100, 123, 134, 135, 137, 138, 168, 169, 176, 269
プロフェッショナル化　22, 24, 42, 65, 110, 117, 139, 168, 174, 225
分極的多元主義（Polarized Pluralist）　135
米西戦争　102
ベック，U.　214
ペニー新聞　95, 96, 102, 158, 160, 162, 163, 166, 167, 187, 190
ベネット，J.G.　96, 97, 153, 187
ベンディクス，R.　110
ベンソン，R.　228
ホウィッグ・ジャーナリズム　81, 88, 97
ホウィッグ解釈　154
ホウィッグ史観　103
ポピュラージャーナリズム　11
ポルノグラフィー　204
ホール-ミルズ殺人事件　198
ホワイト，D.　3

ま行

マクウェール，D.　17, 77, 115
マクドゥーガル，C.　174
マクネア，B.　10
マッカーンズ，J.　156
マックレーカー　103
マディソン，J.　94, 95
マンシーニ，P.　22, 23, 114, 127, 131, 132, 135-137, 139
ミル，J.S.　39
ミルトン，J.　33, 85

民主的コーポラティズム　135-136, 140
民主的参加　115
名誉棄損　89, 91
メディア・イベント　221
メディア・エコロジー　222
メディア化　8, 15, 18, 25, 220, 232, 235, 259, 216, 260
メディアコミュニケーション革命　16, 258
メディアシステム　20, 23, 56, 61, 65, 69, 109, 116, 118, 127-129, 131-133, 135, 136, 138-140
メディアシステム比較　137
メディアシステムモデル　135
メディアの自由　44, 46, 50, 52
メディアロジック　18, 20, 21, 260, 275, 276
メリル，J.　77
モット，F.L.　155, 161, 163
モラルパニック　239

や行

融合　9, 260
有責性　244, 245

ら行

ランク・アンド・ファイル　175
リアリズム　171, 173
リアリティ　173
リース，S.　266
リスク社会　215, 217, 219
リスボン大地震　209, 210
リップマン，W.　96, 105, 163, 172
リップマン-デューイ論争　105
リバータリアン　62
リベラリズム　50, 51, 116
リベラルジャーナリズム　121
リベラルデモクラシー　50
ルーティン　166, 175, 225, 242, 243
ルソー　211
ルター，M.　33, 81, 82
レッフェルホルツ，M.　7
6セントのエリート紙　161, 166
ロジャース，E.　1
ロス，C.G.　147
ロビンソン-ジュエット（Robinson-Jewwett）事件　187
ロマンティシズム　171

わ行

ワックスマン，J.　226

著者紹介

大井眞二（おおい・しんじ）

　　　　　1948年　東京都生まれ
現　職　日本大学法学部新聞学科・大学院新聞学研究科教授
　　　　日本マス・コミュニケーション学会会長（2007年～2009年）。
　　　　東京都港区情報公開運営審議会会長，同情報公開・個人情報
　　　　保護審査会会長，日本新聞教育文化財団評議員などを歴任
主要著書　『現代ジャーナリズムを学ぶ人のために』（共著，世界思想社，
　　　　第2版，2018年，初版，2004年），『大震災・原発とメディアの
　　　　役割』（共著，新聞通信調査会，2013年），『The Global Journalist
　　　　in the 21st Century』（共著，Routledge，2012年），『新訂 新聞学』
　　　　（共著，日本評論社，2009年），『メディア研究とジャーナリズム
　　　　21世紀の課題』（共著，ミネルヴァ書房，2009年），『マス・
　　　　コミュニケーションへの接近』（共著，八千代出版，2005年），『コ
　　　　ミュニケーションの政治学』（共著，慶應義塾大学出版会，2003
　　　　年），『客観報道―もう一つのジャーナリズム論』（共著，成文堂，
　　　　1999年）など

　　　　現在，「Worlds of Journalism Study」(http://www.worldsofjournalim.
　　　　org) や「World Journalism Education Council」(http://wjec.
　　　　ou.edu) などで進行中の国際共同研究プロジェクトに従事して
　　　　いる。

ジャーナリズム・スタディーズのフィールド

2018年12月20日　第一版第一刷発行

　　　　　　　　　　　　著　者　大　井　眞　二

　　　　　　　　　　　　発行所　株式会社 学　文　社

　　　　　　　　　　　　発行者　田　中　千津子

　　　　　　〒153-0064　東京都目黒区下目黒3-6-1
　　　　　電話(03)3715-1501(代表)　振替 00130-9-98842
　　　　　　　　　　　http://www.gakubunsha.com

落丁，乱丁本は，本社にてお取り替え致します。　　　　印刷／倉敷印刷株式会社
定価は，売上カード，カバーに表示してあります。　　　　　　〈検印省略〉

©2018 Oı Shinji　Printed in Japan　　　　　ISBN 978-4-7620-2858-8